네오콘 일본의 탄생

네오콘 일본의 탄생
3·11은 왜 일본을 바꾸지 못했나

2025년 6월 9일 제1판 1쇄 인쇄
2025년 6월 20일 제1판 1쇄 발행

지은이   서의동
펴낸이   이재민, 김상미

편집   정진라
디자인   김희량, 정희정

펴낸곳   (주)너머_너머북스
주소   서울시 서대문구 증가로20길 3-12
전화   02) 335-3366, 336-5131 팩스 02) 335-5848
등록번호   제313-2007-232호

이 책의 저작권은 저자에게 있습니다.
저자와 출판사의 허락 없이 내용의 일부를 인용하거나 전재해서는 안 됩니다.

ISBN 978-89-94606-97-2   03910

너머북스 | 현재를 보는 역사, 너머학교 | 책으로 만드는 학교
https://blog.naver.com/nermerschool
페이스북 @nermerschool 인스타그램 @nermerschool

• 이 책은 관훈클럽정신영기금의 도움을 받아 저술·출판되었습니다.

네오콘 일본의 탄생

3·11은 왜 일본을
바꾸지 못했나

서의동 지음

너머북스

차례

프롤로그 일본의 변곡점 3·11 —— 7

1부 탈냉전과 걸프전 이후

1장 1990년대 일본의 혼돈
1 '돈주고 뺨 맞은' 걸프전 —— 20
2 거품이 꺼진 뒤의 혼란 —— 30
3 '위안부'에 발가벗겨지다 —— 38

2장 실패로 끝난 '아시아 회귀'
1 '유관순 감방' 찾은 하토야마 —— 50
2 '민주당의 무덤'이 된 오키나와 —— 59
3 짧았던 한·일 관계의 봄날 —— 68

3장 브레이크가 사라진 일본
1 천황제를 넘어서지 못한 좌파 —— 78
2 사회당은 왜 몰락했나 —— 92

2부 빗장 풀린 우익들

4장 그들은 어떻게 스스로 '피해자'가 되었나
1 "일본인 납치했다", 김정일이 던진 폭탄 —————— 106
2 해상보안청과 중국 어선의 충돌 ———————— 115
3 샌프란시스코에서 센카쿠까지, 영토 분쟁의 정치학 —— 125

5장 역사수정주의와 넷우익, 그리고 혐한론
1 고바야시 요시노리의 '고마니즘' ——————— 136
2 고노 담화와 '새역모' ———————————— 144
3 넷우익과 혐한론 —————————————— 152

6장 일본 정계를 뒤흔든 우익들
1 간사이의 좌절을 먹고 자란 하시모토 —————— 166
2 우익의 간판, '태양족' 이시하라 ———————— 176
3 '신보수주의 총아' 아베 ——————————— 186

3부 3·11 이후의 일본

7장 3·11은 왜 일본을 바꾸지 못했나
1 민주당을 침몰시킨 대지진 ——— 200
2 이루지 못한 '수국 혁명' ——— 212
3 "쇼와의 영광을 되살리자" ——— 221

8장 '네오콘 아베' 시대
1 관료정치는 끝났다 ——— 230
2 평화헌법 내팽개친 일본 ——— 237
3 "더 이상 사과는 없다" ——— 247

9장 전략국가를 꿈꾸는 일본
1 '인도-태평양' 묶는 미국, 그 뒤엔 일본 ——— 258
2 '국체'가 된 미·일 동맹 ——— 267

10장 동북아시아는 어디로 향하는가
1 안보국가로 질주하는 일본 ——— 278
2 일본의 '반도체 굴기'와 애치슨 라인 ——— 286

에필로그 ——— 294

찾아보기 ——— 300

프롤로그

일본의 변곡점 3·11

　동일본 대지진과 후쿠시마 원전사고가 발생한 2011년 3월 11일은 필자가 신문사 도쿄특파원으로 부임해 일을 시작한 지 닷새째가 되던 날이었다. 석간신문들이 거리에 깔리는 오후 2시 40분쯤 사무실을 나섰다가 건물 지하 아케이드에서 난생처음 격진으로 인한 공포감에 몸을 떨어야 했다. 곧바로 거대 쓰나미가 동북 지방을 덮쳤고, 후쿠시마 제1원전이 폭발하는 초유의 사태가 벌어졌다.
　이후 특파원 재직 3년간 지켜본 일본은 제2차 세계대전 패전 이후를 연상케 하는 정치·사회적 혼돈과 격변의 먼지로 시야가 흐릿한 동란기였다. 대지진과 원전사고로 계획정전이 실시돼 어두컴컴해진 도쿄의 거리를 걸어 귀가하며 '디스토피아'란 단어를 떠올리곤 했다. 후쿠시마 제1원전의 3개 원자로가 폭발하면서 유출된 방사성 물질은 이미 사고 첫해에만 히로시마 원폭의 168배에 달했고, 수습이 늦어졌다면 5,000만 명이 피난

하는 대위기로 번질 수 있는 참사였다.

대지진 이후 일본은 땅덩어리 자체가 동쪽으로 실제로 움직였고, 지진으로 땅이 솟구치면서 지하수가 지표 밖으로 새어 나오는 액상화 현상이 발생했다. 사회적으로 감지되는 '유동화'는 더 뚜렷했다. 패전 이후 60년 이상 일본을 지배해 온 전후戰後 체제는 이미 사멸하고 있었으나 동일본 대지진은 이를 물질적이고 감각적으로 일깨웠다. 그러나 이를 대체할 새로운 질서는 형체가 뚜렷하지 않은 '인터레그넘interregnum(권위 부재 기간)'의 상태가 2011년부터 2012년 말까지 이어졌다.

***

이미 14년이 지난 일이지만 3·11 당일의 기억은 여전히 뇌리에 생생하다. 사무실이 있는 도쿄 중심부 오테마치大手町 지하 아케이드의 요동 위에서 간신히 몸을 지탱하며 사무실로 돌아가야 하는지, 어딘가로 도망치는 게 맞는지 잠시 망설였다. 엘리베이터가 멈춰선 건물의 비상계단으로 9층 사무실까지 올라가 회사에 보고하고 기사를 송고하는 도중에도 건물이 풍랑 속의 배처럼 흔들리면서 사무실의 책상 서랍이 나왔다, 들어갔다를 반복했다. 2004년 도쿄 게이오대학에서 1년간 방문연구원으로 체류하던 중 지진을 경험하긴 했지만, 동일본 대지진은 비교가 불가능할 정도로 강력했다. 이후에도 여진이 반복되면서 실내가 추운 일본 단독주택에서 단신부임으로 지내던 필자는 자주 가위에 눌렸다. 사고 초기에는 원전 상태가 위험하니 도쿄를 잠시 떠나 있으라는 본사의 권고로 며칠간 오사카로 '피난'하기도 했다.

원자로가 '멜트다운melt down'[1]되면서 대량 유출된 방사성 물질로 인한 오염과 피폭 문제는 취재 대상이자 '실존'의 문제였다. 동일본 대지진 사흘 뒤 렌터카로 도쿄를 출발해 쓰나미 피해 지역인 미야기현으로 향했다. 본래는 미야기현의 북쪽인 이와테현을 목표로 했고, 내비게이션상으로는 6시간이 걸릴 것으로 예상됐으나 북쪽으로 가는 도로 곳곳이 지진으로 파여 미야기현 센다이까지 가는 데만 20시간이 걸렸다. 이미 이틀 전 후쿠시마 제1원전 1호기가 폭발하며 방사성 물질의 유출이 본격화되던 시점이었으나 유독 날씨가 더워 창문을 열고 운전을 했고, 도중에 날이 저물어 후쿠시마시의 호텔에서 하룻밤을 묵어야 했다. 출장 목적이 쓰나미 피해의 참상을 취재하는 것이었고, 렌터카를 직접 몰고 가는 처지여서 원전사고 추이에 집중하지 못했다. 일본 정부 대변인(관방장관)의 "방사능 유출로 즉시 건강에 영향을 미치지 않는다"는 말에 별 의문을 갖지 않을 정도로 원전과 방사능에 대한 지식이 빈약하기도 했다. 무엇보다 당시만 해도 후쿠시마 원전사고가 얼마나 큰 재앙인지 가늠하지 못했던 것이다.

4일간 쓰나미 현장 취재를 하는 동안 원전에서 추가 폭발이 일어났고, 유출된 방사성 물질이 바람을 타고 도쿄의 정수장까지 오염시키면서 원전과 방사능의 공포는 현실화됐다. 생수를 사 먹고 장을 볼 때도 원산지를 꼼꼼하게 챙기는 것이 습관이 됐다. 단신부임이어서 마음의 부담은 동료 특파원들에 비해 덜한 편이었지만 '신경과민' 상태는 지속됐다. 특집 기사

---

[1] 원자력 발전소에서 사용하는 원자로의 핵연료봉이 냉각수 공급 중단 등에 의해 온도가 상승해 녹아내리는 현상으로 노심용해, 노심용융 등으로 표현하기도 한다.

를 쓰기 위해 출장 간 후쿠시마 현지에서 몸에 지니고 간 러시아제 방사선량계가 삑삑거리며 경고음을 낼 때마다 가슴이 철렁거렸다.

하지만 일상에 젖으면서 방사능에 대한 경계감은 풀려 갔다. 원전사고 1년 뒤 후쿠시마를 취재할 때는 도착하자마자 방진용 마스크를 쓰고 다녔지만, 3년째가 되자 후쿠시마 시내 호텔에서 하루 묵으며 저녁식사를 할 정도가 됐다. 시내를 오가는 청소년들은 마스크도 쓰지 않은 채 활보했다. 그러나 후쿠시마현 상당수 지역의 방사선량은 일본 법률상 만 18세 미만 청소년들은 출입할 수 없는 '방사선 관리구역'에 해당되는 수치였다. 눈에 보이지도, 냄새도 맡을 수 없는 방사능에 대처하는 일은 생각만큼 쉽지 않았다.

***

원전사고와 일본 정부의 사고 대응의 난맥상, 도쿄전력의 은폐 체질은 '일본은 안전대국'이라는 선입견을 산산조각 냈다. 기자 초년병 시절 삼풍백화점 붕괴사고 등 재난 현장 취재를 할 때마다 늘 따라 배워야 할 안전선진국으로 여겨졌던 일본의 민낯은 초라했다. 1945년 원자폭탄으로 엄청난 희생을 치른 나라가 왜 또다시 대규모 핵 재앙을 겪어야 하는지, '두부처럼 흐물거리는' 연약한 땅에 왜 수많은 핵 발전소가 들어섰고, 일본의 민주주의는 왜 이를 막지 못했는지, 이해하기 어려웠다. 애니메이션 〈하울의 움직이는 성〉에 나오는, 금방이라도 무너질 것 같은 몸체를 간신히 가누며 뒤뚱거리며 걷는 성, 당시 일본은 이런 이미지였다.

전문가들은 일본의 원자력 개발은 '전후 민주주의'가 그럴싸한 포장지에 불과했음을 입증한 사례로 본다. 패전 이후 미군정에 의해 민주주의가 이식되긴 했으나, 경제적 토대는 전쟁 시기 관료-재계의 동맹하에 작동하던 동원체제가 그대로 온존하던 이중구조의 틈바구니에서 원전 산업은 '괴수'로 성장했다. 후쿠시마 원전사고는 19세기 개항과 근대화, 침략 전쟁과 식민주의, 패전 후의 경제 성장이 서로 뒤얽히면서 중층화된 일본 사회의 적폐가 극적으로 표출된 사건이다.

그러므로 3·11은 일본이라는 국가의 존재 방식을 근본부터 성찰한 끝에 개혁의 문을 여는 '결정적 국면'[2]이 될 것으로 기대됐다. 3·11은 1945년 8월 15일 일본의 패전을 대신할 새로운 시대 구획선이 될 터였다. 3·11 직후 일본 신문에는 2차 세계대전 패전 이후를 줄인 '전후' 대신 '재후災後' 즉, 동일본 대지진 이후라는 조어가 등장했다. 원전사고 이후 대국주의에서 벗어나 '작고 안전한 나라'가 일본의 새로운 미래로 제시됐다. 언론의 원전 보도에 대한 책임을 묻는 목소리도 터져 나왔다. 태평양전쟁 말기 불리한 전황은 감추고 보는 대본영[3] 발표를 검증 없이 보도하던 것과 '원전은 안전하다'는 전력회사의 선전을 검증 없이 받아쓰기한 행태가 본질적으로 다를 게 없다는 것이다.

하지만 2년이 채 되기도 전에 일본 사회는 의미 있는 변화를 이루지 못한 채 '일상'으로 되돌아갔고, 역사수정주의와 내셔널리즘이 발호하는 우

---

2 김항 지음, 『어떤 패배의 기록: 전후 일본의 비평, 민주주의, 혁명』(창비, 2025), 289–290쪽.
3 대본영大本營(다이혼에이)은 일본 제국이 전쟁 혹은 전투 상황 중에 설치한 일본 제국 육군 및 해군의 최고 통수기관이다. 대원수 겸 최고사령관인 천황의 직속기관으로 1893년 5월 19일 칙령에 의해 법제화됐다. 현대 군의 합동참모본부와 기능과 권한이 유사하다.

경화로 기울었다. 패전에 버금가는 충격에도 불구하고 그 원인을 제거하고 새로운 미래로 나아가는 대신 급격한 '퇴행'을 선택한 이유는 뭘까. 왜 3·11은 퇴행의 변곡점이 됐을까. 이 책은 이 질문에 대한 답을 찾기 위한 시도다.

***

이 책은 시곗바늘을 3·11의 20년 전으로 돌려 탈냉전기 일본의 위기와 불안, 그 속에서 우경화가 '빌드업'되는 과정을 살펴보는 것으로 시작한다. 1부 '탈냉전과 걸프전 이후'에서는 일본이 걸프전에서 전비 20퍼센트를 부담하고도 국제사회의 비판을 받은 충격을 틈타 평화헌법에 어긋나는 '보통국가론'[4]이 대두하는 과정, 경제 거품이 꺼진 것에 때맞춰 봉인이 해제된 과거사 문제에 직면하게 된 일본인들의 불안과 당혹감 등 1990년대 일본의 혼돈(1장)을 들여다본다. 2009년부터 3년간 집권한 민주당 정권의 '아시아 회귀' 정책이 실패한 경위(2장)를 돌아보는 것도 3·11 이후를 이해하기 위한 과정이다. 3장에서는 사회당을 비롯한 좌파 정치세력들이 우경화에 브레이크를 걸지 못하는 사정을 고찰한다.

2부 '빗장 풀린 우익들'에서는 북한의 일본인 납치 문제를 계기로 '가해자' 일본이 '피해자'로 뒤바뀌는 과정, 센카쿠 중·일 갈등의 단초가 된 중국 어선과 일본 해상보안청 순시선 충돌 사건의 전개 과정(4장)을 살펴본

---

4 일본 정치인 오자와 이치로가 1993년 출간한 저서 『일본개조계획』을 통해 일본의 보통국가화를 제창한다. 평화헌법에 따라 자위전쟁만을 허용해 온 '통상국가' 노선에서 벗어나, 국력 신장에 걸맞은 국제적 공헌을 하자는 담론이다. 군사적으로는 자위대가 유엔 안보리 결의를 근거로 한 제재 전쟁 참가를 허용할 것을 주장했다. 보통국가론은 결과적으로 평화헌법을 형해화하고, 일본의 군사대국화의 단초를 제공한 것으로 평가된다.

다. 5장에서는 만화가 고바야시 요시노리가 역사수정주의를 대중화시킨 과정, '새역모'의 교과서 전쟁, 넷우익과 혐한론의 발호 등을 살펴본다. 3·11 이후 일본 정치를 이끌어 간 주요 행위자 3인인 하시모토 도루 오사카부 지사, 이시하라 신타로 도쿄도 지사, 아베 신조 총리를 6장에서 다룬다. 아베 신조는 신보수주의와 역사수정주의를 정체성으로 하는 정치 그룹을 대표한다. 신보수주의는 전후의 패배의식에서 벗어나 경제력을 바탕으로 군사력을 강화하며 국제정치에 적극 개입하는 '보통국가'를 건설하자고 주장한다. 아베의 신보수주의는 일본 과거사에 대한 긍정을 통해 내셔널리즘을 고양하는 역사수정주의를 가미했다. 미국 조지 W. 부시 행정부에서 공격적인 대외정책을 추구하던 네오콘 그룹과도 성격이 비슷하다. 이 책에서는 아베로 대표되는 보수우익 그룹을 '네오콘'으로 지칭하고자 한다.

3부 '3·11 이후의 일본'은 동일본 대지진과 후쿠시마 원전사고에 대한 민주당 정부 대응의 난맥상, 원전사고를 계기로 분출한 일본 시민사회의 탈원전 열망이 좌절되는 과정(7장)을 살핀다. 탈원전에 맞서 구체제를 복원하려는 반동이 재집권한 아베에 의해 전면화되는 과정도 다룬다. 2012년 말 집권한 아베가 '총리 독재' 체제를 구축하고, 이를 기반으로 평화헌법을 무력화한 과정을 8장에서 살핀다. 아울러 역사수정주의자인 아베가 종전 70주년을 맞아 발표한 '일본이 더 이상 타국에 사죄하지 않겠다'는 선언의 의미를 한·일 관계 차원에서 검토한다. 9장에서는 일본의 전략국가화를 꾀한 아베가 '인도−태평양'이라는 지정학적 구상을 창안한 과정과 그 의미를 '미·일 동맹' 강화라는 문맥에서 고찰한다. 10장에서는 2015년 가이드라인으로 불리는 미·일 방위협력지침 개정과 그 후속 조치인 안보법제 제·개정 등이 일본을 '스스로의 판단으로 전쟁을 개시할 수 있는 나라'로 만들었음을 짚어 본다. 이와 함께 일본이 최근 의욕적으로 추진하고 있는 반도체 산업 부흥 전략을 경제 안보와 함께 한·일 관계 맥락에서 검토한다.

***

3·11이 몰고 온 지각변동은 비물질적 차원에서 아베 신조로 대표되는 네오콘이 집권할 수 있도록 하는 환경을 조성했다는 점에서 일본 현대사의 주요 변곡점이라고 할 수 있다. 좀 더 길게 보면 1990년대 탈냉전 이후 일본의 진로를 둘러싼 갈등이 고이즈미 준이치로의 신자유주의, 하토야마 유키오의 복지주의를 거쳐 아베의 신보수주의로 귀착됐다고 할 수 있다. 아베는 일본을 '일국 평화주의' 국가에서 체스판을 직접 설계할 수 있는 전략국가로 탈바꿈시키려 했다. 이웃 일본에서 이뤄지고 있는 거대한 변화가 어떤 배경에서 어떤 과정을 거쳐 이뤄졌는지를 1990년대 이후부터 짚어 보려는 것도 책을 쓰게 된 주요한 동기였다.

이 책은 2019년에 일본에서 출간된 요시미 슌야 도쿄대 교수의 『헤이세이 시대平成時代』를 번역[5]하는 과정에서 착안했다. 헤이세이 천황 재위 기간(1989~2019)은 일본의 정치, 경제, 사회, 문화적 격변기이기도 하지만 대외정책 면에서도 심대한 변화가 일어난 시기인데도 불구하고 이 책에서는

---

5 번역본은 『헤이세이 일본의 잃어버린 30년』(AK커뮤니케이션즈)이란 이름으로 2020년 출간됐다.

전혀 다루고 있지 않았던 것에 아쉬움을 느꼈다. 국내에 출간된 일본 책들도 주로 이 기간의 경제에 초점을 맞추고 있으며 일본의 대외정책 변화를 종합적으로 다룬 책은 눈에 띄지 않았다.

오늘 우리가 목도하고 있는 일본이 주조鑄造되던 2011년부터 3년간을 현장에서 지켜본 이로서, 일본의 우경화를 체계적으로 소개할 필요성을 느꼈다. 탈냉전 이후 일본의 움직임에 대한 기존 연구를 필자의 관점에서 재정리하고, 특파원 당시 보고 느낀 점들을 반영해 현장성을 살리려 했다. 이 책이 현대 일본을 이해하는 데 부족하나마 다소라도 참고가 되기를 바라는 마음이다.

1부 　탈냉전과 걸프전 이후

일본 주요 연표(1989~2001년)

1989.	01. 07.	히로히토 천황 사망
	01. 08.	헤이세이(平成)로 연호 변경
	12. 29.	닛케이평균주가 사상 최고치 기록(3만 8957.44)
1990.	09. 24.	자민당과 사회당 대표단 북한 방문, 북한 조선노동당과 '3당 공동선언' 합의
1991.	01. 17.	미군 주도 다국적군이 이라크 공중폭격 개시. 걸프전 발발
	08. 14.	'일본군 위안부' 피해자 김학순, 기자회견에서 증언
1992.	06. 15.	유엔평화유지활동(PKO) 협력법 제정
1993.	08. 04.	고노 요헤이 관방장관, '일본군 위안부'에 관한 담화 발표
	08. 10.	호소카와 모리히로 총리, 기자회견에서 '침략전쟁 반성' 발언
1994.	06. 30.	무라야마 도미이치 사회당 당수 총리 취임
1995.	01. 17.	한신·아와지 대지진(고베 대지진) 발생
	03. 20.	옴진리교 신자에 의한 지하철 사린가스 살포 사건 발생
	07. 19.	'일본군 위안부' 문제와 관련한 '여성을 위한 아시아평화국민기금' 발족
	08. 15.	무라야마 총리 '종전 50주년 담화' 발표
	09. 04.	오키나와에서 미군 병사의 초등학교 여학생 강간 사건 발생
1996.	07.	일본 문부성, 위안부 문제 기술한 중학교 7개 교과서 검정 승인
	09. 28.	민주당 결성
1997.	01. 30.	'새로운 역사교과서를 만드는 모임'(새역모) 창립
	03. 25.	'북한에 의한 납치 피해자 가족연락회'(가족회) 결성
	05. 30.	국수주의 정치단체 '일본회의' 발족
1998.	06. 01.	고바야시 요시노리의 만화 『전쟁론』 발간
1999.	04. 11.	도쿄도지사에 이시하라 신타로 당선
	05. 24.	주변사태법 등 신가이드라인 관련 3법 성립
	08. 09.	국기·국가법 성립
2000.	12. 12.	도쿄 일본군 성노예 전범 여성국제법정에서 히로히토 천황과 일본 정부에 유죄 판결
2001.	01. 06.	정부 부처 개혁으로 1부 22성청에서 1부 12청으로 개편
	04. 26.	고이즈미 준이치로 내각 발족

1장

1990년대 일본의 혼돈

1
'돈 주고 뺨 맞은' 걸프전

경제마찰로 서먹해진 미·일 관계

1990년 8월 이라크가 쿠웨이트를 기습 점령하고 이에 1991년 초 미국이 이라크를 공격함으로써 발발한 걸프전(제1차 이라크전쟁)[1]은 전후 일본이 겪은 첫 외교적 트라우마이자, 현대 일본 외교안보에 지대한 영향을 미친 사건이었다. 탈냉전 초기 발발한 걸프전은 베트남전쟁 이후 처음으로 미국이 군사력을 동원한 전쟁이었다. 이 전쟁에서 이라크 지도자 사담 후세인이 패배했지만, 일본에서는 '패자는 후세인이 아니라 일본'이라는 자조가 나왔다.

쿠웨이트 점령 직후 미국이 다국적군을 구성해 개시한 걸프전에서 일

---

1 1991년 1월 17일부터 1991년 2월 28일까지 전개된 이라크와 미국을 중심으로 한 다국적연합군 간의 전쟁이다. 다국적군은 1990년 8월 쿠웨이트를 침공해 강제 점령한 사담 후세인의 이라크군을 격퇴하고 이라크에 강제 병합된 쿠웨이트의 독립과 주권을 회복시켰다. 2003년 미국이 이라크를 침공하면서 발발한 '이라크 전쟁'에 앞선 전쟁이라는 뜻에서 '제1차 이라크전쟁'으로 부르기도 한다.

본은 총 전비의 20퍼센트에 가까운 130억 달러를 제공한 반면, 전투부대 파병이나 의료지원단 파견 등 인적 지원은 하지 않았다. 전쟁이 끝난 뒤 쿠웨이트는 1991년 3월 17~18일자 《뉴욕타임스》와 《워싱턴포스트》 등 미국 언론에 전쟁에 파병한 30여 개 국가에게 감사하는 전면광고("Thanks America and Global Family of Nations")를 실었다. 그러나 이 광고에 일본은 보이지 않았다. 의료지원단 몇 명 보낸 나라들까지 빠짐없이 광고에 실렸지만 일본은 빠진 것이다. 미국도 걸프전에 공헌한 30여 개국의 국기를 넣은 승전 기념용 티셔츠를 제작하면서 일장기를 뺐다. 종전 직후 《워싱턴포스트》와 ABC 방송 여론조사에 따르면 미 국민의 80퍼센트가 "일본의 걸프전 개입 회피에 실망했다"는 반응을 보였다. 미국 관료들은 평화유지군조차 보내지 않고 돈으로 때우려던 일본을 가리켜 "얼굴 없는 일본"이라고 조롱했다. 조지 H. W. 부시 미국 대통령은 "전후 처리 때문에 바쁘다"며 예정됐던 방일 계획을 취소했다. 미국, 사우디아라비아, 쿠웨이트에 이어 4번째로 많은 전비를 지원하고도 일본은 "고맙다"는 말은커녕 뺨을 맞은 격이 됐다.

　미국은 걸프전을 통해 1970년대 베트남전쟁 패배의 트라우마를 극복하고, 탈냉전 이후 미국이 유일한 '슈퍼 파워'임을 전 세계에 과시하려 했다. 사우디아라비아 방어를 명분으로 중동에 배치한 미국의 군사력을 바탕으로 중동 지역에 대한 패권, 즉 석유 자원에 대한 통제권을 확보하는 것도 목표였다. 표면적으로 이 전쟁은 유엔 안전보장이사회가 용인한 전쟁이기도 해서 미국의 주요 동맹이자 유엔 중심 외교를 지향하던 일본으로서는 외면하기 어려운 상황이었다.

그런데 이 시기 미·일 관계는 1980년대 전개된 경제 갈등의 후유증으로 소원해져 있었다. 막강한 제조업 경쟁력으로 세계 2위의 경제대국이 된 일본은 해외 수출로 벌어들인 막대한 달러로 해외 자산을 닥치는 대로 사들였다. 제조업 붕괴로 경제가 하강하고 있던 미국의 국채, 기업, 부동산이 줄줄이 일본에 매각됐다. 일본 전자업체 소니가 1989년 9월 할리우드 대표 영화사인 컬럼비아픽처스를 사들였고, 10월에는 미쓰비시가 미국 자본주의의 상징인 뉴욕 록펠러센터를 20억 달러에 인수했다. 미국인들은 이를 진주만 공습과 다름없는 '경제 공습'으로 받아들였다. 《뉴욕타임스》와 CBS 방송의 공동 여론조사에서 응답자의 58퍼센트가 '소련의 군사력보다 일본의 경제력이 미국 안보에 더 큰 위협이 되고 있다'고 응답할 정도였다. 미국인들은 일본을 수출로 이익을 챙기면서도 자국 시장을 개방하지 않는 불공정 국가이자 돈벌이에만 혈안이 된 '경제동물Economic Animal'로 간주했다. 미국뿐 아니라 국제사회에서 일본의 이미지는 좋지 않았다.

1987년에는 일본 도시바의 자회사가 공산권에 대한 기술 수출을 제한하는 수출통제조정위원회COCOM 규정을 어기고 소련에 공작기계를 수출해 온 사실이 밝혀졌다. 이 공작기계는 1980년대 초반 소련제 잠수함의 소음을 줄이기 위한 신형 스크류 제작을 위해 수출됐다. 냉전 시기 서방 진영에 속한 일본이 소련과 뒷거래를 해 온 것은 일본은 돈벌이라면 수단과 방법을 가리지 않는다는 이미지를 고착시켰다.

예상 못한 파병 요청에 당황한 일본

이런 상황에서 걸프전이 벌어지자 미국은 일본에 국가 위상에 걸맞은 국제공헌을 주문했고, 일본도 이미지 전환의 기회로 삼고자 했다. 그러나 미국의 요구는 돈이 아니라 인적 공헌, 즉 파병이었다. 일본 교도통신이 일본 외무성의 기밀문서 등에서 확인한 바에 따르면 당시 미국 부시 대통령이 직접 일본에 파병 요청을 했다.[2] 부시는 1990년 9월 29일 가이후 도시키海部俊樹 총리와의 정상회담에서 "(자위대 파견이) 도움이 되고 세계로부터 평가를 받을 것"이라고 했다. 부시는 보름 전에도 가이후와의 전화 통화에서 "자위대에 기뢰 제거와 장비 수송을 부탁하고 싶다"고 했다.

미국이 일본에 파병을 요구한 데는 그럴 만한 사정이 있었다. 미국에 엄청난 트라우마를 안겼던 베트남전쟁에서 철수한 지 20년이 채 되지 않은 시점에서 미군 파병은 정치적 부담이 작지 않았던 것이다. 이런 상황에서 동맹국 일본이 리스크를 감수하고 파병을 결정하면 미국 내 여론도 호전될 수 있다고 판단했다.

그러나 매뉴얼에 없는 요구를 받아든 일본은 당혹감을 감추지 못했다. 미국의 파병 요구는 평화헌법하의 일본으로서는 '상정 외'의 사태였던 것이다. 더구나 당내 기반이 약한 가이후로서는 정치적 부담이 큰 자위대 해외 파병은 엄두도 못 낼 일이었다. 한 해 전인 1989년 발생한 리쿠르트 스캔들[3]이 자민당 장기집권 체제를 뿌리째 뒤흔들면서 정치권 전체가 지반

---

2 교도통신, 2012년 6월 21일.
3 일본 정보산업 회사인 리쿠르트사가 정관계 및 경제계 주요 인사들에게 미공개 주식을 싸게 양도해 부당이익을 얻도록 한 사건으로 당시 총리이던 다케시타 노보루 등이 사임하는 등 정재계

약화 상태였다. 이런 혼란기에 미국이 예상치 못한 '군사적인 기여military contribution' 요구를 해 온 것이다. 당시 주일 미국 대사였던 마이클 아마코스트가 '미스터 가이아츠外壓(외압)'로 불릴 정도로 미국은 일본을 강하게 압박했다.

미국은 파병 외에도 수송 수단 지원도 요청했으나 일본은 민간 기업들이 응하지 않는다는 이유로 거절했다. 불쾌감을 표시하는 미국을 달래기 위해 일본 정부가 내놓은 전비 규모도 고작 1,000만 달러였다. 미국의 표정이 굳어지자 뒤늦게 상황을 깨달은 일본은 전비를 10억 달러로 올렸다가 결국 130억 달러로까지 늘렸다. 당시 미국과의 교섭을 담당했던 구리야마 다카카즈栗山尙一 외무차관의 증언을 전 외교관 출신 평론가 마고사키 우케루가 정리한 내역[4]을 살펴보자.

- (1990년) 8월 중순경 미국으로부터 수송 수단 및 자금 제공 요청이 옴.
- 8월 말, 제1차 공헌(지원) 방안으로 10억 달러 지원을 결정.
- 구리야마 차관은 아마코스트 주일대사에게 '소해정' 제공은 어렵다는 의사 표명. 자위대 파견은 비무장으로 할 것을 주장.
- 미국은 거의 비무장으로라도 자위대 파견을 환영한다는 입장 표명.
- 주요 각료들, 소해정 제공에 반대 입장 표명.
- 구리야마 차관은 전통적인 평화유지군Peace Keeping Operation, PKO이라면 전면 참가에 찬성하나 강제행동peace inforcement에는 반대.

를 뒤흔든 스캔들로 비화했다.
4 孫崎享, 『戰後史の正體: 1945-2012』(大阪: 創元社, 2012), 315-317쪽.

- 9월 니콜라스 브래디 재무장관이 방일해 10억 달러 추가 제공 요구.
- 미 의회는 인적 공헌을 중시해 일본을 소극적 동맹국으로 규정. "미국과 함께 피를 흘릴 용의가 있는지 여부가 동맹국 기준"이라는 견해가 미국 내에 광범위하게 존재. 마이클 아마코스트 대사를 비롯, 인적 공헌을 요구하는 분위기가 강해짐.
- 미국은 90억 달러의 추가 지원을 요청함. 그러나 왜 90억 달러인지 산출 근거는 없음. 일본은 분쟁 주변국에 대한 20억 달러의 경제 지원을 포함해 총 130억 달러를 제공함.

다급해진 일본 정부는 파병의 법적 근거를 마련하기 위해 '유엔평화유지활동협력법안'을 국회에 제출했으나 여론이 부정적인 데다 자민당 내부에서도 이견이 많아 중단했다. 결국 일본은 전비만을 부담하기로 했으나 '외부 압력 없이는 국제사회에 기여하지 않는 국가'라는 비판에 직면했다.

대외정책의 전환점 된 걸프전

결국 '돈 주고 뺨만 맞은' 격이 된 일본은 걸프전을 계기로 대외 정책의 근본적인 전환을 모색하게 된다. 국제공헌에서 자금이나 물자만이 아니라 인적 차원에서도 적극적인 역할을 담당해야 한다는 주장이 대두되면서 유엔평화유지활동협력법이 1992년 6월 제정됐다. 이로써 전수방위專守防衛(오로지 방어만 할 수 있다는 의미)를 규정한 헌법 9조에 큰 균열이 발생했다.

좀 더 나아가 일본의 진로를 둘러싼 '큰 그림'들이 정치 공론장에 등장했다. 탈냉전기 일본의 외교안보 정책에 가장 큰 영향을 미친 담론은 오자와 이치로小澤一郎가 주창한 '보통국가론'이다. 당시 자민당 실력자였던 오자와는 1993년에 펴낸 『일본개조계획』에서 국내외 변혁기에 일본이 나아갈 방향과 이를 위한 정치개혁 방안을 제안했다. 오자와는 일본의 정치가 강대국의 책임을 정책으로 반영시키기 어려운 리더십 부재의 상태라고 주장했다. 일본은 '작은 두뇌를 가진 공룡'이나 다름없으며 이 때문에 대미 통상 마찰과 걸프전 대응에서 실패했다고 본 것이다. 오자와는 특히 탈냉전 이후 새로운 세계질서 구축에 일본도 적극 나서야 하며, 이를 위해 일본이 '보통국가'가 돼야 한다고 주장했다. 어느 나라보다도 세계 평화와 안정에 공헌해야 할 일본이 안전 보장을 국제공헌 대상에서 제외하는 것은 부당하다는 인식이다.

일본이 통상국가의 틀을 벗어나 세계의 안전보장, 평화, 자유를 지키기 위해 적극적으로 활동해야 한다는 오자와의 인식은 전후 일본이 채택해 온 '요시다 노선'으로부터의 탈각을 뜻한다. 미 군정기 집권한 요시다 시게루吉田茂(1878~1967) 총리의 경제부흥 우선 정책에 따라 안보와 대외정책의 큰 틀을 미국에 맡겨 놓은 채 경제 발전에 매진해 온 '경무장·경제 우선' 노선에서 벗어나자는 것이었다.

오자와는 국제 안전보장에서는 미국과의 공동 보조를 유지하면서도 유엔을 중심으로 한 평화유지 활동에 적극 협력해야 한다고 강조했다. 미·일 동맹과 유엔 중심주의의 양립을 주장한 것이지만 강조점은 유엔 중심주의에 찍혀 있다. 능동적인 국제공헌을 통해 일본이 경제대국에서 정치대국으로 전환해야 한다는 것이다. 이를 위해서는 자위대가 '전수방위' 체제에서 전환해 유엔과 같은 국제기구에서 적극적으로 활동할 수 있어야 하며 이를 실현하기 위해 헌법 개정도 필요하다는 것이다.

국제공헌에 강조점이 찍히긴 했지만, 오자와의 보통국가론은 평화헌법이라는 둑에 구멍을 낸 것 같은 효과를 가져왔다. 보통국가론을 디딤돌로 삼아 일본 정치권에서 '평화주의'의 선을 넘는 주장들이 분출하기 시작한 것이다. 오자와의 주장이 자위대의 재무장과 군사대국화로 나아가는 시발점 역할을 하게 된 셈이다. 오자와의 주장은 1980년대 등장한 신보수주의의 맥을 잇는다. 나카소네 야스히로中曽根康弘(1918~2019) 총리를 중심으로 제기돼 온 신보수주의의 주장이 '걸프전 쇼크'를 계기로 공론장에서 세력을 얻게 된 것이라고도 할 수 있다(6장에서 좀 더 살펴볼 것이다). 바꿔 말하자면, 걸프전은 그간 잠복해 있던 신보수주의의 주장이 지지를 얻는 명분으로 작용한 셈이다.

이 주장이 자민당뿐 아니라 보수양당제의 다른 축인 민주당에서도 공유됐다는 점도 유념해야 한다. 민주당 정권에서 외무상을 지낸 오카다 가쓰야岡田克也는 당 대표 시절인 2004년 7월 미국 워싱턴에서 행한 강연에서 "헌법을 개정해 유엔 안보리의 명확한 결의가 있을 경우 일본의 해외

무력행사를 가능케 하고 세계 평화에 적극 공헌해야 한다는 입장"이라고 강조했다.[5] 민주당이 자민당을 대신할 '중도적 대안 정당'을 목표로 했지만 이질적인 구성원들이 이합집산하면서 강한 보수 성향을 지닌 옛 민사당계에서부터 옛 사회당계의 좌파와 노조 계열, 극좌 학생운동 출신까지 폭넓게 포진해 있었다. 외교안보 면에서는 보수 성향이 자민당과 크게 다를 바 없었고, 무엇보다 오자와가 민주당에서 중심적인 역할을 맡고 있었기 때문이다. 다만, 민주당 구성원들 간에 미·일 동맹과 동아시아 정책에서 농도의 차이가 있었던 것도 분명하다.

오자와의 보통국가론이 '무력 사용을 포함한 국제공헌론'이라고 한다면 당시 일본에서는 평화적인 국제공헌론도 제기됐다. 관료 출신으로 신당 사키가케의 대표를 지내기도 한 다케무라 마사요시武村正義의 '작지만 빛나는 국가'론이 그중 하나다. 질실국가質實國家론으로 불리기도 한 이 주장은 개발도상국에 대한 원조를 통해 지역 분쟁의 원인이 되는 빈곤을 퇴치하는 한편, 환경보호 같은 세계적 이슈에 적극적으로 개입하자는 '비군사적 국제공헌론'이었다.[6]

보통국가론과 작은 국가론은 방법론상의 차이에도 불구하고 국제공헌을 언급하고 있으며 국제기구와 다자기구 활용에 주목한다는 점에서 공통점이 있다. 무엇보다 일본이 걸프전에서 130억 달러의 지원을 했음에도 '일국 평화주의' 국가로 비난받은 것에 대한 충격 속에서 나온 일본의 진로 모색 논쟁이었다는 점도 강조할 필요가 있다. 걸프전의 충격은 마치 19세

---

5 권혁태, 『일본의 불안을 읽는다』(교양인, 2010), 298-299쪽.
6 이면우, 『현대 일본 외교의 변용과 한일협력』(한울, 2011), 55-56쪽.

기 후반 쇄국주의 일본의 개항을 강요했던 미국 페리 제독의 '구로후네黑船'⁷만큼이나 일본 사회에 심대한 충격을 안겼던 것이다.

---

7   구로후네 사건은 미국 매슈 페리 제독이 1853년 군함 4척을 몰고 일본 우라가(현재 요코스카) 앞바다에 나타나 개항을 요구한 사건이다. 타르로 선체를 검게 칠하고 있었기 때문에 구로후네(黑船·흑선)로 불리게 됐다. 페리는 미 대통령의 국서를 도쿠가와 막부에 전달하며 개항을 압박했다. 페리는 이듬해인 1854년에도 군함 9척을 이끌고 다시 나타나 통상을 요구했고, 이에 막부는 쇄국정책을 폐지하고 그해 3월 미국과 화친조약을 체결했다.

2
거품이 꺼진 뒤의 혼란

거품경제의 붕괴와 '보·혁 동거' 체제의 해체

 냉전체제 해체에 경제 거품의 붕괴가 겹친 1990년대에 접어들며 일본 사회는 정체성 위기에 휩싸였다. 달리 말하면 '일본은 어떤 존재이고, 지금 어디에 서 있는지'를 알 수 없게 된, 일종의 방향 감각 상실 상태였던 것이다. 일본 역사학자 마쓰모토 겐이치松本健一는 이 시기의 불안을 19세기 후반 개항기에 겪었던 혼란스러움에 견줬다.

 개국이란 일본이 자신과 완전히 이질적인 타자에 직면하여 그 타자의 '문명'에 자신을 열어 변혁하여 나가려 하였던 경험이다. 그 제1의 시기가 막말유신기일 것이다. 제2기가 대동아전쟁 전후, 그리고 제3기는 냉전 구조가 해체되어 국제사회의 한복판에 내쳐진 현재이다.[8]

---

8 松本健一, 『開国のかたち』(東京: 岩波書店, 2008), pp.362-363. 권혁태, 『일본 전후의 붕괴 :

일본의 전후 번영은 '냉전형 발전'이었다. 미·일 동맹하에서 한국이 반공의 방파제 역할을 함으로써 일본은 '안보 무임승차' 구조 속에서 경제 발전을 추구하였다. 이 구조를 지탱하던 것이 샌프란시스코 체제[9]와 평화헌법이었다. 이 중 미·일 동맹은 유지되고 있으나 앞서 살펴본 것처럼 1991년 걸프전을 계기로 안보 무임승차에 대한 국내외 비판이 일면서 변화가 불가피해졌다. 한국이 반공 방파제 역할을 해 오면서 북한과 직접 대면하지 않아도 되었던 일본의 대북정책도 한국의 민주화와 북핵 위기 등으로 수정이 불가피해졌다. 공교롭게도 그간 일본을 두껍게 감싸고 있던 경제의 거품이 터지기 시작했다.

평화, 민주주의, 고도성장이라는 일본의 성공이 세계적인 냉전체제 위에 쌓은 모래성 같은 것이었음을 일본인들은 느끼기 시작했다. '전후'라는 가치 공간이 붕괴되자 일본은 정체성의 위기에 빠지게 됐다. 위기는 물질과 정신 양면에서 찾아왔다.

먼저 경제 상황의 변화를 살펴보자. 1984년 일본 경제기획청이 발표한 조사를 보면 일본인의 64.2퍼센트가 자신의 생활에 '만족'했고, 특히 의료·보건, 생활 환경, 가족 관계에서 만족도가 높았다. 자신이 중간층에 속한다고 여기는 사람은 80퍼센트가 넘었다.[10] '1억 총중류', 즉 중산층이 매

서브컬처 소비사회 그리고 세대』(제이앤씨, 2013), 30쪽에서 재인용.

9   샌프란시스코 강화조약은 1951년 9월 8일 미국 샌프란시스코에서 48개국이 체결하고 1952년 4월 28일에 발효된 조약으로, 이로써 일본은 연합군의 점령에서 벗어나 주권을 회복했다. 그러나 샌프란시스코 강화조약 체결 당일 미·일 안보조약이 체결돼 일본은 미국의 동아시아 군사기지 역할을 맡게 된다. 또한 샌프란시스코 강화조약은 중국, 한국 등 일본의 침략으로 피해를 본 국가와 소련이 참가하지 않은 채 서방 진영과만 맺은 강화조약이어서 한계를 지니고 있었다. 이 조약에 의거해 설계된 국제질서를 샌프란시스코 체제라고 한다.

10 요시미 순야 지음, 서의동 옮김, 『헤이세이 일본의 잃어버린 30년』(AK커뮤니케이션즈, 2020), 183쪽.

우 두터웠던 일본 사회는 1980년대 후반 거품경제 속에서 변질되기 시작했다. 변화의 트리거는 집값의 급등이었다. 넘쳐나던 시중 자금이 주식과 자산에 쏠리면서 격차가 확대되었다. 이 시기 본인 소유의 집이 없는 사람들은 부동산 가격이 너무 올라 앞으로 평생 집을 가질 수 없음을 깨닫게 됐다. 1990년 주가 폭락을 기점으로 시작된 경제 거품 붕괴의 여파는 실물경제의 불황, 기업 도산, 청년 취업난 등으로 퍼져 나갔다. 경제 거품의 붕괴는 일본인의 경제적 기반을 허물었고, 계층 귀속의식을 하락시켰으며 미래에 대한 희망을 무너뜨렸다.

2000년대 초 청년들의 취업난을 연구해 온 야마다 마사히로山田昌弘는 1990년대 이후의 사회 변화를 '리스크화'와 '양극화'의 복합 작용으로 파악한다.[11] 리스크화는 인생 설계의 안정성이 상실된 것을 가리킨다. 쇼와 시대까지만 해도 선명하게 내다보이던 미래가 불투명해졌고, 예측 불가능한 것이 됐다.

일본은 1970년대 오일쇼크를 효율화와 '쇼에네省エネ'로 불리는 에너지 절약화로 무사히 넘기면서 1980년대 호황을 구가했다. 일본은 '재팬 애즈 넘버원Japan as number one'[12]으로 칭송되면서 사회 전반에 '다행증多幸症'적인 분위기가 확산됐다. 그러나 이런 낙관적 정서는 1990년대 불어닥친 글로벌라이제이션에 대한 대응을 서툴게 만들었다. 냉전 해체가 공교롭게도 일본 거품경제의 붕괴와 함께 시작됐다는 점도 아이러니다. 1989년 12월 29일 도쿄 증시의 닛케이 지수는 사상 최고치인 3만 8,957(장중)을 기록했

---

11 요시미 슌야, 위의 책, 185쪽.
12 미국 하버드대 교수 에즈라 보겔이 1979년 출간한 책의 제목이었다. 보겔은 이 책에서 일본 제조업의 성장을 칭송했고, 일본이 미국을 넘어 세계 최고의 경제대국으로 성장할 것이라고 전망했다.

다. 일본 주가의 정점이 지중해 몰타에서 열린 조지 부시 대통령과 미하일 고르바초프 소련 공산당 서기장과의 미·소 정상회담(1989년 12월 2~3일)에서 두 정상이 냉전체제의 종식을 선언한 직후라는 점은 상징적이다. 탈냉전으로 세계에 낙관적 분위기가 조성되기 시작하던 것과 대조적으로 냉전의 최대 수혜자였던 일본은 1980년대 부풀어 올랐던 경제의 거품이 꺼지기 시작했던 것이다.

1995년 코스모신용조합의 경영 파탄을 시작으로 1997~1998년 금융회사들의 연쇄 도산 사태가 이어졌고, 2000년대 들어서는 제조업의 붕괴로 치달았다. 1990년대 세계 반도체 기업 매출 상위 10개사 중 6곳이 일본 기업일 정도로 '전자왕국'이던 일본은 1990년대 글로벌화와 인터넷 환경에 적응하지 못하면서 총체적 침체의 길을 걸었다.

정치적으로도 1990년대는 '전후'라는 가치 공간 속에서 수십 년간 유지됐던 시스템이 하나둘씩 무너져 내리던 시기였다. 1993년 총선거에서 자민당의 장기 집권이 38년 만에 무너지고 자민당과 대척점에서 '55년 체제'[13]를 이끌어 왔던 일본사회당이 자민당 이상의 참패를 기록했다. 보수 집권당인 자민당과 만년 야당 사회당이 공존하는 보수·혁신의 동거체제가 붕괴된 것이다.

자민당은 이후 부활하지만, 혁신계 대표이던 사회당은 이 시기를 기점으로 빠르게 몰락한다. 사회당은 '95년 선언'을 통해 미·일 안보조약과 자위대를 인정하는 등 급격한 우선회를 하면서 좌파가 수십 년간 지켜 온 강

---

13 일본에서 1955년을 계기로 여당인 자유민주당과 야당인 일본사회당의 양대 정당 구조가 형성된 체제를 가리킨다.

령마저 폐기한 채 사멸해 갔다. 사회당의 몰락으로 일본의 정치는 '좌우 동거 체제'에서 '보수-리버럴' 양대 정당제로 변질됐다(사회당의 몰락은 3장에서 상세히 살펴볼 것이다).

'전후 평화'에 대한 청년들의 반항

정치 경제의 혼란은 일본의 청년 세대들을 직격했다. 중산층 신화가 힘을 잃고, 양극화를 의미하는 '격차 사회'가 탈냉전과 동시에 청년들을 압박했다. 포스트모던을 구가하던 1980년대 거품경제기의 여유가 사라진 사회에서 청년들은 '전후 평화' 질서에 반감을 갖게 되었다. '나는 힘들어 죽겠는데 세상은 평화라니', 기존 리버럴 좌파의 상투어는 매력을 잃게 되었다. 이를 대표하는 청년이 1975년생 아카기 도모히로赤木智弘다. 그는 2007년 1월 일본의 잡지 《논좌論座》에 〈마루야마 마사오丸山眞男 (1914~1996)를 후려치고 싶다. 31살 아르바이트생. 전쟁을 희망한다〉는 도발적인 글을 실어 파문을 일으켰다. 아카기가 마루야마를 때리고 싶던 이유는 그가 전후 민주주의·평화 체제의 대표적인 옹호자이자 반전론자이기 때문이다. 아카기는 '취직빙하기'이던 1990년대 중반 사회에 나와 희망 없이 아르바이트로 하루하루를 연명해 왔다. 그에게 일본은 평화롭고 변화가 없어 자신과 같은 이들에겐 기회가 돌아오지 않는 사회다. 전쟁이라도 터져야 사회가 유동화하면서 불안정 고용에 시달리는 이들에게 기회가 찾아올 수 있다는 논리였다. 그는 특히 안정적인 수입이 있는 좌파와 호헌파가 자신들의 '평화적인' 일상을 지키려 할 뿐 새로운 빈곤층인 불안정 노동자들을 외면하고 있다고 비판했다.

같은 1975년생인 아마미야 가린雨宮處凛도 알바로 생계를 이어 가면서 '평화 일본'과 자신 간의 간극을 절감한다. '나는 이렇게 힘든데 사회는 평화롭다'고 하니 내가 나쁘거나 사회가 잘못됐거나 둘 중 하나였다. 아마미야는 사회가 나쁘다고 여겨 우익단체에 가입했다가 얼마 뒤 회의감을 느끼고 탈퇴했다. 아마미야처럼 방황하던 또래 세대들 중에서 내셔널리즘과 우익에 귀의하는 청년들이 늘어났다.

청년들의 우경화에는 만화 등 서브컬처의 영향도 빼놓을 수 없다. 태평양전쟁 같은 일본 과거사에 전혀 관심이 없거나 막연하게만 알던 젊은 세대들은 만화라는 친숙한 매체를 통해 우익들의 역사 인식과 세계관에 동조해 갔다. 특히 우익 만화가 고바야시 요시노리小林よしのり의 『전쟁론』은 '대동아전쟁'을 긍정하거나 군대 보유 필요성 등 일방적인 주장을 강렬한 시각적 이미지와 함께 제시함으로써 청소년들에게 지대한 영향을 미쳤다. 각급 도서관에서 원폭의 참상을 적나라하게 묘사해 반전 평화를 고무시켰던 『맨발의 겐』[14]이 점차 전쟁을 미화하는 『전쟁론』으로 대체됐다(이에 대해서는 5장에서 보다 상세히 다룰 것이다).

---

14 만화가 나카지마 게이지(中澤啓治)가 피폭 체험을 바탕으로 그린 만화 작품. 맨발에 게다 차림인 평범한 소년 나카오카 겐의 눈으로 전쟁과 제국주의, 일본의 차별의식 등을 고발한 명작으로 일본에서 1,000만 부 이상 팔렸으며 24개 언어로 번역됐다.

내셔널리즘의 귀환

권혁태 전 성공회대 교수는 고도 경제성장에 의해 소비사회가 출현하면서 파편화된 개인들이 '자기 찾기'를 통해 안식처를 찾아 헤매던 끝에 결국 '국가'에 자신을 맡겨 버리는 현상이 1990년대에 출현했다고 본다.[15] 만화, 애니메이션, 게임 등 서브컬처에 1990년대 이후 정보화로 생성된 새로운 관계망이 합쳐지면서 파편화되고 부유하는 개인들이 삶의 안식처로 일본이라는 공동체에 몸을 맡기는 현상이 새로운 내셔널리즘의 기반이 됐다는 것이다. 이들에게 평화, 민주주의, 고도성장으로 상징되는 전후란 자신의 삶을 규정지은 거대 서사이면서도 자신들의 '끝없는 일상'과는 무관한 '딴 세상'의 이야기였던 것이다. 이런 세상에 사는 아카기나 아마미야에게 민주주의, 시민운동, 인권은 학교에서나 접할 수 있는 질감 없는 언어였고, 그들은 이런 언어들을 구사하며 '멋진 척하는' 좌파들에게 적의를 품게 된 것이다.

1980년대까지만 해도 코스모폴리타니즘이 대세였던 일본 사회는 1990년대 이후 급격히 내파內破돼 갔다. 여기에 '과거사'를 둘러싼 동아시아 주변국과의 갈등이 본격화되면서 일본 사회는 본격적으로 정체성의 혼란을 겪게 된다. 식민지와 침략정책의 과거사에 대한 청산 없이 미국 주도의 샌프란시스코 체제에 안주해 버린 일본은 45년 만에 주변국의 거울에 비친 자신의 민낯에 소스라치게 놀랄 수밖에 없었다. 주변국들이 제시하는 일본의 '과오 목록'은 근현대사에서 전혀 배우지 못했거나 피상적으로만 알

---

15 권혁태,『일본 전후의 붕괴: 서브컬처 소비사회 그리고 세대』(제이앤씨, 2013), 89쪽.

던 것들이었다. 일본군 위안부, 난징대학살 등의 과거사와 관련한 주변국과의 갈등에 대해서는 다음 절에서 보다 상세히 다루겠지만, 일본은 지나간 잘못에 대해 진지하게 대면하고 성찰하기보다는 내셔널리즘의 프레임을 동원해 우회하는 길을 택했다.

3
'위안부'에 발가벗겨지다

냉전체제 붕괴로 봉인된 과거사의 해방

2004년 도쿄 게이오대학에 방문연구원으로 체류할 때 게이오대 졸업생인 60대 자원봉사자 여성과 대화를 나눈 적이 있다. 국제 문제에 관심이 많고 사회 참여에도 적극적인 이였다. 그런 그가 일본의 한국 식민 지배 역사에 대해서는 최근에서야 구체적인 사실을 알게 됐다고 털어놨다. 그 이유를 물었더니 이렇게 답을 했다. "일본의 학교 역사 수업에서 근현대사는 1905년 러일전쟁까지만 가르치고 그 이후의 역사는 생략해요. 시험 범위에도 포함되지 않으니 1910년 이후의 역사에는 대체로 무관심해져요." 보통의 일본인들이 20세기 전반 세계를 피로 물들인 일본의 식민주의와 제국주의 침략에 대해 몰랐거나 '모른 체'할 수 있었던 이유를 깨닫게 한 대화였다. 선조들의 '과오'에 구애받지 않고 '전후 평화'를 누려 오던 일본인들은 냉전 종식 이후 한국, 중국 등이 듣도 보도 못한 과거사 문제를 꺼내자 당혹스러울 수밖에 없었다.

 냉전체제의 붕괴는 동아시아에서 식민주의의 봉인된 기억이 해방되는 계기였다. 반공동맹이라는 전선이 사라지자 반공이라는 이름 아래 한데 묶였던 일본 식민주의와 아시아의 구식민지가 기억의 분열을 일으키기 시작했다. 소련 공산주의에 맞서기 위해 식민주의 종주국과의 협력과 친선을 강요받았던 동아시아의 옛 식민지들은 이제 그럴 필요를 느끼지 못하게 된 것이다. 1990년대 초 민주화된 한국에서 과거 독재정권하에서 억눌려 온 일본 식민 지배에 대한 사죄 요구가 분출하기 시작했다.

 일본은 1951년 한국, 중국 등 식민 지배 및 침략전쟁 피해국들이 참가를 봉쇄당한 가운데 서방 진영과 샌프란시스코 강화조약을 맺고 국제사회에 복귀했다. 극동국제군사재판을 통해 침략전쟁을 주도한 이들이 단죄됐으나 일본이 범한 과오에 비해서는 턱없이 부족했다.

 최은봉은 1960년대 일본의 외교 형태가 전쟁에 대한 반성과 화해가 전제되지 않았고, 원조 외교를 기초로 배상 요구의 약화를 꾀하며 경제 협력을 시도함으로써 동아시아와의 외교관계를 주변화했다고 분석했다.[16] 그 대표적인 사례가 1965년 한일기본조약으로, 우호 협력을 내건 편협한 경제 외교였을 뿐 신뢰 회복을 유도하는 총체적 접근이 이뤄지지 않았다. 이런 외교 방식은 냉전체제하에서는 통용될 수 있었으나 탈냉전기로 접어들자 한계를 드러냈다. 그 한계를 극명하게 보여 준 것이 '일본군 위안부' 문제였

---

16 최은봉, 「전후 일본 정체성 변용의 국내적 내파와 대외적 굴절: 오키나와 배제와 동아시아 주변화」, 『일본역사연구』 제51집(2020.4), 92쪽.

다. 1991년 김학순 할머니(1924~1997)의 공개 증언이 그 시발점이 되었다.

실은 김학순 할머니 증언에 앞서 1975년 오키나와에서 일본군 위안부 생활을 했던 배봉기 할머니(1914~1991)가 위안부 피해자임을 처음으로 밝혔다. 배봉기 할머니의 사연은 당시 교도통신 등 일본 언론을 통해 보도되었고 배봉기 할머니를 소재로 한 〈오키나와의 할머니〉라는 영화가 만들어지기도 했다.[17] 그러나 그의 사연은 폭넓은 반향을 불러일으키지 못하고 사람들의 기억에서 잊혀졌으며 특히 한국에는 거의 알려지지 않았다. 배봉기 할머니의 사연을 알린 활동 주체가 한국이 반국가단체로 간주하는 조선총련인 데다 박정희 정권은 일본에 대한 강제동원 피해자와 유족들의 배상·보상 요구를 강하게 억눌러 왔기 때문이다.

'위안부' 진상 규명에 힘 실은 김학순의 증언

나는 일본군 '위안부' 피해자 김학순입니다. (중략) 그동안 말하고 싶어도 용기가 없어 입을 열지 못했습니다. 언젠가는 밝혀져야 할 역사적 사실이기에 털어놓기로 했습니다.

광복절을 하루 앞둔 1991년 8월 14일 한국여성단체연합 사무실에서

---

17 일본 시민운동가 나카가와 히사코에 따르면 일본 내에서 '군위안부'의 존재는 센다 가코(千田夏光)의 『종군위안부』(東京: 講談社, 1984) 등을 통해 환기된 바 있었지만, 조선인 피해자들의 존재는 묻혀 있었다. 1970년대 만들어진 '위안부' 관련 기록 영화 〈오키나와의 할머니〉에 감독 야마타니 테츠오(山谷哲夫)가 서울에서 피해자들을 수소문했지만 결국 만나지 못했던 상황이 담겨 있다.

67세 김학순 할머니가 눈시울을 적시며 말문을 열었다. 17세에 일본군 위안부로 끌려간 지 50년 만에 "살아 있는 증거"인 그가 강고한 침묵의 벽을 부쉈다.

> 위안부로 고통 받았던 내가 이렇게 시퍼렇게 살아 있는데 일본은 위안부를 끌어간 사실이 없다고 하고 우리 정부는 모르겠다 하니 말이나 됩니까.

배봉기 할머니의 증언으로부터 16년이 지난 뒤 김학순 할머니의 증언은 일본 국가와 군이 침략전쟁에서 여성들을 성노예로 삼았던 만행을 세상에 드러내고 책임을 물었다. 그는 증언에 나서게 된 이유를 다음과 같이 말했다.

> 신문에 나고 뉴스에 나오는 걸 보고 내가 결심을 단단하게 했어요. 아니다. 이거는 바로잡아야 한다. 도대체 왜 거짓말을 하는지 모르겠단 말이오. 그래서 결국 나오게 되었소. 누가 나오라고 말한 것도 아니고 내 스스로….[18]

1997년 생을 마치기 전까지 이어진 김학순 할머니의 용기 있는 증언은 한국과 아시아를 비롯해 세계 각국 '위안부' 피해 생존자들이 진실을 밝힐 수 있도록 길을 열었다. 그 증언 이후 한국에서만 '위안부' 피해자 200여 명이 자신의 존재를 드러내고 일제의 만행을 고발했다. 대만, 필리핀, 인도

---

18 소현숙, 〈기림의 날에 기억하는 김학순과 그녀의 증언〉, 《결: 일본군 '위안부' 문제 연구소 웹진》, 2019년 8월 6일.

일본군 위안부 문제 해결을 위한 수요시위 1000회째인 2011년 12월 14일 일본 정부 부처가 몰려 있는 도쿄 가스미가세키 외무성 앞길에서 열린 집회에서 한 위안부 피해자 할머니가 휠체어를 타고 행진하고 있다.

네시아 등 다른 아시아 피해 국가들에서도 '위안부' 피해 생존자들의 폭로가 잇따랐다. 1992년에는 제2차 세계대전 당시 인도네시아를 점령한 일본군에 납치돼 일본군 위안부의 피해자가 된 네덜란드인 얀 루프 오헤른이 증언에 나섰다.

'위안부'는 한·일 간의 문제가 아닌, 국제적인 어젠다가 됐다. 김학순의 증언에 탄력을 받아 진상 규명 운동은 한국은 물론 북한, 일본과 중국, 아시아 전역으로 퍼져 나가며 연대 운동이 본격화됐다. 피해자의 등장에 충격을 받은 역사가들에 의해 일본군의 직접적 개입을 입증하는 증거 자료들도 발굴됐다.

일본군 '위안부'의 진상 규명 운동은 한국 민주화 운동의 산물이었다. 소현숙은 1986년 부천서 성고문 사건에 대해 진상 규명과 책임자 처벌을 요구하며 발전해 온 여성운동 역량이 5년 뒤 '위안부' 문제의 동력으로 작용했다고 본다. 이어 1986년 아시안게임과 1988년 올림픽과 관련해 정부가 일본 남성들의 '기생 관광'을 유도하는 것에 여성단체들이 반대운동을 전개했고, 이 과정에서 민족적 성 침탈의 역사로 '위안부' 문제에 관심이 모이기 시작한 것이다. 1980년부터 '위안부' 문제를 연구해 온 윤정옥 이화여대 교수 등이 1990년 11월 한국정신대문제대책협의회(정대협)를 발족해 일본군 '위안부' 진상 규명과 책임자 처벌을 위한 활동을 본격화하였다.

이 시기까지는 피해 당사자들이 침묵을 지키고 있는 상황이어서 운동에 탄력이 붙지 않았고, 일본 정부는 발뺌하기 바빴다. 피해 당사자인 김학순의 증언은 이 상황을 일거에 반전시켰던 것이다.

일본의 대응은 배상을 뺀 '고노 담화'

한국 내에서 '위안부' 문제 진상 규명 요구가 사회운동으로 전개되던 1990년 노태우 정부는 노 대통령 방일 시 일본에 전시 강제 연행자의 명부를 만드는 데 협력해 줄 것을 요청했다. 그러나 일본 노동성은 1990년 5월 참의원 예산위원회에서 "일본군 '위안부'는 민간업자의 관리하에 있었으며 실태 조사는 어렵다"며 일본 정부의 관여를 부인했다. 그러나 김학순의 증언이 나오기 사흘 전인 1991년 8월 11일 《아사히신문》 간사이판에 우에무라 다카시植村隆 기자가 '위안부' 문제를 처음 보도하면서 일본 여론이 움직이기 시작했다. 그해 5월 31일 일본 도쿄에서 열린 제1차 〈아시아의 평화와 여성의 역할〉 토론회에 참석한 한국, 북한, 일본의 여성들이 일본군 '위안부' 문제를 논의하는 등 한·일 시민사회 차원의 연대 움직임도 본격화됐다. 그러나 당시 미야자와 기이치宮澤喜一(1919~2007) 내각의 관방장관이던 가토 고이치加藤紘一(1939~2016)는 1991년 12월 기자회견에서 일본군 '위안부' 피해자가 일본 정부에 공개 사죄와 배상을 요구하는 소송을 제기한 데 대해 정부 차원에서 배상 문제에 대처하기는 어렵다고 답변했다.

점차 고조돼 가는 국내의 '위안부' 진상 규명 요구에 노태우 정부의 대일 태도도 강경해졌다. 이런 가운데 1991년 12월 21일 한국인 위안부 모집과 운영에 '일본군이 직접 관여'했음을 입증하는 미군의 공식 문서가 공개됐다. 이어 이듬해인 1992년 1월 11일 요시미 요시아키吉見義明 일본 주오대 교수가 일본군이 위안소 설치 및 통제에 관여한 사실을 밝힌 자료를 《아사히신문》을 통해 공개했다. 미야자와 총리의 방한을 닷새 앞둔 시점에서 군의 관여 사실이 자료로 공개된 것은 일본 정부에 결정타였다.

1992년 1월 16일 방한한 미야자와 총리는 노태우 대통령과의 정상회담에서 '위안부'(당시는 정신대로 표현) 문제에 대해 "그분들이 체험하신 쓰라린 고통을 생각하면 진심으로 가슴이 아픕니다. 지난 14일 재일 한국 특파원과의 회견에서도 말씀드렸고 오늘 정상회담에서도 말씀드렸지만 그분들의 말로 다 할 수 없는 고통에 대해 충심으로 사과하고 반성의 말씀을 드립니다"라고 했다.

미야자와 총리는 귀국한 뒤인 1월 29일 참의원 연설에서 "우리는 위안부의 모집 또는 위안소의 경영 등에 과거 일본군이 어떤 형태로든 이 문제에 관여했다는 것을 부인할 수 없다. 형언할 수 없는 고통을 겪은 사람들에게 마음속 깊은 사과와 반성을 한다"고 말했다.[19] 그는 이어 정부가 위안부 문제에 어떻게 간여했는지는 충분히 밝혀지지 않았으니 우선 사실 관계 확인을 위한 조사에 나서겠다고 했다. 일본 정부는 1월 31일 열린 제6차 북·일 국교 정상화 교섭에서도 '위안부' 문제에 대해 북한에 사죄와 반성을 표명했다.

그러나 사죄 표명 이후에도 일본 정부의 태도는 미온적이었다. 그해 2월 한·일 협의에서 한국 측은 "보상 문제, 교과서 기술 문제 등 응분의 조치가 수반되어야 한다"고 촉구하였으나, 일본 측은 "무엇인가 해야 되겠다는 생각은 하고 있다"면서도 "청구권 협정을 문제 삼을 경우 한·일 관계의 기본 틀을 흔든다"고 우려했다.

1992년 7월 6일 가토 고이치 관방장관은 위안소의 설치와 운영에 일본 정부가 관여한 것은 사실이나 강제 연행을 입증하는 자료는 없다는 내용의 일본 정부 1차 진상조사 결과를 발표하였다. 이에 한국 정부는 외무부

---

[19] 일본 참의원 홈페이지(검색일: 2024년 10월 12일) 원문은 다음과 같다. "いわゆる従軍慰安婦の問題についてお触れになりまして、これは関係者が体験された苦しみを思いますと胸の詰まる思いがいたします。防衛庁で発見された資料あるいは関係者の証言等々を見ますと、いわゆるこの人たちの募集あるいは慰安所の経営等々について旧日本軍が何らかの形で関与していたということは否定できないところと思います。先般の韓国訪問の際に私が申し上げたことでありますが、これらの従軍慰安婦として筆舌に尽くしがたい辛苦をなめられた方々に対し、衷心よりおわびと反省の気持ちを重ねて申し上げます。"

등 17개 정부 부처로 구성된 '정신대문제실무대책반'이 1992년 1월부터 실시한 조사 결과와 1992년 7월 발표된 일본 정부의 조사 결과를 정리한 '일제하 군대위안부 실태조사 중간보고서'를 발표하고 '위안부' 모집에 강제력이 행사된 것으로 추정된다며 일본 정부에 대책을 촉구하였다. 퇴임을 넉 달 앞두고 노태우 대통령도 1992년 11월 8일 미야자와 총리와 교토에서 정상회담을 갖고 일본의 전향적인 태도 변화를 촉구하는 등 총력전을 펼쳤다.[20]

해가 바뀌어 미야자와 내각 사퇴 엿새 전인 1993년 8월 4일 고노 요헤이 河野洋平 관방장관이 〈위안부 관계 조사 결과 발표에 관한 고노 내각 관방장관 담화〉를 통해 위안소 설치·운영과 위안부 이송에 일본군이 직간접적으로 관여했으며, 위안부 모집과 위안부의 생활에서 강제성을 인정하는 일본 정부의 2차 진상조사 결과를 발표하였다. '고노 담화'는 위안부 피해에 대한 배상은 언급하지 않는 대신 '역사의 교훈으로 직시하기 위해 역사 교육과 연구를 해 나가겠다'고 밝혔다.

> 우리들은 이러한 역사의 진실을 회피하지 않으며 오히려 이것을 역사의 교훈으로 직시해 가겠다. 우리들은 역사 연구, 역사 교육을 통하여 이러한 문제를 오랫동안 기억하면서 동일한 과오를 결코 반복하지 않는다는 굳은 결의를 다시 한번 새롭게 표명한다. (고노 담화 일부)

---

20 2023년 4월 6일 외교부가 공개한 '30년 경과 비밀해제 외교문서'에 노태우 방일에 관한 문서가 실려 있다. 〈고노 담화는 셔틀 외교 결과물…노태우, 방일 극비 프로젝트 '서해사업'이 밑알〉, 《중앙일보》 2023년 4월 7일.

돌이켜 보면 '역사 교육과 연구'를 해 나가겠다는 일본 정부의 약속은 중대한 성과로 양국 화해를 위해 성실하게 계승해 나가야 할 과제였다. 고노 담화가 발표된 이듬해인 1994년부터 사용되는 고교 일본사 교과서와 1997년부터 사용되는 모든 중학교 교과서에 일본군 위안부에 관한 내용이 기술되었다.[21]

그러나 고노 담화가 '위안부' 문제에 대해 국가 책임과 배상을 인정하는 정공법 대신 총리와 관방장관의 '사과' 방식으로 매듭지으려는 한계를 드러낸 점은 분명히 지적돼야 한다. 위안부 문제의 해결을 위해 설치된 민간 주도의 '아시아여성기금'은 전후에 구축된 국가 간 질서를 흔들지 않는 범위 내에 식민지 피해를 가두어 버리는 '봉합'에 지나지 않는 것이다.

이는 당시 한국 정부가 위안부 문제와 관련하여 애매한 태도를 보였기 때문이기도 하다. 2014년 6월 일본 정부가 공개한 '고노 담화 작성 경위'에는 "전 위안부에 대한 조치와 관련, 일본 측이 어떠한 조치를 취하여야 할지에 대하여 한국 정부의 생각을 확인한 결과, 한국 측은 한·일 간에는 법적 보상 문제는 이미 해결되었으며, 어떤 조치라고 할 경우에는 법적 보상을 말하는 것이 아니며…"[22]라고 되어 있다. 사태 초기에는 법적 보상을 요구하지 않다가 민간단체의 소송 제기가 잇따르자 추후에 입장을 바꾼 것

---

21 남상구, 「일본 역사교과서의 일본군 '위안부' 기술 변화」, 『한일 관계사연구』 제30집(2008), 321–322쪽.

22 일본 외무성, 〈慰安婦問題を巡る日韓間のやりとりの経緯～河野談話作成からアジア女性基金まで～〉, 2014. 원문은 다음과 같다. "元慰安婦への「措置」について日本側が、いかなる措置をとるべきか韓国政府の考え方を確認したところ、韓国側は、日韓間では法的な補償の問題は決着済みであり、何らかの措置という場合は法的補償のことではなく、そしてその措置は公式には日本側が一方的にやるべきものであり、韓国側がとやかくいう性質のものではないと理解しているとの反応であった."

이다. 당시 한·일 정부 간의 정치적 타협이 일본 정부 특유의 '사과하되 배상하지 않는' 외교 태도에 힘을 실어 준 것이라는 비판도 만만치 않다.

물론 근본적으로는 일본의 섣부르고 부실한 사죄가 문제의 근원이다. 조경희는 과거 청산과 화해의 어려움은 화해를 바라는 측이 사건 자체에 대한 사죄만으로 해결 가능하다고 믿는 상상력의 결여에 있다고 지적했다.[23] 사죄가 끝이 아니라 시작이라는 인식을 공유하기까지는 성찰의 노력과 시간이 필요함에도 이런 과정이 결여된 상태에서 이뤄진 고노 담화, 무라야마 담화 등 일본의 '사죄 외교'는 설익은 총괄이었다는 것이다.

1990년대 초 일본 사회에 격진을 몰고 왔던 일본군 '위안부' 문제는 과거사 사죄와 반성, 청산 없이 구축된 전후 일본의 '폐쇄된 평화주의'의 위선성을 재확인하는 계기가 됐다. 위안부 문제는 한·일 관계 차원을 넘어 '전시 성폭력' 문제라는 국제사회 공통의 어젠다로 승격됐다. 위안부 문제가 가져온 충격은 일본 내 보수우익들을 결집시키는 결정적인 계기로 작용한다(이에 대해서는 5장에서 자세히 다룬다).

---

23 조경희, 「일본의 역사수정주의·국가주의·백래시의 연동: '새역모'와 '일본회의'를 중심으로」, 『황해문화』(2019.12), 103–104쪽.

2장

실패로
끝난
'아시아 회귀'

1
'유관순 감방'을 찾은 하토야마

전직 총리의 '사죄 순방'

2015년 8월 15일 서대문 형무소 역사관. 일본인으로선 체구가 큰 편인 하토야마 유키오鳩山由紀夫 전 총리가 모습을 드러냈다. 하토야마는 유관순 열사가 수감됐던 감방에 헌화하고 독립운동가들이 고문당한 흔적을 돌아본 뒤 광장에 있는 추모비에 헌화했다. 양복 차림이던 그가 무릎을 꿇고 합장한 채 고개를 숙이고 절을 올리는 장면은 이날 방문의 하이라이트였다.

"많은 (한국인들의) 목숨까지 빼앗았다는 사실에 대해 진심으로 죄송하다는 사죄의 마음을 먼저 바치고 싶습니다."

한국이 일제로부터 해방된 지 70주년을 맞이한 이날 하토야마의 사죄는 외신을 타고 전 세계로 타전됐다. 일본 보수 세력들은 총리까지 지낸 정치인이 땅에 엎드려 사죄하는 '도게자土下座'를 한 것은 굴욕이라고 성토했다. 하토야마는 이날 아베 신조安倍晋三(1954~2022) 총리가 종전 70주년을 맞아 밝힌 담화에 대해서도 "(아베 담화 내용에) 일본이 반성하고 사죄하는 마음이 당연히 담겨져 있어야 한다"고 비판했다. 일본에서는 '우주인'(우리나라의 속어 '4차원'과 비슷한 뉘앙스)이란 별명이 붙은 하토야마의 사죄를 기행으로 치부했으나 한국에는 깊은 인상을 남겼다.

하토야마의 '기행'은 이미 중국에서 먼저 있었다. 서대문 형무소 방문 2년 전인 2013년 1월 17일 하토야마는 중국 내 학술단체의 초청으로 방중했을 당시 일본이 인정을 꺼리는 난징대학살 추모 박물관을 방문했다. 그는 중·일 간 영유권 갈등이 빚어지고 있는 센카쿠 열도(중국명 댜오위다오)의 문제에 대해 "분쟁지역임을 인정할 필요가 있다"고 했다. 이 발언에 대해 일본의 보수들은 '이적 행위'라고 비판했다. 정확한 비유는 아니지만 한국 전직 대통령이 "독도는 분쟁지역"이라고 한 것과 다름없기 때문이다. 영유권 분쟁에서 실효 지배 중인 국가는 분쟁이 있다는 사실 자체를 부인하는 것이 일반적이라는 점을 감안하면 하토야마의 발언은 '영유권의 변경 내지 타협 가능성'을 시사하는 것으로 비친다. 하토야마의 일본 정치인답지 않은 이례적인 행보가 어떤 배경과 철학에서 나온 것인지 살펴봐야 한다.

'동아시아 공동체' 담론의 전개 과정

하토야마는 2009년 '자민당 장기 집권' 체제를 무너뜨리고 집권한 민주당 정권의 초대 총리였다. 그의 대외정책은 '개방적 지역주의'의 원칙 위에 '동아시아 공동체'를 지향하는 것으로 요약된다. 그는 총리에서 물러난 뒤에도 '동아시아 공동체 연구소'를 만들어 이사장으로 활동하고 있다. 동아시아 공동체 구상은 하토야마만의 전유물이 아니다. 1990년대부터 동아시아 각국에서 조금씩 진척시켜 온 구상이고, 김대중 대통령도 이 구상에 힘을 보탠 바 있다.

유럽연합EU과 달리 근대 이후 동아시아는 역내 평화와 협력을 위한 자체적인 질서가 존재하지 않았다. 동아시아는 전통시대 중화주의에 의한 평화가 19세기 중반 아편전쟁으로 붕괴되면서 서구 열강의 각축장으로 변질됐다. 이런 상황에 동아시아 각국은 공동으로 대처하지 못했고, 발 빠르게 근대화에 성공한 일본이 패권국가로 등장해 동아시아 국가 간의 경쟁을 가속화시키고 침략에 나섬으로써 혼란을 가중시켰다

일본은 중화 질서를 깨트리고 패권을 추구하면서 이를 정당화하기 위해 대동아 공영권[24]을 표방했다. 서구 열강의 공세에 동아시아가 협력해 대응해야 한다는 취지이지만, 일본의 아시아 침략을 위한 수사에 불과했다. 일본은 조선 병합, 만주사변, 중일전쟁 등을 자행함으로써 그 허구성

---

24 중일전쟁기부터 제2차 세계대전까지 일본 군국주의가 아시아 대륙 침략을 합리화하기 위해 내세운 정치 구호로, 동북아시아, 동남아시아, 오세아니아의 문화적·경제적 통합이라고 선전된 개념이다. 서구 제국주의 지배에서 벗어나 아시아 국가들의 '공영'을 위한 새 국제질서를 만들겠다는 것이다.

을 증명했다. 이런 역사는 전후 80년을 맞는 오늘날에도 동아시아에서 일본에 대한 불신의 근거로 작용한다.

그러나 공산화된 중국이 개혁 개방을 통해 다시 국제질서에 편입하면서 존재감을 키워 가고 '북핵 위기'로 한반도 긴장이 고조되면서 동아시아의 평화와 안정을 위한 협력의 필요성이 커졌다. 과거처럼 중국, 일본에 의한 일방적 패권 질서가 아니라 상호 협력하는 체제를 만들어야 한다는 인식의 바탕 위에서 동아시아 공동체론이 부상한 것이다. 일본은 탈냉전기를 맞아 대미 의존을 줄이려는 의중도 품고 있었다. 1980년대 미국과의 경제 마찰, 미국의 대소·대중 접근에 불안을 느낀 것도 일본이 아시아에 관심을 돌리게 된 배경이었다. 침략전쟁의 명분이던 대동아 공영권이 파산하면서 전후 일본은 지역주의를 금기시해 왔으나, 탈냉전에 동반한 여러 변화들이 지역주의를 재소환할 수 있도록 한 것이다.

1989년 11월 한국, 일본, 호주, 뉴질랜드, 캐나다, 아세안 6개국을 멤버로 한 아시아태평양경제협력APEC이 창설된 이후 마하티르 모하맛 말레이시아 총리가 1990년 동아시아경제그룹EAEG과 동아시아경제협력체EAEC를 잇따라 제창했다. 마하티르의 취지는 미국과 유럽의 경제블록화에 대항해 중국, 일본을 포함한 아시아 국가들이 결속해 경제 협력을 강화하자는 것이었으나 미국이 반대하며 일본에도 압력을 넣음으로써 실현되지 않았다. 그러나 이런 담론들이 공론화되면서 동아시아라는 지역의식이 관련 국가들에서 싹트기 시작했다.

이후 1997년 한국의 외환 위기 등 아시아 통화 위기도 일본이 동아시아

의식을 고양시키는 계기로 작용했다. 1997년 12월 동아시아 지역 형성에 의미가 큰 제1회 '아세안ASEAN+3 정상회의'가 개최됐다. 일본은 태국 외환 위기를 계기로 아시아통화기금AMF 설립(미야자와 구상)을 제창했다가 미국의 견제로 중단했으나, 1998년 11월 오부치 게이조小渕恵三(1937~2000) 정권은 300억 달러 규모의 '신미야자와' 구상을 재추진하며 의욕을 보였다. 이어 2000년 5월에는 지역 내 통화 안정을 위한 협력 체제인 치앙마이 이니셔티브CMI가 합의된다. 이런 움직임은 2005년 12월 제1회 동아시아 정상회의EAS[25] 개최로 이어진다. 2008년 금융위기 이후 중국의 부상이 확인되던 국면에서 아시아 지역 협력의 필요성이 더욱 강화됐다. 2009년 민주당 정권의 초대 총리가 된 하토야마가 동아시아 공동체 구상을 표방한 것은 이런 그간의 움직임에 일본이 더욱 능동적으로 참여하겠다는 취지였다.

'우애 외교'를 통한 동아시아 회귀 전략

하토야마가 동아시아 공동체 구상에 힘을 쏟은 이유는 집안 내력과도 관련이 깊다. 그의 할아버지 하토야마 이치로鳩山一郎(1883~1959)는 1950년대 총리를 지냈으며 자유민주당을 결성해 1955년 체제를 확립한 정치인이

---

25 동아시아 지역 국가들을 주축으로 매년 개최되는 정상회의로 2005년 말레이시아 쿠알라룸푸르에서 첫 회의가 열렸다. 아세안 10개국과 한국, 중국, 일본 등 '아세안+3' 외에 기타 국가로 인도, 호주, 뉴질랜드, 미국, 러시아 등 18개 국가가 참가하고 있다. 역내 전략적, 정치적 현안에 대해 각국 정상들이 자유롭게 의견을 개진하는 정책 대화의 장이다.

다. 외교에서는 1956년 10월 소련과의 국교 정상화를 이뤘고, 이를 지렛대로 유엔 가입을 실현했다. 그러나 일본의 재군비와 주일미군 분담금 삭감 주장 등으로 미국의 미움을 샀다. 연합군총사령부GHQ가 하토야마를 '군부에 협력한 군국주의자'로 분류해 공직에서 추방함으로써 맺어진 미국과의 악연이 총리가 된 뒤에도 부정적으로 작용했다.

하토야마는 유년 시절 뇌일혈로 몸이 불편했던 할아버지가 이따금 베란다에서 색종이에 '우애友愛'라는 글씨를 쓰곤 했다[26]고 회상했다. 우애는 오스트리아 정치가 쿠덴호베 칼레르기Coudenhove-Kalergi의 사상으로, 이치로는 그의 저서 『전체주의국가와 인간』을 번역해 『자유와 인간』으로 펴냈다. 유키오는 할아버지의 뜻을 이어받아 정치적 소신으로 삼았다. '우애'란 단어는 유약한 뉘앙스이지만, 프랑스혁명 구호인 '자유·평등·박애'의 박애fraternite를 조부가 '우애'로 번역했다고 한다. 유키오는 '우애'를 '좌익과 우익의 전체주의를 배제하고, 자유와 평등, 자립과 공생의 균형을 실현하는 이념'이라고 설명한다. 이런 이념을 대외관계로 확장하면 지나칠 정도의 대미 의존에서 벗어나야 한다는 결론이 도출된다. 그는 동아시아 공동체 구상에 대해 다음과 같이 언급했다.

> 우애가 인도하는 또 하나의 국가 목표는 '동아시아 공동체' 형성이다. 물론 일·미 안보체제는 앞으로도 일본 외교의 기축일 것이며 말할 나위 없이 중요한 일본 외교의 기둥이다. 동시에 우리는 아시아에 위치한 국가로서의 정체

---

[26] 鳩山由紀夫·進藤榮一·高野孟·中島政希·島袋純, 『なぜ、いま東アジア共同体なのか』(東京: 花伝社, 2015), 24쪽.

성을 잊어서는 안 될 것이다. 경제성장의 활력이 넘치고 더욱더 긴밀하게 연계되어 가는 동아시아 지역을 일본이 살아가기 위한 기본적인 생활공간으로 파악하고, 이 지역에 안정된 경제 협력과 안전보장 틀을 만드는 노력을 지속적으로 해 나가야만 한다.[27]

'반미 친중'으로 낙인찍히다

하토야마의 주장을 사자 성어로 바꾸면 '친미입아親美入亞'가 된다. 일본이 20세기 내내 벗어나지 못했던 '탈아입구脫亞入歐' 지향에서 벗어나, 미국과의 동맹관계를 중시하면서도 아시아 국가 일원이라는 정체성을 확립하겠다는 뜻이다. 자민당 고이즈미 준이치로小泉純一郎 총리도 동아시아 공동체를 주장했지만 하토야마는 중국과의 협력에 보다 무게를 실었다. 그가 '가치 외교'가 아닌 '우애의 외교'가 필요하다고 주장한 것과도 관련이 있다. 하토야마는 "가치관이 다른 사람들 사이에서 외교가 필요하고 사회체제가 다르고 경제체제도 다른 사람들과 돈독한 관계를 유지하는 것이 외교의 관건"이라고 했다. 하토야마는 총리에 오른 직후인 2009년 10월 중국 베이징에서 열린 한중일 정상회의에서 한중일이 개방성, 투명성, 기능적 협력이라는 원칙에 근거하여 3국을 중심으로 지역 협력을 추진하며 나아가 동아시아 공동체를 구축하자는 구상을 밝혔다.

---

27 김젬마, 「우애와 '제3의 길': 하토야마 유키오의 이념적 정치리더십 연구」, 『EAI 일본연구패널 보고서』 제3호, 9쪽. 《뉴욕타임스》 2009년 8월 27일자에 〈A New Path for Japan〉이라는 제목으로 실린 하토야마의 기고문으로 일본 월간지 《VOICE》 2009년 9월호에 일본어 전문이 번역돼 실렸다.

그의 우애 외교론으로 보자면 중국, 한국 등과의 과거사 문제를 해결해야 일본이 신뢰받는 아시아 국가의 일원이 될 수 있다. 동아시아 국가들이 공생하기 위해서도 내셔널리즘 발흥의 자양분이 되는 역사 문제의 해결이 불가피하기 때문이다. 하토야마가 총리에서 물러난 이후에도 한국, 중국을 돌며 '사죄 외교'를 벌이는 것은 그의 이런 소신에서 비롯된 것이다.

그러나 하토야마의 동아시아 공동체 구상은 일본의 보수 세력과 미국으로부터 '대중경사론對中傾斜論'이라는 딱지가 붙었다. 가뜩이나 미국은 하토야마가 2009년 8월 《뉴욕타임스》 기고문에서 냉전 종식 후 미국이 주도해 온 세계 질서를 실패로 진단하는가 하면 일본이 '정치적, 경제적 독립'을 꾀하겠다는 의지를 드러낸 것에 불쾌감을 느끼던 상황이었다. 미국 입장에서 '동아시아 공동체' 구상은 '미국 배제'라는 의구심을 불러일으키기에 충분했다.

그런 차에 민주당 정권의 실세였던 오자와 이치로 간사장도 미국의 의구심을 증폭시켰다. 오자와는 민주당의 집권 직전인 2009년 2월 "극동에서 미국의 존재는 제7함대로 충분하다"며 주일미군에서 해군 외에는 필요없다고 발언해 파문을 빚었다. 미·일 관계에 대해서도 "미국이 말하는 대로 고분고분 따라가는 것이 아니라, 스스로 세계 전략을 갖고 일본에 관한 사안은 일본이 스스로 더 역할을 분담해야 한다"고 주장했다.

오자와는 앞서 살펴본 것처럼 탈냉전 이후 일본이 '보통국가'로 거듭나야 한다고 주장해 왔다. 그의 보통국가론에서는 종속적 미·일 관계도 바로잡을 대상이었던 것이다. 오자와는 집권 직후인 2009년 12월에는 국회의원 143명이 포함된 630명의 초대형 방문단을 이끌고 중국을 방문했다. 미국의 눈 밖에 난 오자와는 비서가 정치자금 규정을 위반했다는 혐의로 검찰 수사를 받는 '사법 리스크'에 휩싸이면서 실각하게 된다.[28]

하토야마는 미국의 영향력 후퇴와 중국 부상의 틈새에서 일본의 자립이라는 목표를 위해 동아시아와의 공생이 불가피하다고 여겼다. 그러나 그의 구상은 오키나와 미군기지 이전 문제를 둘러싸고 미국과의 마찰을 겪으며 좌초한다.

---

28 사토 마사루·가타야마 모리히데 지음, 송태욱 옮김, 『일본은 어디로 가는가: 헤이세이 30년의 기록』(열린책들, 2021), 220-221쪽.

2
'민주당의 무덤'이 된 오키나와

일본 이어 미군 지배, 오키나와의 고난사

1995년 9월 4일 저녁 8시. 일본 오키나와 본섬의 북쪽 끝에 있는 미군기지 캠프 한센에 근무하던 미군 해병 3명이 렌터카를 몰고 캠프 바깥의 상점가로 향했다. 이들은 이곳에서 쇼핑 중이던 초등학교 여학생(당시 12세)을 붙잡아 얼굴과 팔다리를 점착테이프 등으로 묶은 뒤 납치해 해안가로 끌고 가 강간했다. 미군은 당초 4명이었지만 피해 여학생이 너무 어리다고 생각한 한 명은 범행에 가담하지 않았다.

오키나와현 경찰은 사건 발생 사흘 뒤인 9월 7일 미군에 대한 체포영장을 청구했으나 기소 전까지는 신병을 인도할 수 없도록 한 미일지위협정에 따라 체포할 수 없었고, 실질적인 조사도 불가능했다.

초등학생이 집단 강간당한 천인공노할 사건이 벌어졌는데도 피의자를 조사조차 할 수 없는 처지에 오키나와 주민들의 울분이 폭발했다. 오키나와현 의회, 시의회 등에서 미군에 대한 항의 결의안 채택이 잇따랐다. 10월 21일에는 8만 5,000명(경찰 추산 5만 8,000명)의 오키나와 주민들이 모여 대규모 항의 집회를 열었다. 오키나와가 미군 통치로부터 반환된 1972년 이후 최대 규모로 오타 마사히데大田昌秀 현지사도 참가했다. 미군기지가 집중돼 있는 오키나와에서 일어난 주민 저항이 미·일 안보체제를 뒤흔드는 사태로 발전한 것이다.

오키나와는 1609년 사쓰마번의 침공 이후 실질적인 지배를 받고 있었으나 19세기 후반까지는 류큐 왕국으로서 청나라와 일본 사이에서 독자적인 지위를 유지하고 있었다. 류큐 왕국은 한반도와 중국·일본은 물론 동남아시아까지 연결하는 중간 무역 거점으로 사람과 물자, 문화의 교류가 활발했고, 무기의 소유를 제한했던 평화로운 나라였다. 1458년 류큐 국왕 쇼타이큐尚泰久의 명으로 주조된 종의 명문을 보면 만국진량萬國津梁, 즉 만국을 잇는 가교라는 자부심이 느껴진다.

메이지 유신 이후 일본 정부는 1879년 류큐 왕국을 폐지한 뒤 오키나와현을 설치해 일본에 편입시켰다. 메이지 정부가 오키나와에 대해 동화정책을 실시함에 따라 학교는 일본어 사용을 강제했으며 오키나와 민족성을 말살하는 식민지 교육을 펼쳤다.

오키나와는 일본이 일으킨 태평양전쟁 말기에도 일본 본토 대신 희생을 강요당했다. 오키나와 전투는 일본 본토 결전에 앞서 최대한 시간을 벌고, 평화 교섭을 모색하기 위한 '사석捨石 작전'이었다. 1945년 3월 26일 게라마 제도[29]에 미군이 상륙한 것을 시작으로 그해 4월부터 6월까지 3개월간 '철의 폭풍'으로 불리는 격전이 전개됐다. 미군은 함선 1,500척, 상륙 병력 18만 명이라는 대부대를 투입해 본격 상륙 작전을 펼쳤다. '오키나와(류큐) 문학'을 대표하는 작가 메도루마 슌目取眞俊은 당시 14세 소년으로 철혈근황대鐵血勤皇隊로 징집됐던 부친의 체험을 다음과 같이 회고했다.

> 미군이 상륙하기 직전에 아버지와 다른 대원들은 해안선에 파 놓은 구덩이에서 하룻밤을 보냈다고 합니다. 다음 날 아침, 미군이 상륙해 오면 폭탄을 안고 적의 탱크에 몸을 부딪칠 예정이었습니다. 구덩이 안에서 밤하늘을 올려다본 아버지는 "아, 내일 이맘때쯤이면 나는 이미 이 세상에 없겠구나…"라고 생각하며, 말로는 형언하기 어려운 마음이 들었다고 하셨습니다.[30]

미군이 상륙한 이튿날인 1945년 4월 2일 요미탄촌 치비치리 가마(동굴)에 숨어 있던 주민들이 집단 자결을 결행, 82명이 희생됐다. "살아서 포로의 굴욕을 당하지 말라"는 일본군의 전진훈戰陣訓이 민중들 사이에 침투한 결과였다.[31] 석 달간의 전투 과정에서 오키나와 주민들이 일본군이 건넨 수류탄으로 자결하거나, 가족끼리 서로 목 졸라 죽이는 지옥도가 펼쳐졌다. 미군의 스파이로 몰려 일본군에게 살해당한 주민들도 있었다. 전투에

---

29 게라마 제도(慶良間諸島)는 오키나와현 나하시의 서쪽 약 40km의 동중국해상에 흩어져 있는 20개 남짓의 섬들로 이루어진 군도이다. 혹등고래를 관찰할 수 있는 장소로 유명하다.
30 메도루마 슌이 제7회 이호철통일로문학상을 수상한 뒤 적은 소감 중 일부다. 《경향신문》 2023년 9월 20일.
31 아라사키 모리테루 지음, 김경자 옮김, 『오키나와 이야기: 일본이면서 일본이 아닌』(역사비평사, 2016), 73-74쪽.

서 숨진 오키나와 출신 병사 및 주민은 12만 명으로 본토 출신 일본군 사망자(6만 명)의 두 배에 이른다. 강제징용과 일본군 '위안부'로 오키나와에 끌려온 조선인들도 다수 희생됐다. 1999년 6월 한국에서 2,815명의 재오키나와 조선인 노동자 명단이 발견되었는데 이 중 650명만 생존한 것으로 알려졌다. 강제동원된 노동자의 70퍼센트가 죽거나 실종된 것이다.

전투가 종료된 이후 1972년 일본으로 반환되기 전까지 오키나와는 미군이 행정권을 갖는 미군 통치하에 있었다. 이는 쇼와 천황이 오키나와에 대해 미군이 '25년 내지 50년 내지 그 이상' 장기 점령을 허용하겠다는 비밀 메시지를 연합군총사령부GHQ에 전달함으로써 가능했던 것이었다.[32]

미국은 주민들의 땅을 강제 수용해 곳곳에 미군기지를 건설했다. 미 공군의 해외 기지 중 가장 규모가 큰 가데나 공군기지를 비롯해 미 해병대의 캠프 한센, 캠프 슈워브, 후텐마 비행장 등이 속속 들어섰다. 미국은 오키나와를 기지화함으로써 1965년 베트남전쟁에서 다낭을 침공할 때 해병대를 전개할 수 있었고, 1968년부터는 괌에서 오키나와로 B-52 폭격기를 이동시켜 인도차이나 전역을 매일 공습했다.[33] 오키나와는 '평화헌법 보유국'이자 '세계 최강의 군사국가인 미국의 강력한 조력자'라는 전후 일본의 모순이 집약된 곳이며, 그 모순을 본토의 일본인이 직시하지 않아도 되도록 하는 장소로 기능해 온 것이다.

미국은 1972년 오키나와를 일본에 반환했고, 사토 에이사쿠 佐藤榮作

---

32 1947년 9월 20일 궁내청 고문 데라사키 히데나리(寺崎英成)가 GHQ 정치고문 윌리엄 조지프 시볼드(William J. Sebald)를 매개로 미군 쪽에 천황의 의향을 전달한 것이다. 다카하시 데쓰야 지음, 한승동 옮김, 『희생의 시스템 후쿠시마 오키나와』(돌베개, 2013), 148–151쪽.
33 개번 매코맥·노리마쓰 사토코 지음, 정영신 옮김, 『저항하는 섬, 오키나와』(창비, 2014), 102쪽.

(1901~1975) 총리는 "핵무기 없이, 본토 수준으로" 돌려받았다고 자랑스럽게 선언했으나 핵무기를 탑재한 함선이나 항공기의 출입은 사전 협의 없이 이루어졌고 '유사시 핵 반입' 밀약도 체결됐다. 27년간의 미군 통치를 받았을 때나 일본으로 귀속된 뒤에도 미군기지라는 오키나와의 본질은 달라지지 않았다. 일본 전체 면적의 0.6퍼센트에 불과한 오키나와에 일본 전체 미군기지의 75퍼센트가 집중돼 있고, 오키나와 본섬의 20퍼센트가 미군기지의 공여지로 제공되고 있다. '작은 바구니(오키나와)에 달걀(미군기지)이 너무 많이 담긴' 것이다. 오키나와는 미군 주둔으로 인한 각종 사건·사고, 환경오염, 소음 공해 등 다방면에 걸쳐 고통받고 있다.

1959년 6월 30일 미군 F-100D형 제트 전투기가 시험비행 도중 엔진 폭발로 추락하면서 미야모리 소학교 어린이 11명과 주민 6명이 죽고, 200여 명이 부상하는 참사가 발생했다. 1968년 11월 19일에는 B-52 폭격기가 가네다 기지의 독가스탄과 핵폭탄이 저장돼 있던 탄약고 부근에 떨어져 오키나와 전체가 공포에 떨어야 했다. 그에 앞서 1955년 9월에는 6세 여자어린이가 가데나 고사포대 소속 미군에 납치·강간당한 뒤 살해된 '유미코짱 사건'이 발생했다. 1995년 발생한 초등학교 여학생 강간 사건은 오키나와 주민들로 하여금 40년 전의 '유미코짱 사건'의 악몽을 떠올리게 했다.

'미군기지 현외 이전' 실패와 하토야마의 사임

12세 초등학생 강간 사건으로 오키나와 주민들의 분노가 폭발하자 일본과 미국은 1996년 오키나와의 기지 부담을 줄이겠다며 후텐마 기지를 오키나와현 나고시 헤노코로 이전하는 방안에 합의했다. 헤노코 해안을 매립해 1800미터의 활주로 2개와 미국 해병대 강습상륙함이 자유롭게 접근할 수 있는 271.8미터 접안 시설 등으로 구성된 미군기지를 짓겠다는 방안이다. 그러나 이 '이전 계획'은 해당 지역의 환경을 파괴할 뿐 아니라 기지를 오키나와 바깥으로 이전하는 것도 아니어서 '아랫돌 빼 윗돌 괴는' 것에 지나지 않았다. 헤노코는 해수면에서 바닷속 10미터까지 훤히 보이는 청정 해역인 데다 멸종위기 해양 포유류인 듀공의 주요 서식지이기도 하다.

2009년 여름 중의원 총선 승리로 정권을 잡은 민주당의 하토야마 내각은 후텐마 기지를 '최소한 오키나와현 바깥으로' 이전하겠다는 방침을 내걸고 미·일 합의를 재교섭하려 했다. 이는 미국의 역린을 건드리는 격이 됐다. 미국 국방부와 국무부 관료들은 재교섭은 없으며 현행 합의가 이행되지 않을 경우 양국 신뢰가 깨질 것이라는 경고를 연발했다. 2009년 10월에는 로버트 게이츠 국방장관과 마이클 멀린 미 합참의장이 도쿄를 방문해 합의의 속행을 촉구했다.

당시 《산케이신문》 보도에 따르면 12월에는 존 루스 주일 미국 대사가 오카다 가쓰야岡田克也 외무상과 기타자와 도시미北澤俊美 방위상에게 얼굴을 붉힌 채 고성을 지르며 현외 이전 방침을 반대했다고 한다.[34] 2010년

---

34 〈普天間交渉 暗礁に 次回日程も決まらず 米大使越年に激怒〉, 《산케이신문》 2009년 12월 5일.

1월 호놀룰루에서 열린 오카다 외무상과 힐러리 클린턴 미 국무장관과의 회담도 시종 냉랭한 가운데 열려 미국은 일본의 합의 이행을 압박했다. 호주의 동아시아 전문가 개번 매코맥은 하토야마 정부의 출범을 전후해 '워싱턴이 퍼부은 모욕과 협박 공세는 동맹국과 적국을 막론하고 어떤 국가와의 관계에서도 없었던 일'이라고 했다.

하토야마는 미국뿐 아니라 내부의 적인 관료들에게도 따돌림당했다. 일본 관료들은 버락 오바마 행정부에 하토야마 정권에 양보하지 말라고 귀띔했다. 외무성 아시아대양주 국장인 사이키 아키타카齋木昭隆는 커트 캠벨 동아시아 담당 국무차관보에게 아직 경험이 없는 여당이 관료기구를 제치고 미국에 강경하게 나오는 정책은 어리석은 짓이라며 하토야마 정권을 헐뜯었다.[35] 관료들은 물론 마에하라 세이지前原誠司 같은 민주당 고위 인사도 미국을 편드는 등 권력 내부가 자중지란에 빠졌다.

일본 언론들은 한목소리로 하토야마 정권의 미군기지 이전 시도를 비판했다. 《아사히신문》은 부시 정권의 국방부 차관이던 리처드 롤리스의 인터뷰 기사를 실었는데 그는 하토야마 정권을 위험한 불장난을 하는 어린아이라며 극언을 퍼부었다. "일본의 안보를 위한 더 큰 그림에서 보면, 그들은 다이너마이트로 가득 찬 방에 앉아서 성냥갑을 가지고 노는 아이들이나 다름없어 보인다. (중략) 일단 집을 불태우기로 결정해 버린다면 '소방관' 미국은 더 이상 주변에 없을 것이다."[36] 미국 《워싱턴포스트》는 하토야마 총리를 세계의 지도자들 가운데 "가장 못난 패배자"이며 "점점 머리

---

35 2011년 위키리크스가 공개한 문서에 포함돼 있다. 개번 매코맥·노리마쓰 사토코 지음, 정영신 옮김, 『저항하는 섬, 오키나와』(창비, 2014), 221쪽에서 재인용.

36 개번 매코맥·노리마쓰 사토코, 위의 책, 230쪽.

가 이상해지는" 사람으로 묘사했다.[37]

오키나와 주민들은 주민들대로 하토야마 정권을 압박했다. 2010년 4월 25일 9만 명의 주민들이 요미탄촌에 모여 후텐마 기지의 현내 이전 반대를 외쳤다. 미국의 협박, 오키나와 주민들의 저항, 관료 집단의 사보타주와 항명, 언론의 공격이라는 사면초가에 빠져 하토야마 정권은 구심력을 잃고 표류했다. 집권 9개월 만에 내각 지지율이 73퍼센트에서 19퍼센트로 곤두박질쳤다.

하토야마가 기지 이전을 포기하는 데 결정적인 역할을 한 것은 외무성의 허위 문서였다.[38] 외무성은 당시 이전 후보지로 검토되었던 아마미제도 도쿠노시마德之島[39]가 미군 훈련장에서 너무 멀어 미군의 내규에 정한 거리를 초과한다는 문서를 만들어 하토야마에게 보고했다. 그러나 이 문서에서 미군의 내규로 '헬기 부대와 훈련장과의 거리를 65해리(약 120킬로미터) 이내'로 명시했으나 주일미군사령부는 《아사히신문》의 취재에 대해 "그런 기준은 없다"고 답변했다는 것이다. 외무성이 허위 공문서까지 동원해 후텐마 기지의 현외 이전을 포기토록 한 것은 믿기 힘든 일이다.

하토야마 총리는 결국 오키나와 주민들과의 약속을 저버리고 미국의 뜻을 따르기로 했다. 하토야마는 2010년 5월 4일 오키나와현에서 나카이마 지사와 만나 "미·일 동맹 관계 속에서 억지력을 유지할 필요가 있다"며 현외 이전을 단념할 뜻을 밝혔다. 5월 23일에는 후텐마 기지의 '헤노코 이

---

37 Al Kamen, "Among Leaders at Summit, Hu's Frist," *Washington Post*, 2010년 4월 14일.
38 《아사히신문》 2016년 2월 23일. 白井聡, 『長期腐敗體制』(東京: KADOKAWA, 2022), 79-80쪽에서 재인용.
39 도쿠노시마는 류큐 열도 아마미제도의 섬으로 오키나와현이 아니라 규슈 가고시마현에 속한다.

전'을 선언했고, 5일 뒤인 28일 미·일 공동성명에서 이를 재확인했다. 일본 정부는 후텐마 기지의 헤노코 이전을 각의 결정했다. 그 5일 뒤 하토야마는 사임을 표명했다. 오키나와 기지 이전 시도가 좌절됨으로써 민주당 정권의 허리가 꺾여 버렸다. 미군기지 이전은 정권의 명운을 걸어야 할 정도로 엄청난 반발과 역공이 예상되던 사안이었다. 민주당 정권에 이를 극복할 역량과 수완, 치밀한 사전 준비가 갖춰져 있었는지는 의문이었다.

정치학자 시라이 사토시는 하토야마 총리의 사임을 "헤이세이 정치사에서 가장 큰 사건"이라면서 하토야마가 충돌한 상대는 '대미 종속 체제'였다고 논평했다.[40] 하토야마의 기지 이전 시도에 일본 정치권은 물론 관료, 재계, 학계, 언론 등 기성 권력들은 너나 할 것 없이 집중 포화를 퍼부었고, 하토야마는 "저놈은 우주인"이라며 인격모독까지 당했다. '국체'나 다름없는 대미 종속 체제의 가공할 만한 힘을 보여 준 사례라고 할 수 있다.

다만, 하토야마의 기지 이전 시도는 오키나와현민들을 단결시켜 현내 보·혁 연대가 형성되는 계기를 조성했다.[41] 2014년 11월 취임 이후 기지 반대의 구심점 역할을 해 온 오나가 다케시翁長雄志 오키나와현 지사가 이전 대상지인 헤노코 해안에 대한 매립 공사 승인을 취소한 것을 시작으로 일본 정부와의 법적 분쟁이 끈질기게 이어졌고, 매립 예정 해역이 연약 지반인 것으로 드러나는 등 기지 이전까지는 넘어야 할 난관이 적지 않다.

40　白井聰, 『長期腐敗體制』(東京: KADOKAWA, 2022), 85쪽.

41　白井聰, 위의 책, 214-215쪽. 보수계 정치인인 오나가 다케시 전 나하시장이 '헤노코 신기지 건설 반대'를 내걸고 혁신파들과 연합해 2004년 11월 오키나와현 지사 선거에서 현 지사인 나카이마 히로카즈에 압승했다. 본래 자민당 소속인 오나가가 중앙 정부의 미군기지 현내 이전에 반기를 들자 사민당과 공산당 등 좌파 세력뿐 아니라 자민당 일부 인사들까지 '올 오키나와' 진영을 구성해 오나가를 지지하는 보·혁 연대가 형성됐다.

3
짧았던 한·일 관계의 봄날

조선왕실의궤를 돌려주다

오키나와 미군기지 이전 문제로 사퇴한 하토야마의 후임인 간 나오토 菅直人 총리는 '대미 자주 외교' 노선에서 조금씩 이탈해 갔다. 간 총리는 중국 견제 의도가 담긴 환태평양경제동반자협정Trans-Pacific Strategic Economic Partnership, TPP[42] 추진에 의욕을 보였다. '동아시아 공동체'를 추진한다던 민주당 정권의 외교 노선은 1년도 안 돼 형해화됐다.

그런 가운데에서도 민주당 정권의 대한국 정책은 하토야마의 '우애 노선'이 유지되고 있었다.[43] 2011년까지의 한·일 관계는 '단군 이래 가장 좋

---

42 아시아-태평양 지역 경제의 통합을 목표로 하는 다자간 자유무역협정으로 상품관세 철폐는 물론 서비스 부문 비관세 장벽을 철폐하고 자유화하자는 취지의 협정이다. 2005년 6월 뉴질랜드, 싱가포르, 칠레, 브루나이 4개국 체제로 출발했으나 미국이 중국 견제 차원에서 참여키로 하면서 일본을 포함해 12개국으로 늘어났다. 미국은 트럼프 대통령 당선 직후인 2017년 1월 협정에서 탈퇴했다.

43 2010년 3월에는 일본 정부가 17만 명에 달하는 한반도 출신 강제징용자 공탁금 자료의 사본을

은' 관계라는 평이 나올 정도로 호조였다. 2010년 한국의 걸 그룹 소녀시대가 일본에서 데뷔하고, 먼저 진출한 걸 그룹 카라가 인기를 얻으며 2차 한류 붐이 있었다. 2011년 동일본 대지진 때는 한국이 가장 먼저 긴급구호대를 파견했고, 시민사회가 90억 엔을 모금해 전달했다. 일본을 돕기 위한 시민 모금은 처음 있는 일이었다.

간 내각에서 한·일 관계에 의미 있는 이벤트 두 가지가 있었다. 조선왕실의궤의 반환과 한일병합 100주년 담화다. 의궤儀軌는 조선시대 왕실의 결혼식, 장례식, 연회, 사신 영접 등 주요 행사, 건축물·왕릉의 조성과 왕실 문화 활동 등을 정밀하게 형상화한 그림과 함께 기록한 기록유산으로 600여 년의 생활상을 시각적으로 이해할 수 있는 귀중한 역사 자료다. 예를 들어 정조 임금이 1795년 어머니 혜경궁 홍씨의 회갑을 기념하여 어머니를 모시고 수원 화성으로 행차하는 모습을 담은 〈화성능행도〉는 전 여정을 무려 15.4미터 길이의 화폭에 형상화했다. 이런 유형의 기록은 세계적으로 유례를 찾아볼 수 없는 진귀한 형태이다. 조선왕실의궤는 오대산 사고 등에 보존돼 왔으나 일제 강점기인 1922년 조선총독부가 일본 궁내청에 기증했고, 궁내청 서릉부가 81종을 소장해 왔다. 국외소재문화유산 재단에 따르면 해외에 있는 한국 문화재는 2024년 1월 기준 총 24만 6,304점이며 이 중 일본에 있는 것은 10만 9,801점으로 전체 해외 유출 문화재의 45퍼센트에 달한다. 일본에 여전히 반환되지 못한 문화재가 많은 것이

한국에 전달했고, 5월 18일 도쿄 유텐지(祐天寺)에서 열린 제4차 강제동원 희생자 유골 봉환 추도식에 오카다 가쓰야(岡田克也) 외상이 일본의 각료로서 처음으로 참석하는 등 민주당 정권은 역사 인식 문제에서 자민당 정권에 비해 전향적이었다. 조세영, 『한일 관계 50년, 갈등과 협력의 발자취』(대한민국역사박물관, 2014), 281쪽.

다.

　문화재 반환 문제는 한일수교 협상 과정에서 처음으로 제기됐다. 한국 측은 일제강점기 당시 일본이 조선 문화재들을 불법적·강압적으로 약탈했기 때문에 문화재를 반환할 의무가 있다고 주장했고, 일본 측은 불법적으로 반출한 문화재는 없으므로 반환할 의무는 없지만, 양국 우호와 친선을 위해 일본 정부가 소유한 약간의 문화재를 기증하겠다고 대응했다. 이런 논의를 바탕으로 한일기본조약이 체결되던 1965년 6월 22일에 '문화재 및 문화협력에 관한 협정'(문화재 협정)도 함께 체결됐다.

　당시 한국 정부는 총독부가 반출한 고분 출토품과 일본인이 개인적으로 약탈해 간 문화재 등 모두 4,479점의 문화재를 반환해 줄 것을 요구했으나 일본은 개인 소유 문화재를 제외한 채 국유·공유 문화재 1,432점만 반환하는 것으로 일단락 지었다. 문화재 반환 협약에 '개인 소유 문화재는 자발적인 기증을 권고한다'고 해 놓았기 때문이다.

　문화재 환수가 본격화된 것은 2000년대 들어서였다. 노무현 정부 시절인 2005년 일본 야스쿠니 신사 경내에 있던 북관대첩비[44]가 반환됐고, 이듬해 북한과의 협의를 거쳐 함경북도 김책시의 제자리로 옮겨졌다. 2006년에는 불교계를 주축으로 구성된 조선왕실의궤 환수위원회가 반환운동을 펼치며 여론을 조성해 왔다. 그러나 자민당 정권에서는 전혀 진전이 없다가 민주당 정권 들어 분위기가 호전됐다. 한국 국회가 2010년 2월 '조선왕실의궤 반환 촉구 결의안'을 만장일치로 채택하자 간 총리가 이에

---

44 함경북도 북평사직을 맡고 있던 정문부 장군이 임진왜란 때 의병을 모아 왜군을 격퇴한 공을 기려 조선 숙종 때 북평사 최창대가 함경북도 길주군 임명면(현 김책시 임명동)에 세운 전공 기념 비석으로, 크기는 높이 187㎝, 너비 66㎝이다.

화답하는 형식으로 8월 10일 한일병합 100주년 담화에서 조선왕실의궤의 반환 방침을 밝힌 것이다. 처음에는 의궤만 반환하는 것이었으나 간 내각이 규장각 도서까지 추가해 1,205점을 돌려주는 결단을 내렸다. 1965년 국교 정상화와 함께 1,432점의 문화재가 한국에 반환된 이후 가장 큰 규모였다.

그러나 자민당 등 보수 야당들이 반환에 반대하며 국회 심의 과정에서 집요하게 문제를 제기하는 바람에 실제 반환은 담화로부터 1년여 지나 노다 요시히코野田佳彦 내각이 들어선 뒤인 2011년 12월 6일에 이뤄졌다.

가장 진전된 역사 인식 '한일병합 100년 담화' 그리고 역풍

3·1 독립운동 등의 격렬한 저항에서도 드러났듯이 정치적, 군사적 배경하에 당시 한국인들은 그 뜻에 반한 식민지 지배로 인하여 나라와 문화를 빼앗기고 민족의 자긍심에 큰 상처를 입었습니다. (중략) 아픔을 준 측은 잊기 쉽고, 당한 측은 그것을 쉽게 잊을 수 없는 법입니다. 이 식민지 지배가 가져온 다대한 손해와 고통에 대하여, 이에 다시금 통절한 반성과 진심 어린 사죄의 마음을 표명합니다.

간 총리가 2010년 8월 10일 발표한 '한일병합 100년 총리 담화'는 식민지 지배에 대한 반성과 사죄에 있어 무라야마 총리의 '종전 50주년' 담화

(1995년)와 김대중 대통령-오부치 총리의 '21세기 한일 파트너십 공동선언'(1998년)보다 한층 전향적인 내용이었다. 무라야마 담화는 식민지 지배와 침략에 대한 사과와 반성의 뜻을 표명하였지만, 한국을 특정한 것이 아니라 일본 제국주의 정책으로 피해를 본 모든 나라를 대상으로 한 것이었다. 한일 파트너십 공동선언에서 일본은 식민 지배에 대한 '통절한 반성과 사죄'를 표명했으나 식민 지배가 '한국인의 뜻에 반해' 이뤄졌다는 점은 밝히지 않았다.

간 총리 담화는 한일병합조약의 불법성이나 원천 무효를 인정하지 않았다는 한계가 있지만, 식민 지배가 정치적·군사적 배경에서 한국인들의 뜻에 반하여 이루어졌다는 '강제성'을 인정한 것은 일본 정부의 역사 인식 중 가장 전향적인 것이었다.[45] 1965년 한일기본조약을 통해 식민 지배 문제에 대해 '이미 무효'라는 어정쩡한 내용으로 식민 지배의 불법성과 무효성을 인정하지 않은 채 성립한 '1965년 체제'의 한계를 감안하면 간 총리의 역사 인식은 높이 평가될 필요가 있었다.

간 총리의 한일병합 사죄 담화는 민주당 정권의 아시아 중시 노선에 부합하는 것이었다. 오자와 간사장이 집권 직후 대규모 방문단을 이끌고 중국을 방문하던 기세는 오키나와 기지 이전을 둘러싼 미·일 갈등의 여파로 꺾이긴 했지만, 아시아 중시 외교의 명맥은 이 무렵까지 유지되고 있었던 것이다.

---

45 조세영, 『한일 관계 50년, 갈등과 협력의 발자취』(대한민국역사박물관, 2014), 298쪽. 1998년 한일 파트너십 공동선언의 경우 "일본이 과거 한때 식민지 지배로 인하여 한국 국민에게 다대한 손해와 고통을 안겨 주었다는 역사적 사실을 겸허히 받아들이면서 이에 대하여 통절한 반성과 마음으로부터의 사죄를 하였다"고 하는 데 그쳤다.

그러나 한일병합 사죄 담화가 나온 지 한 달도 채 지나지 않은 시점에서 발생한 센카쿠 열도(중국명 댜오위다오) 중국 어선·일본 해상보안청 순시선 충돌 사건으로 아시아 중시 노선은 파탄을 맞게 된다(4장에서 상세히 다룰 것이다). 센카쿠 어선 충돌 외에도 또 다른 '중국발 충격'이 일본을 덮쳤다. 중국의 국내총생산GDP이 일본을 제치고 세계 2위를 기록한 것이다. 일본은 1968년 서독을 제치고 2위에 오른 이후 42년 만에 그 자리를 중국에 내주게 됐다. 2000년 무렵만 해도 GDP가 일본의 4분의 1 수준이던 중국이 욱일승천의 기세로 급성장한 것에 일본인들은 놀라움을 감추지 못했다.

게다가 '전자왕국'의 아성을 구축한 일본의 전자업체들이 한국의 추격에 밀려 몰락하기 시작한 것은 '더블 충격'이었다. 엔화 고공행진과 유럽 재정위기로 수출이 부진해진 데다 한국 기업들이 치고 올라오면서 일본 주요 가전업체인 소니, 파나소닉, 샤프 등이 심각한 실적 악화 상태에 빠졌다. 가전 업체들의 실적 부진은 수년간 이어졌고 일부 기업들이 사업을 접으며 일본의 자존심을 무너뜨렸다. 1990년대 글로벌 반도체 기업 매출 상위 10개사 중 6개가 일본이었으나 2012년에는 도시바(5위) 한 곳뿐이었다. 일본 기업들이 반도체, 가전 분야에서 약진을 거듭해 온 삼성, LG 등 한국 기업들에 추월당하자 한국 경제를 한 수 아래로 여겨 왔던 일본 국민들은 충격이 컸다.

이런 점에서 본다면 민주당 정권의 동아시아 중시 노선은 타이밍도 나빴던 셈이다. 20년 장기 불황으로 경제는 바닥이었고 동아시아 주요국인 중국과 한국 경제가 일본을 추월하는 전환기였기 때문이다. 요시미 순야

吉見俊哉 도쿄대 교수는 일본 전자업체들의 몰락을 "1990년대부터 진행된 글로벌화와 인터넷 시대에 적응하지 못한 결과"[46]라고 봤다.

한·일 관계에 또 다른 먹구름이 드리워졌다. 양국 간 최대 현안이던 '일본군 위안부' 문제에 대해 2011년 8월 30일 헌법재판소는 '한국 정부가 한일 청구권 협정에 따라 해결하려는 구체적인 노력을 하지 않고 있는 것은 피해자의 기본권 침해로 헌법 위반'이라는 결정을 내렸다. 이명박 정부는 청구권 협정의 법적 해석 문제를 놓고 일본 정부와 담판을 지어야 했다. 공교롭게도 헌법재판소의 결정이 내려진 날은 자민당 못지않은 보수 성향의 노다 요시히코가 간 나오토 후임으로 총리에 취임한 날이었다.

양국 관계가 심상치 않던 2011년 12월 18일 일본 교토에서 열린 한일 정상회담에서 이명박과 노다가 정면충돌했다. 노다는 위안부 문제가 법적으로 해결되었다는 입장을 굽히지 않았고,[47] 이는 이듬해 양국 관계의 파탄의 전조와도 같은 회담이었다.

이 무렵 한·일 관계의 전조를 예고하는 듯한 에피소드가 있다. 한국 가수들의 일본 진출에 한국 드라마도 인기를 얻자 일본 TV에서 한류 관련 프로그램의 비중이 크게 늘어났다. 이를 못마땅하게 여긴 일본인들이 2011년 8월 21일 도쿄 오다이바의 후지TV 본사 앞에서 반한류 시위를 벌였다. 이 시위는 배우 다카오카 소스케가 트위터에 한류 비판 발언을 했다가 소속사에서 퇴출당한 것을 계기로 이뤄졌다. 항의 시위를 주도한 '노 모어 No more 한류'라는 단체에 따르면 이날 시위에 참가한 인원은

---

46 요시미 슌야 지음, 서의동 옮김, 『헤이세이 일본의 잃어버린 30년』(AK커뮤니케이션즈, 2020), 64쪽.

47 조세영 지음, 『한일 관계 50년, 갈등과 협력의 발자취』(대한민국역사박물관, 2014), 299-303쪽.

6,000명에 달했다고 한다. 이들은 "후지TV, 일본을 돌려주라!" 등의 구호를 외쳤다.[48]

이해 연말 NHK의 홍백가합전에 동방신기, 카라, 소녀시대가 출연하면서 한류 붐이 절정에 달했다. 그러나 후지TV 반한류 시위는 한·일 관계가 격랑에 휩싸일 것을 예고하는 또 다른 징후였다.

'우애 외교'의 하토야마 총리에 이어 간 나오토 총리에 이르기까지 한·일 관계는 유례가 드물 정도로 호조였다. 일본의 문화재 반환, 한일 100주년 담화에 한국은 동일본 대지진 구호성금 모금으로 화답하면서 '단군 이래 가장 우호적'이라는 말이 나오기도 했다. 그러나 한·일 관계의 봄날은 그리 길지 못했다.

---

48 〈후지TV가 반한류 시위 표적이 된 까닭〉, 《시사IN》 2011년 9월 7일.

3장

브레이크가 사라진 일본

1
천황제를 넘어서지 못한 좌파

탈냉전기 좌파의 '부재'

도쿄특파원으로 근무하던 2012년 7월, 창당 90주년을 맞은 일본공산당의 시이 가즈오志位和夫 위원장을 인터뷰했다.[49] 인터뷰 이후 현장 취재에서 일본공산당 소속 기초의회 의원의 협조를 받기도 했다. 원전사고 지역인 후쿠시마 등 도호쿠東北 일대에서 공산당의 기반이 탄탄함을 느꼈다.

일본공산당은 변호사 비용을 대기 어려운 저소득층 주민들을 위해 변호사가 입회하는 주민생활상담회를 여는 등 생활정치에 강한 면모를 보였다. 일본공산당 기관지《아카하타赤旗》는 원전사고와 관련해 간간이 의미 있는 특종 기사를 보도했다.《아카하타》일요판도 일간지들이 잘 다루지 않는 일본 체제의 문제점들을 충실히 다뤘다. 기업 헌금과 정당보조금을 받지 않는 청렴성 등 일본공산당의 장점은 적지 않았다. 민주당이 정권

---

49 〈국민 어려울 때 함께, 일본공산당의 재평가〉,《경향신문》2012년 7월 14일.

을 잃은 뒤 지리멸렬하고, 아베 2기 내각이 원전 재가동을 외치면서 양대 정당의 행태에 염증이 난 유권자들이 일본공산당에 기대를 거는 움직임이 잠시 일기도 했다. 하지만 오래전 덧씌워진 '주홍글씨'[50]는 여전히 지워지지 않은 채로 남아 있어 일본 정치에서 주요 행위자가 되지 못하고 있다.

탈냉전 이후 일본이 우경화되고 있는 동안 왼쪽 편에 서서 제동을 걸 세력은 부재했다. 정치권에서 오랜 기간 자민당의 독주를 견제해 온 사회당은 1990년대 중반 이후 급속히 약화됐다. 평화운동 단체들도 고립 분산돼 조직적인 힘을 발휘하지 못했으며 노동운동도 1980년대 국철 민영화 이후 전투성을 상실했다. 전전戰前 가장 혁명적인 조직이던 일본공산당은 '천황제'의 덫에 걸려 굴절됐고, 전후에도 확장성에 한계를 보였다. 학생운동을 중심으로 한 신좌익[51]은 과격으로 치달으면서 소멸했다. 한국의 사회운동이 1980년대 항쟁으로 권력 구조를 바꾸는 데 성공한 반면 일본 좌파는 대규모 투쟁으로 성과를 거둔 경험이 전무하다.

탈냉전 이후 정치권의 좌파가 민주당 등 리버럴 세력에 일부 흡수되면서 좌파적 강령의 실천도 불가능해졌다. 1990년대 이후 일본 정치에서 좌

---

50 일본공산당을 둘러싼 여러 스캔들이 주홍글씨로 작용했다. 예를 들어 《슈칸분슌》이 1992년 구소련에서 공개된 자료를 바탕으로 공산당의 살아 있는 신화로 추앙받아 온 노사카 산조(野坂参三)가 1930년대 후반 소련에서 동지들을 밀고한 스파이였고, 패전 후에는 미군정 및 일본 당국과 긴밀히 연락하며 소련, 중국, 일본공산당의 정보를 빼돌렸다는 폭로 기사를 게재해 일본 사회에 엄청난 충격을 안긴 사례가 대표적이다. 노사카는 이 보도를 시인했으며 일본공산당은 노사카를 제명했다. 김항, 『어떤 패배의 기록』(창비, 2025), 238-239쪽.

51 일본공산당과 사회당 등 기성 좌익에 대항하는 정치사상·운동과 세력을 가리킨다. 1953년 스탈린 사후 반스탈린주의와 트로츠키즘이 확산된 데다 일본공산당이 1955년 무장투쟁 노선을 포기하자 무장투쟁 노선을 지지하는 학생 당원들이 이탈하면서 별도의 세력을 형성했는데 이들을 신좌익으로 통칭한다. 신좌익은 1960~1970년대 폭력적인 대학투쟁으로 맹위를 떨쳤으며, 학생운동이 쇠퇴하자 적군파 등 일부 분파는 과격 노선으로 치달았다. 흔히 신좌익의 대명사로 전공투(전학공투회의)를 꼽는 경우가 있으나, 전공투는 정파가 아니라 60년대 학생운동 조직을 가리킨다.

파의 몰락은 주요 변수로 다뤄져야 한다.

전전 좌파운동의 굴절

좌파의 대표 격인 일본공산당은 1922년 코민테른 지부로 결성된 뒤 10여 년간 반체제 운동을 전개했으나 권력기구에 의해 조직이 붕괴된 이후 검거자의 99퍼센트가 전향한 굴절의 역사를 안고 있다.

메이지유신 이후 고토쿠 슈스이幸德秋秀(1871~1911)를 비롯한 초기 사회주의자들은 일본의 사회 모순을 해결하는 방안으로 사회주의를 선택했다. 그러나 1910년 고토쿠 등 26명의 사회주의자들이 천황 암살 모의 혐의로 검거돼 11명이 처형되는 '대역 사건'[52]으로 초기 운동은 괴멸됐다. 사회주의 운동은 10년이 지나서야 다시 재개됐다. 1차 세계대전 이후 일본의 공업 발전으로 인해 노동자 수가 대폭 늘어나고 노동운동이 발전한 데다 1917년 러시아혁명 성공으로 사회주의 운동을 위한 객관적 조건이 마련된 것이다.

이 시기 사회주의 운동의 두 갈래는 아나르코 생디칼리슴[53]과 볼셰비즘

---

52 전전에는 천황, 황후, 황태자 등에 위해를 가하거나 이를 위해 모의하는 행위를 대역죄로 처벌했는데 1910년 고토쿠 등 사회주의자 수백 명이 대역죄 혐의로 검거됐으며 이 중 26명이 사형되거나 감옥에 갇혔다. 이 사건으로 일본 사회주의 운동은 반국가적인 이념으로 간주되면서 크게 위축됐다.

53 무정부조합주의로 번역되며 노동조합을 노동자의 권리를 위한 유일한 조직이자 혁명 주체로 인식한다. 의회의 역할을 부정하고 동맹파업, 무장봉기 등 직접행동을 통해 정부를 타도하고 생산과 분배를 조합이 장악해 새로운 사회체제를 실현하자는 사상이다.

으로 나뉘는데 초기에는 아나르코 생디칼리슴이 우위에 있었다. 하지만 직접행동 위주의 생디칼리슴 운동은 자본가와 경찰의 공격에 쉽게 노출돼 조직 유지에 어려움이 컸고, 역량의 소모만 가져오는 폐단이 부각됐다.[54]

러시아혁명에 성공한 소련은 1919년 코민테른을 창설하고 1920년에는 상하이에 극동사무국을 설치하면서 동아시아에서 혁명의 확대를 꾀했다. 코민테른은 일본 프롤레타리아에 대해 높은 평가와 기대를 가졌는데, 러시아혁명 직후 일본군이 간섭전쟁[55]의 일환으로 시베리아를 침략하면서 혁명을 위협하고 있는 만큼 일본제국주의에 대한 투쟁이 필요했고, 1차 세계대전 이후 발생한 일본의 쌀 소동과 급증한 노동쟁의로 일본 사회주의 운동의 잠재력이 크다고 봤기 때문이다. 1922년 모스크바 극동인민대표회의를 계기로 일본공산당의 창당 작업이 본격화됐다.

1922년 7월 15일 사카이 도시히코堺利彦(1871~1933), 야마카와 히토시 山川均(1880~1958) 등이 일본공산당 결성대회를 열었다. 창립 당시 100여 명의 당원이 있었으나 대부분 지식인들이었고, 볼셰비키 조직처럼 중앙집권적인 전위 조직이라기보다 사회주의 운동가들의 연합체 성격이 강했다.

공산당은 창당 초기부터 천황제라는 강력한 적과 대면해야 했다. 1922년

---

54 "경관과 작은 전투를 하여 하룻밤 경찰서에서 자기도 하고 금지된 혁명가를 고창하며 걷는 것이 직접행동이 아니다. 이러한 직접행동은 사회의 대혁명은커녕, 자본가의 자동차 하나 전복할 수 없다." 당시 일본노동조합동맹 회장이던 다나하시 고토라(棚橋小虎, 1889~1973)의 회고. 小松隆二, 『日本アナーキズム運動史』(東京: 靑木書店, 1972), 114-118쪽. 정혜선, 「일본공산당의 형성과 그 성격」, 『일본역사연구』 제5권(1997), 121쪽에서 재인용.

55 1918년부터 1920년까지 미국, 영국, 프랑스, 일본 등이 소비에트 정부를 타도하기 위해 일으킨 전쟁으로 소련 국내의 반혁명 세력을 돕기 위해 출병했으나 실패로 끝났다. 일본은 이 전쟁을 위해 시베리아에 군대를 보냈다.

11월 코민테른 일본지부로 발족하면서 코민테른이 만든 규약 초안과 강령 초안을 심의하는 과정에서 천황제에 어떻게 대응할지가 논란의 핵으로 떠올랐다. 천황제 폐지를 강령으로 채택할 경우 제2의 '대역 사건'을 각오해야 했다. 대역 사건 세대인 사카이가 이 문제를 토론에 붙이는 것조차 반대하고 나서자 '천황제 폐지'의 강령화를 보류하기로 하되 코민테른에는 원안대로 강령이 채택됐다고 거짓 보고했다.

천황제는 아무리 혁명을 꿈꾸는 좌파들이라고 해도 넘기 버거운 벽이었다. 근대 일본은 만세일계萬世一系의 천황이 군림하여 통치권을 총람하는 나라로 국체를 정하며 국가와 천황을 일체화시켰다. 천황의 권위는 정치권력과 결합해 국민에 절대적인 영향력을 발휘했다. 심지어 일부 노동 그룹들은 사회 개조에 대한 정당성의 근거를 국체에서 찾을 만큼 천황과의 일체감을 지니고 있었다. 천황제의 폐지를 주장하는 것은 일본 사회 전체와 대결해야 하는 것을 의미했다.

공산당은 지도부가 검거되면서 그 계기로 해산됐다가 1926년 코민테른에 의해 천황제 폐지와 부르주아 민주주의 혁명을 강령으로 내건 2차 공산당이 재건됐다. 2차 공산당 재건은 좌파가 분기하는 계기가 됐다. 이때 공산당을 이탈한 야마카와 등은 1927년 잡지 《노농勞農》을 창간하고 비공산당계 사회주의 집단을 구성한다. '노농파'는 메이지 유신을 부르주아 혁명으로 간주하고, 일본은 이미 독점자본의 발달과 부르주아 헤게모니가 확립된 만큼 독점자본과 직접 대결하는 사회주의 혁명을 당면과제로 제시했다. 노농파는 그러나 천황제를 직접적인 타도 대상으로 상정하지 않았

2012년 7월 일본 도쿄 시부야구 요요기에 있는 일본공산당 당사 건물 게시판에 당 기관지인 《아카하타》가 게시돼 있다. 당시 창당 90주년을 맞은 일본공산당은 청년층에 어필하기 위해 청년들을 홍보 모델로 기용하고 있었다.

다.[56] 또 볼셰비키형 전위 정당보다는 대중적인 무산정당을 합법적으로 건설하고자 했다.

한편 코민테른은 '27년 테제'로 불리는 '일본 문제에 관한 결의'를 내놓고 지주와 전근대적인 천황제에 맞선 부르주아 민주주의 혁명을 당면 과제로 제시했는데 이 입장은 '강좌파'[57]로 이어지며 일본공산당의 이론적 기초가 된다. 1920년대 후반부터 1930년대 전반에 걸쳐 일본 사회구성체의 성격을 둘러싼 강좌파와 노농파 간의 치열한 논쟁이 전개됐다. 1980년

---

56 노농파가 천황제와의 대결을 피한 이유는 천황제와의 대결이 너무나 위험한 일이었던 데다 천황제 폐지가 국민의 지지를 받기 어렵다는 이유로 분석된다. 池上彰·佐藤優, 『黎明 日本左翼史: 左派の誕生と彈壓·轉向 1867~1945』(東京: 講談社, 2023), 134-136쪽.

57 강좌파는 일본 출판사 이와나미서점이 1932~1933년에 출간한 『일본 자본주의발달사 강좌』의 집필 세력이 중심이었기에 붙은 명칭이다.

대 한국 사회운동에서 벌어진 NL(민족해방)과 PD(민중민주) 간의 사회구성체 논쟁을 떠올리게 한다. 전후 강좌파는 일본공산당으로, 노농파는 일본사회당 좌파로 명맥이 이어진다.

일본공산당은 코민테른의 '1932년 테제'에 따라 반천황제의 기치를 선명히 내걸고 투쟁에 나섰으나 파시즘의 열광에 휩싸인 당시 일본에서 세를 확장하기 어려웠고, 곧 대대적인 탄압으로 조직 전체가 와해됐다. 한술 더 떠 일본 권력기구는 검거된 공산주의자들을 전향시켜 체제 안으로 흡수하려는 전향제도를 시행했다. 예컨대, 당시 사상검사 히라타 이사오平田勳는 일본공산당 노동자파인 아사노 아키라淺野晃를 매일 밤 검사실로 호출해 다음과 같이 설득했다.

> 장차 일본을 어떻게 하면 좋을까. 천황제를 지키기 위해서라면 어떠한 희생도 관계치 않는다. 천황이 보호되고 유지된다면, 당신들이 천황의 문제를 다시 생각한다면, 당신들이 생각하는 혁명에도 찬성이다.[58]

사상검사들은 천황제 타도를 내건 공산주의자들을 천황제로 회유하려 했다. 검사들은 천황제가 '어머니의 자궁처럼 인간의 근원적 존재를 느끼게 하는 절대적 가치'라는 논리로 공산주의자들을 설득했다. 천황제는 '무산계급도 유산계급도 합동시킬 수 있는 민족의 사랑'이라는 논리에 공산주의자들은 저항의식을 잃었다.

---

58 정혜선, 「일본 근대국민국가의 폭력양상과 천황제: 정신적 지배로서 전향」, 『비폭력연구』 제1권 (2009), 52쪽.

1933년 6월 공산당 내 최고 이론가인 사노 마나부佐野學(1892~1953)와 노동자들의 절대적 신뢰를 받아 온 나베야마 사다치카鍋山貞親(1901~1979)가 동시에 공개 전향 선언을 발표했다.[59] 사노는 천황제가 메이지유신 이래 막부정권을 타도하고 통일 일본을 건설하는 과정에서 중심적인 역할을 수행함으로써 역사의 수레바퀴를 진보시켰다고 주장했다. 또 일본 황실은 민족 생활의 핵심으로 인민들에게 존경과 친화감의 대상이 되는 등 인민적 성질을 갖기 때문에, 천황제 폐지 주장은 '민족의 머리를 절단하고 민족 통일을 파괴하는' 근본적인 오류라고 반성했다.[60] 사노는 천황을 받들고 일본 민족을 지도민족으로 하는 대국적 일국사회주의를 구상했다. 사노와 나베야마의 전향을 계기로 공산주의자 중 전향자들이 속출하면서 전전의 일본공산당은 괴멸됐다.

한편, 무산계급 정당들은 1931년 만주사변을 계기로 일본이 군국주의화로 나아가자 전쟁을 긍정하고 군부를 용인하는 등 공산당과 다른 방식으로 전향했다.[61] 무산정당들의 우경화와 파시즘 긍정 현상이 두드러진

---

59 전향 선언은 천황제에 대해 다음과 같이 언급한다. "일본 황실의 연면한 역사적 존속은 과거 일본 민족이 지나온 독립불기의 순조로운 발전, 세계에서 유례를 찾기 힘든 발전이 구체적인 형태로 드러난 것이며, 황실을 민족적 통일의 중심이라 느끼는 사회적 감정이 노동자 대중의 마음 깊숙이에 있다는 것을 의미한다. 우리는 이 실감을 있는 그대로 파악할 필요가 있다." 佐野學·鍋山貞親, 「共同被告同志に告ぐる書」, 《改造》, 1933년 7월호, 195쪽. 시라이 사토시 지음, 한승동 옮김, 『국체론』(메디치, 2018), 246쪽에서 재인용.

60 정혜선, 앞의 글, 56–57쪽.

61 전국노동대중당(전노당)의 경우 사회민주주의를 부정하고, '파쇼 타도'의 방법으로 '프롤레타리아와 반자본주의화한 중간층의 결합'을 제시하는 등 군부와의 협력 여지를 열어 놓기도 했다. 당 내부에서는 '아시아사회주의 합중국'이라는 담론도 제시되었는데, 이는 일본군국주의의 아시아 침략 명분과도 공통성을 갖는 것이었다. 심지어 전노당은 1932년 군부가 일으킨 5·15쿠데타에 대해서도 비판이 아니라 경의를 표하는 지경에 이르렀다. 정혜선, 「전전 일본공산주의운동의 굴절과정: 대량전향 전사(前史)로서의 32년 테제 시기」, 『일본학보』 제44집(2000), 632쪽.

것은 결국 천황제를 부인否認하려는 결의가 없었기 때문이기도 하다. 특히 사회대중당의 경우 전쟁 말기에는 대정익찬회大政翼贊會[62]에 참여하면서 군국주의 체제에 완전히 편입돼 버렸다.

전후 좌파운동의 분열과 악순환

전쟁 전에 전향해 군국주의에 복무했던 사회주의자들과 지식인들은 패전 이후 전쟁에 협력적이거나 저항하지 않은 것에 대한 윤리적 죄책감으로 마루야마 마사오가 표현한 '회한공동체'를 형성했다. 이런 죄책감이 미 군정의 좌파 정당 합법화 조치와 함께 좌파 부활의 토양이 된다. 전향을 거부한 채 '옥중 18년'을 견뎌 낸 도쿠다 규이치德田球一(1894~1953) 등이 이끄는 공산당은 도덕적 권위를 앞세워 세력을 급속히 늘렸다. 도쿠다는 출옥 직전 작성한 「인민에게 맹세한다」는 글에서 '천황제를 타도하고, 인민의 총의에 기초해 인민공화정부를 수립'한다는 목표를 제시했다.

그러나 냉전 심화로 미군정이 공산당 탄압으로 돌아서자, 일본공산당은 '반미 민족해방'의 무장투쟁 노선으로 선회했다가 고립을 자초했다. 공산당은 1955년 이후 제6회 전국협의회(6전협)를 통해 무장투쟁을 포기하는

---

[62] 대정익찬회는 일본 군국주의 시기인 1940년부터 1945년에 존재했던 파시즘적 정치체를 가리킨다. 고노에 후미마로 총리가 추진한 '신체제 운동'에 발맞춰 기성 정당들이 해산한 뒤 군부, 관료, 정당, 우익 등을 통합해 결성됐다. 군부가 정국을 장악한 당시 일본에서 대정익찬회는 행정 보조기관에 불과했다. 대정익찬회의 성립은 정당정치의 소멸을 뜻했다. 박정희 정권이 1972년 유신헌법을 개정해 국회의원 정수의 3분의 1을 간접선거로 선출했고, 이렇게 선출된 의원들의 집합체가 '유신정우회'였는데 정당이 아니었고, 정강정책도 없다는 점에서 일본의 대정익찬회와 흡사했다.

한편 당내 통합도 이뤘다. 1960년대 이후에는 대외 자주독립 노선, 대내적으로는 '인민적 의회주의'에 바탕을 둔 평화혁명을 주창하기 시작했다. 1970년대 중반에는 '마르크스 레닌주의'와 '프롤레타리아 독재'를 '과학적 사회주의'와 '노동자 권력'이라는 말로 대체했고, 이후 민주집중제만 남게 되었다. 공산당은 노선 전환을 통해 체제에 편입돼 갔던 것이다.

일본공산당의 개량화에 반발한 전국학생자치회총연합(전학련) 등 학생 그룹들은 1955년 6전협 이후 공산당 지도부를 비판했다. 젊은 혁명투사들에게 일본공산당은 혁명정치를 포기했으며 이름만 공산당일 뿐 부르주아 정당이나 마찬가지로 비쳤던 것이다. 반면 공산당 주류는 '프티 부르주아지'의 한계성을 지적하며 학생운동을 인정하지 않았다. 1955~1957년 도쿄 다치가와立川에서 학생 그룹이 농민들과 연대한 미군기지 반대투쟁이 기지 확장을 저지하는 성과를 냈으나 공산당은 전학련이 운동을 주도하는 것을 문제 삼으며 연대하지 않았다. 전학련은 1958년 일본공산당을 탈당해 독자적인 노선을 걸었다. 체제 질서를 인정하면서 평화적 방법으로 혁명을 달성하겠다는 일본공산당을 개량주의로 비판하며 행동주의에 나선 이들이 신좌익인데 그 효시는 '분트Bunt'로 불리는 공산주의자동맹이었다. 분트는 일본공산당의 '민족주의', 사회당의 '의회주의', 총평의 '합법주의'를 싸잡아 비판하며 비합법 직접행동을 불사하는 '혁명의 당'이 될 것임을 자처했다.[63] 일본공산당과 신좌익의 대립은 1960년 안보 투쟁에서 절정으로 치달았고, 이 과정에서 일본공산당은 권위가 손상됐다.[64]

---

[63] 오구마 에이지 지음, 조성은 옮김, 『민주와 애국: 전후 일본의 내셔널리즘과 공공성』(돌베개, 2019), 684쪽.

[64] 안보 투쟁이 절정으로 치닫던 1960년 6월 15일 공산당은 민족 독립과 반미 애국 슬로건 아래 산

그러나 안보 투쟁 이후 1970년대에 걸쳐 신좌익은 극심한 내부 분열과 항쟁으로 밤낮을 지새웠다. 이론 투쟁을 넘어 '우치게바內ゲバ'[65]로 불리는 증오와 살육의 광기가 신좌익을 지배했다. 1969~1999년 사이에 1,960건의 좌파 내부 폭력 사건이 발생해 113명이 죽고 4,600명이 다친 것으로 집계[66]될 정도였다. 1972년 극좌 혁명 세력인 연합적군이 군마현에서 무장 투쟁을 위한 산악훈련 중 12명의 동료를 '총괄'[67]이라는 명목으로 집단 린치를 가해 살해한 참극은 '우치게바'의 극단이었다. 사건을 일으킨 적군파 일당이 나가노현 아사마 산장에서 산장 관리인의 아내를 인질로 삼아 10일간 농성을 벌이며 경찰과 총격전을 벌이다 검거된 '아사마 산장 사건'은 일본 전역에 생중계됐다. 두 사건으로 인해 신좌익의 이미지는 최악으로 치달으며 좌파 운동에 치명타를 가했다.

일본 신좌익 내부에서 왜 이토록 증오에 찬 살육극이 벌어졌는지에 대해서는 명쾌한 답을 찾기 어렵다. 1930년대 좌파의 대량 '전향'에 대한 반작용이 혁명의 순수성에 지나치게 집착하는 관념적 과격성으로 표출된 것이라는 추정 정도다. 당시 신좌익들은 열 개 중 한 개라도 뜻이 맞으면 연대하던 운동의 고양기와 달리 "아주 작은 차이를 찾아내 자기들의 정통성

하 시위대를 국회 앞에서 미국대사관으로 유도해 해산시켰다. 이로 인해 고립된 전학련 주류 시위대는 경관대에 제지당해 구급차로 실려 간 부상자만 589명에 달했고, 도쿄대학 여학생 간바 미치코(樺美智子)가 사망했다. 오구마, 위의 책 641쪽. 공산당은 당의 지도에 따르지 않는 세력을 트로츠키주의자, 미제 앞잡이 등으로 비난했다.

[65] '内部ゲバルト'의 준말로 ゲバルト(Gewalt)는 독일어로 폭력을 뜻한다. 즉, 조직 내부에서 일어나는 폭력을 동반한 파벌 항쟁을 가리킨다.

[66] 권혁태, 『일본의 불안을 읽는다』(교양인, 2010), 50쪽.

[67] 노동운동이나 정치운동 등에서 그간의 활동 내용과 성과 등을 평가, 반성하는 일을 가리킨다.

을 주장하고 다른 의견을 배척했다"고 회고했다.[68] 권혁태 전 성공회대 교수는 남북이 분단된 한국에서 사회주의가 '현실'의 문제였다면 '선택의 문제'였던 일본은 사회주의 운동이 현실과 유리돼 이념에 가까워지는 '좌선회' 경향을 보였다고 설명했다.

> 운동으로 존재하는 체제 밖의 좌파는 끊임없이 좌선회의 재생산을 반복하면서 이념적 순결성을 순화시키는 형태로 생존 논리를 독자적으로 이론화하고 타 정파와의 차별성을 극대화한다. 1960년대 이후 일본공산당과 신좌익의 분열과 증오의 악순환은 이런 구도에서 진행된 것이다.[69]

천황제와 식민 지배 청산을 회피한 공산당

앞서 살펴본 대로 전후 복권된 일본공산당은 처음에 천황제 타도의 기치를 선명하게 내걸었다. 식민주의와 침략전쟁을 수행했던 일본 제국주의에 대한 투쟁이 급선무라는 인식을 드러낸 것인 만큼 천황제 타도와 '조선의 완전독립' 문제는 연동되는 것으로 인식했다. 그러나 1946년 2월 제5차 당대회를 계기로 천황제 타도는 후순위로 밀려난다. 1946년 1월 귀국한 공산당 지도자 노사카 산조野坂參三(1892~1993)가 '사랑받는 공산당'을 내세우며 '평화혁명론' 노선을 제기했던 것이다. 평화혁명 노선은 얄타체

---

68 女たちの現在を問う會 編, 『銃後史ノート戰後篇 ⑧ 1968.1~1975.12: 特集·全共鬪からリブへ』 (東京: インパクト出版會 1996), 107쪽. 오구마 에이지, 『민주와 애국』, 701쪽에서 재인용.
69 권혁태, 앞의 책, 52-53쪽.

제에 근거한 소련의 대미 협조 노선과 맥을 같이한 것이다. 평화혁명 노선 속에서 공산당은 겉으론 천황제 폐지를 내걸면서도 천황 퇴위론에 소극적인 태도를 보였다. 천황의 전쟁 책임 추궁을 통해 새로운 국가 정체성을 확립하는 중차대한 작업을 외면한 것이다.

미군정의 대일 정책이 우경화의 '역코스'를 걷자 일본공산당은 '반미 민족독립 투쟁'으로 전환했다. 천황제로 대표되는 일본 제국주의와 식민주의가 벌인 '가해'에 투쟁하는 대신 '일본 민족의 피점령'이라는 '피해'에 저항하는 투쟁에 나선 것이다. 자연히 '조선 독립'의 구호도 사라졌고, 일본공산당에서 투쟁해 온 재일조선인들은 배신감을 느꼈다. 1955년 북한의 남일 외무상이 일본과 국교 정상화를 희망하는 성명을 발표한 것을 계기로 재일조선인들은 일본공산당의 당적을 버리고 이탈했다. 사회학자 나카노 도시오中野敏男는 일본공산당 재건 초기 존재했던 '국제주의'가 1950년대 들어 '민족주의'로 변질됐다고 평가[70]했다. 좌파의 당연한 책무였던 식민주의와 제국주의 청산이라는 과제를 놓아 버렸다는 것이다. 일본공산당은 점차 '일국 평화주의'로 내향화하면서 체제 수호 세력[71]에 가까운 집단이 됐다. 결국 일본공산당은 일본 제국주의와 식민주의의 정점인 천황제와 정면으로 투쟁하지 못했던 것이다. 오늘날의 일본이 과거사에 대해 반성하지 못하는 데는 좌파의 '책임 방기'가 컸다.

일본공산당이 방기한 식민주의 청산 투쟁은 1974~1975년 아나키스트

---

70 나카노 도시오, 「'전후 일본'에 저항하는 전후사상」, 권혁태·차승기 엮음, 『'전후'의 탄생』(그린비, 2013), 61쪽.
71 나리타공항 건설 반대투쟁 과정에서 1978년 3월 신좌익 활동가들이 나리타공항 관제탑을 점거하자 일본공산당은 "트로츠키주의 폭력집단에 대한 철저한 단속"을 일본 정부에 요구했다. 권혁태, 앞의 책, 66쪽.

테러 조직인 '동아시아반일무장전선'에 의해 수행됐다. 이들은 식민 지배와 침략전쟁에 대한 책임을 망각한 일본 정부와 아시아 곳곳에서 노동력과 자원을 착취해 온 전범 기업에 책임을 묻기 위해 격렬한 폭탄 투쟁을 벌였다. 기성 좌익과 신좌익에게는 "자신들을 포함한 경제대국 일본이라는 존재 자체가 아시아 민중을 억압한다는 인식이 결정적으로 빠져 있다"는 문제의식이 무장투쟁을 감행토록 한 것이다.[72] 이들의 폭탄 투쟁은 많은 희생자를 내며 일본 사회에 큰 충격을 안겼으나 그들이 전달하려던 메시지는 테러의 충격 속에 파묻혀 버렸다.

---

72 마쓰시타 류이치 지음, 송태욱 옮김, 『동아시아반일무장전선』(힐데와소피, 2024), 184쪽.

2
사회당은 왜 몰락했나

유럽 사민주의 정당과 달랐던 길

우리나라는 멀지 않은 과거의 한 시기, 국가 정책을 그르치고 전쟁에의 길로 나아가 국민을 존망의 위기에 빠뜨렸으며 식민지 지배와 침략으로 많은 나라들 특히 아시아 제국의 여러분들에게 다대한 손해와 고통을 주었습니다. (중략) 저는 미래에 잘못이 없도록 하기 위하여 의심할 여지도 없는 이와 같은 역사의 사실을 겸허하게 받아들이고 여기서 다시 한번 통절한 반성의 뜻을 표하며 진심으로 사죄의 마음을 표명합니다.

일본 현대 정치사에서 한국인들이 가장 주목한 장면인 '무라야마 담화'의 한 대목이다. 1995년 8월 15일 무라야마 도미이치村山富市 총리가 내놓은 이 담화는 일본 현직 총리가 식민 지배에 대해 최초로 공식 사죄했다는 점에서 의미가 크다. 이 담화가 나올 수 있었던 배경으로 무라야마 총리가 사회당 출신이라는 점을 꼽는 분석도 많다. 그러나 일본사회당은 무라야마 이후 몰락의 길을 걷게 된다.

탈냉전 이후 일본 정치의 보수화 과정을 살펴보는 데 있어서 사회당의 궤적을 빼놓을 수 없다. 일본사회당은 1955년부터 1993년까지 지속된 자민당 장기 집권 기간 줄곧 제1야당의 지위를 점했다. 그러나 1993년 자민당 장기집권 체제가 금권 스캔들로 무너졌고 이후 전개된 정계 개편 속에서 사회당도 함께 몰락했다. 무라야마 집권기는 사회당이 마지막 불꽃을 태우던 시기였다.

사회당은 집권 가능성은 희박했으나 개헌을 저지할 수 있는 의석수를 확보함으로써 일본의 전후 평화주의를 지키는 데 지대한 역할을 해 왔다. '55년 체제'로 불리는 자민당의 장기집권 체제는 자민당이 의회에서 안정 다수를 확보하되, 사회당이 개헌 저지선을 지키는 보·혁 동거체제였다. 자민-사회 양당 동거체제는 '글로벌한 동서 대립의 미니어처'[73] 성격을 띠었다. 그런 사회당이 몰락함으로써 일본 좌파는 탈냉전기를 이끌어 갈 기회를 잃었다.

일본사회당은 유럽 사회민주주의 정당들과 달리 사회주의 혁명을 표방하는 강경 노선을 걸었고, '호헌 평화주의'를 중심 강령으로 삼았다. 사회당은 국제 분쟁이나 외교관계에서 비무장 중립을 천명하고, 샌프란시스코 강화조약[74]과 미·일 안보조약, 이에 따른 미군의 주둔을 반대했다. 평

---

73 白井聡, 『長期腐敗體制』(東京: KADOKAWA, 2022), 51쪽.
74 사회당이 샌프란시스코 강화조약을 반대하는 것은 사회주의 국가들을 제외한 채 체결된 조약인 만큼 중립에 어긋난다는 이유였다.

화헌법 9조 정신에 어긋나는 자위대도 용인하지 않았다.

사회당은 1945년 11월 창당 당시만 해도 비무장 중립론과 호헌평화주의 대신 경제 이슈를 중심에 놓고 노사 협력과 국가 개입을 주장하는 케인스주의 혹은 사민주의식 부흥 노선을 내세웠다. 그러나 냉전의 심화에 따라 미군정의 정책이 반개혁으로 선회하고, 기시 노부스케岸信介(1896~1987) 등 전전 세력들이 구체제 회귀를 시도하면서 사회당의 노선도 이에 저항하는 쪽으로 바뀌었다. 전전의 노농파 사회주의자, 평화와 민주주의를 추구하는 '혁신국민운동'을 조직한 무당파 지식인들을 기반으로 사회당은 급진화됐다. 이들이 내세우는 평화와 민주주의 외에 기지 반대, 비무장 중립, 경제적 독립 등의 주장은 냉전 심화와 미국에 종속된 패전국 일본의 처지를 감안하면 비현실적인 목표였으나 이 주장을 고수하는 것 자체가 사회당에게 주어진 역사적 임무였다.

사회당의 최대 기반은 1950년 7월 결성된 일본노동조합총평의회(총평)였다. 총평은 미 군정의 지원 아래 반공주의 노선으로 출발했으나 1951년 3월 제2차 대회를 계기로 좌경 반미 노선으로 급진화된다. 총평은 노사 간 제도적 화해를 꾀하며 코포라티즘corporatism[75] 체제를 구축한 유럽 노동운동과 달리, 계급투쟁 노선을 견지했다. 이는 총평이 공무원과 공공 부문의 정규직 노동자들이 주축을 이루고 있었던 특성과도 관련이 있다. 공공부문 노동자들은 고용이 보장되며 생산성 향상 압력에서 자유로울 수 있었기 때문이다.

총평에 의존하며 급진화된 일본사회당은 유럽의 노동운동과 좌파 정당

---

75 자본주의 질서를 부정하지 않는 노·사·정 3자의 정치적 협상과 교환이 제도화된 체제를 가리킨다.

의 발전 과정과 뚜렷한 차이를 보였다. 유럽에서는 좌파 정당이 자본주의 발전 과정에서 노동운동과 함께 성장했고, 집권하거나 주요 정치세력이 되면서 복지 확충, 노동 조건 개선 등에 주력하는 것이 일반적이었다. 반면 일본은 자본주의가 발전하고 노동운동이 성장하던 시기에 파시즘과 전쟁을 겪었기 때문에 노동운동과 좌파 정당 간의 연계성이 형성될 시간이 없었다. 게다가 앞서 언급했듯이 고용이 보장된 노동자 집단인 총평은 노동자 계급 일반의 이해와 일치하지 않았다. 사회당 노선이 현실에 기초하지 않은 급진 노선으로 흐를 가능성이 처음부터 컸던 것이다. 즉, 사회당은 노동자 계급 정당을 자임하면서도 다수의 민간 부문 노조, 미조직 사업장, 비정규직 등의 이익을 과소 대표하고 있었던 것이다.

사회당은 일본 내 다양한 좌파 세력들의 연합체적 성격을 띠며 출범했기에 파벌 간 노선 투쟁도 격렬했다. 사회당은 샌프란시스코 강화조약과 함께 체결된 안보조약에 대한 입장을 둘러싸고 1951년 좌파사회당과 우파사회당으로 분당[76]됐다가 시민-노동 그룹의 압력으로 다시 합당하는 곡절을 겪었다. 이 과정에서 우파들이 이탈하면서[77] '좌파적 순도'가 더 높아졌다.

---

[76] 우파사회당은 민주사회주의를 이념으로 하고, 재군비에 대해서는 반대하되 경찰예비대 수준의 치안력은 인정하는 한편 국제관계에서는 서방 진영에 남아 체제 내 개혁을 추진한다는 입장을 보였다. 좌파사회당은 샌프란시스코 강화조약, 미·일 안보조약을 반대하고 계급적 대중정당을 표방했다. 1954년에 작성된 좌파사회당의 강령은 폭력혁명은 부인하지만, 궁핍화 혁명론을 채택하고, 일당독재체제를 시사하는 등 교조적 마르크스-레닌주의에 기반하고 있음을 알 수 있다. 신카와 도시미쓰 지음, 임영일 옮김, 『일본 전후 정치와 사회민주주의: 사회당·총평 블록의 흥망』(후마니타스, 2016), 82~83쪽.

[77] 1960년 1월 사회당 내 우파 일부가 탈당해 일본노동총동맹(동맹)을 지지기반으로 하는 민주사회당을 결성했다. 동맹은 반공적 색채가 강하고 노사협조주의를 지향하는 단체였다.

사회당은 1964년 〈일본에서의 사회주의로의 길〉이라는 강령적 문서를 확정해 개량적 사회민주주의와 복지국가를 비판[78]하고, 혁명적 사회주의와 호헌 평화주의 노선을 분명히 했다. 이는 서독 사민당이 1959년 '고데스베르크 강령'을 채택해 사회적 시장경제를 수용하고, 계급정당에서 국민정당으로 전환한 것과 대비된다.

사회당은 1960~1970년대 고도성장기에서도 성장과 분배 정책에 대한 비전을 제시하지 못하고 '반복지주의'를 고수하는 한편, 안보 문제에 치중함으로써 노동자 계급과 다수 유권자들로부터 멀어져 갔다. 반면 자민당은 사회당이 소홀히 한 재분배 이슈를 주요 정책으로 끌어들임으로써 중도 포괄정당의 성격을 강화했다.

1960~1970년대 대도시를 중심으로 혁신 계열의 자치단체장들이 대거 등장하는 '혁신지자체' 현상을 당 지도부가 과소평가하며 미온적으로 대처한 것도 실패였다. 에다 사부로江田三郎 등 당내 우파들이 제기해 온 구조개혁론이 '일상투쟁'을 강조하는 것이었고, 사회당 주류는 이를 개량주의로 비판했기 때문에 벌어진 현상이다. 지방자치 수준에서 사회당에 유리한 정치적 공간이 열렸으나 이를 당세 확장의 계기로 삼지 못한 것이다. 1970년대 사회당과 공산당의 연계에 의해 혁신지자체가 확산된 것을 바탕으로 1981년 사회당의 프랑수와 미테랑이 집권에 성공한 프랑스와는 다른 길을 걸은 것이다.

---

[78] 사회당은 이 문서에서 "복지국가는 국민의 선택을 사회주의로 향하지 못하게 하기 위해 사회보장과 소득 배분 등의 부분적 개선을 통해 일정한 양보를 행하고, 사회적 긴장을 완화시키고, 국민의 뜻을 자본주의 체제 안에 머물게 하려는 자본의 연명책에 불과하다"고 주장했다. 池上彰·佐藤優, 『漂流 日本左翼史: 理想なき左派の混迷 1972~2022』(東京: 講談社, 2022), 117쪽.

노동운동의 쇠퇴가 사회당 지반 붕괴로

1980년대 들어 나카소네 총리가 주도한 공공 부문 민영화는 사회당의 지지 기반인 총평을 결정적으로 약화시켰다. 총평의 주력 부대인 일본국유철도(국철)가 1987년 JR 계열 7개 회사로 분할·민영화됐고, 일본전신전화공사, 일본전매공사 민영화가 행정 개혁 명목으로 이뤄지면서 노조가 무력화됐다. 나카소네는 후일 "국철 노조가 총평의 중심이었고, 민영화의 목적은 이 국철 노조를 분쇄하기 위한 것"이라고 밝혔다.[79] 철도 민영화가 보수 권력이 노조와 혁신정당을 무력화시켜 총보수 사회를 만들려는 기획이었음을 인정한 것이다. 그러나 이 기획이 성공한 것은 사회당과 총평의 경직성에 여론이 등을 돌렸기 때문이기도 하다. 예컨대, 1970년대 수도권 팽창으로 전철 이용자 수가 급증했음에도 국철 노조가 노사쟁의 수단으로 준법투쟁을 벌이자 성난 승객들이 폭동을 일으킨 사태가 대표적이다.[80]

철도 민영화의 충격으로 한때 전 조직 노동자의 36퍼센트, 450만 명을 보유했던 총평[81]은 주력이던 국철 노조가 와해됐고 일본교직원조합(일교조)도 세력을 상실하면서 1989년 해산했으며 산하 노조 상당수는 1987년 결성된 전일본민간노동조합연합회(연합)로 흡수됐다. 총평을 기반으로 했던

---

79 〈NHK 日曜討論〉 2005년 11월 25일.

80 1973년 3월 13일 사이타마현 아게오역에서 국철 노조의 준법투쟁으로 열차가 지연되자 승객 1만여 명이 폭도화돼 역장실에 난입하고, 전차와 역내 각종 설비를 파손한 사건이 대표적이다. 이 사건 한 달 뒤인 1973년 4월 24일 신주쿠, 우에노 역 등 수도권 지역의 국철 역에서 동시다발 폭동이 벌어지기도 했다.

81 1980년대 초까지 일본 노동조합은 일본노동조합총평의회(총평), 전일본노동총동맹(동맹), 중립노동조합연락회의(중립노련), 전국산업별노동조합연합(신산별) 등 4개로 나뉘어져 있었다. 요시미 슌야 지음, 서의동 옮김, 『헤이세이 일본의 잃어버린 30년』(AK커뮤니케이션즈, 2020), 114쪽.

사회당의 당세 약화는 불 보듯 뻔한 것이었다.

1986년 사회당은 '신선언'을 채택하며 현실정당 노선을 표방했다. 소비에트형 사회주의와 결별하고 서구식 사회민주주의를 추구할 것을 천명한 것이다. 이 시기 당권을 잡은 여성 정치인 도이 다카코土井たか子 (1928~2014)가 사회당에 변화를 몰고 오는 듯했으나 '찻잔 속 태풍'에 그쳤고, 사회당 주류는 만년 야당의 관성을 유지하다 리쿠르트 스캔들로 본격화된 정치개혁의 돌풍에 휩싸였다. 호소카와 모리히로細川護熙 총리가 1994년 단행한 선거구제 개혁으로 1개 지역선거구에서 1인을 뽑는 소선거구제[82]가 도입되자 총평의 몰락으로 조직적 기반을 상실한 사회당은 버텨내지 못했다. 자민당의 분열 속에서 사회당은 비자민 연립정권에 참여해 무라야마가 연립내각의 총리가 되었다.

연립정권 참여로 사회당은 중심 강령인 '호헌 평화주의'를 버려야 했다. 사회당은 호소카와 내각에서는 '8당 각서'를 통해 외교안보 정책에서 "지금까지 정부 정책의 계승"을 수용했고, 무라야마 내각에서는 "자위대 합헌, 미·일 안보조약의 견지"를 제시[83]함으로써 40년간 유지해 온 강령을 내던졌다. 무라야마 총리는 종전 50주년 담화 외에도 피폭자 구제법 성립, 미나마타병 미확인 환자 전면 구제[84] 등 사회당다운 모습을 보이긴 했지

---

82 일본의 선거제도는 소선거구비례대표병립제로 의원 정수 465명인 중의원(하원)의 경우 289개 지역구에서 1명의 국회의원을 뽑고, 11개 비례권역에서 권역당 6~28명의 비례대표를 선출한다. 김유정, 「일본 국회의원 선거제도」, 『국회입법조사처 이슈와 논점』 제2066호(2023).

83 신카와 도시미쓰, 앞의 책, 15~16쪽.

84 미나마타병은 수은 중독으로 인해 발생하는 신경학적 증후군으로 신일본질소주식회사가 위치한 일본 구마모토현 미나마타시에서 1956년 주민 집단발병 사례가 나타났으며 일본의 대표적인 공해병의 하나다. 역대 일본 정부는 피해 구제 요구를 외면하다 무라야마 총리가 1995년 12월 총리 담화를 통해 처음으로 유감을 표명하며 해결 의지를 밝혔다. 담화 이후에도 피해자 구제

만 전통적 지지층은 사회당의 변신에 실망했다. 사회당 정치인들이 대거 민주당으로 옮겨 간 이후 1996년 사회민주당으로 개명했으나 2003년 중의원 선거에서 단 6석을 획득하면서 존재감을 상실했다. 호헌 평화주의를 견지해 온 사회당의 몰락은 의회 내에서 일본의 외교안보 정책의 우경화를 막을 제동 장치의 상실을 의미했다.

식민주의 청산 외면

2차 세계대전 패전 이후 일본 좌파가 식민주의 청산 투쟁을 놓아 버린 것은 천황제와의 정면 대결을 포기한 데 따른 논리적 귀결이다. 일본공산당은 전전 시기 천황제 폐지 투쟁을 벌이다가 대다수가 천황제를 긍정하는 쪽으로 전향한 바 있다. 패전 초기 '해방군'으로 인식되던 미군정마저 천황을 용인하자 천황제 폐지 슬로건을 던져 버렸다. 천황제를 옹호하면서 전쟁 및 식민 지배 책임을 추궁하겠다는 것은 불가능한 일이었지만 좌파와 리버럴 지식인들은 이에 대해 애매모호한 태도로 일관했다.

예를 들어 전후 민주주의를 대표하는 지식인 마루야마 마사오는 부친이 식민지 조선에서 기자로 체류하고 본인이 조선에서 군 생활을 하는 등 조선과 식민주의를 '의식'할 기회가 많았음에도 이를 철저히 외면했다. 권혁태는 마루야마가 일본 군국주의의 파시즘적인 측면에만 몰두하면서

입법 작업이 지연되다가 2009년 '미나마타병 피해자 구제 및 미나마타병 문제 해결 특별조치법'이 국회를 통과했고, 2010년부터 2012년까지 구제 신청을 한 피해자들에게 보상금이 지급됐다.

"파시즘이 얼마나 민주주의와 그 가능성을 억압하는가를 문제 삼을 뿐, 파시즘이든 민주주의이든 그것이 어떻게 제국주의로 이어질 수 있는가"에 대한 관심은 없었다고 비판했다.[85]

사회당을 비롯한 좌파는 일본에게 침략당한 국가들에 대한 배상 문제가 전후 제기되자 국민생활의 향상을 위해 배상을 중단해야 한다고 주장했다.[86] 샌프란시스코 강화조약 발효로 일본에 거주 중인 조선인과 대만인들의 일본 국적이 박탈됐지만 이에 관심을 돌리지도 않았다.[87] 1960년 미·일 안보조약 개정 과정에서 보수 측이 오키나와를 안보조약의 적용 범위인 '일본'에 포함시키려 하자 사회당이 반대[88]해 오키나와가 안보조약의 적용 범위에서 제외됐다. 이는 '오키나와가 공격당해도 본토만 공격당하지 않으면 괜찮다'는 것이어서 사회당의 반전 평화주의가 얼마나 위선적인지를 드러냈다. 사회당 등 반전 평화세력에게 오키나와는 방파제나 사석捨石에 불과했던 것이다.

1989년 쇼와 천황이 사망하자 좌파 지식인들은 '천황긍정론'으로 투항했다. 식민주의에 대한 근본적인 성찰과 반성은 더 멀어진 것이다.[89] 무라

---

85 권혁태·차승기 엮음, 『'전후'의 탄생: 일본, 그리고 '조선'이라는 경계』(그린비, 2013),

86 1951년 2월 사회당 위원장 스즈키 모사부로가 덜레스 미국 국무장관과 만난 자리에서 샌프란시스코 강화조약 체결과 관련해 '배상의 중단', '해외 자산에 대한 호의적 해결' 등을 요구했다. 오구마 에이지 지음, 조성은 옮김, 『민주와 애국: 전후 일본의 내셔널리즘과 공공성』(돌베개, 2019), 585쪽.

87 일본은 1947년 외국인등록령을 내려 일본에 거주 중인 조선인, 대만인 등을 '일본 국적을 가진 외국인'으로 간주했으며, 1952년 샌프란시스코 강화조약이 발효되자 이들이 보유하고 있던 일본 국적을 무효화했다.

88 오구마 에이지, 앞의 책, 651-652쪽.

89 서경식 지음, 한승동 옮김, 『다시, 일본을 생각한다: 퇴락한 반동기의 사상적 풍경』(나무연필, 2017), 64-66쪽.

야마 총리는 종전 50년 담화 직후 기자회견에서 천황의 전쟁 책임을 묻는 질문에 "그것은 없다"고 즉답했다. 식민주의와 침략전쟁의 최종 책임자인 천황을 부인하지 못한 좌파의 비겁함이 경박한 '무장해제'로 이어진 것이다. 1990년대가 되자 일본교직원조합(일교조)은 학교 현장의 히노마루(일장기) 게양·기미가요 제창에 대한 반대운동을 중단하라고 학교 현장에 지시했다. 이런 안이함은 '일본군 위안부' 문제에 대해 일본 정부의 사죄와 배상을 뺀 '아시아여성기금'에서도 드러났다.

재일지식인 서경식은 1990년대 중반 이후 일본의 급격한 퇴행에 좌파와 리버럴 들의 책임이 크다고 본다. 평화주의를 표방하면서도 천황제와 미·일 안보조약을 용인하고, 동아시아 평화를 거론하면서도 식민지 책임 문제에 대한 인식은 빈약한 좌파의 '애매함'이 우익의 대두를 막는 데 실패했다고 본 것이다. 서경식은 2017년 필자와의 인터뷰에서 1970년대 일본 신좌익 극단주의가 좌파운동에 악영향을 미쳤던 것 아니냐고 묻자 "극단까지 갔다고 해도 인내심 있게 성찰해 새롭게 방향을 잡는 게 아니라 그 자체를 회피하고 등을 돌려 버리는 게 일본의 특징"[90]이라고 했다. 이처럼 1990년대 이후 일본 좌파가 의미 있는 정치세력으로 존속하지 못함으로써 일본이 한 방향으로 쏠리게 되는 현상에 제동이 걸릴 수 없게 된다.

---

90 〈일본 진보진영의 실패로 아베 정권 '우향우 질주' 한국이 브레이크 걸어야〉, 《경향신문》 2017년 9월 17일.

2부 빗장 풀린 우익들

일본 주요 연표(2002~2010년)

2002.	05. 31.	한일 월드컵 개막
	09. 17.	고이즈미 총리 북한 방문. 북·일 정상회담에서 김정일 국방위원장이 일본인 납치 사실 인정, 사과
2004.	01. 22.	일본 정부, 항공자위대에 이라크 파병 명령
2005.	07. 26.	야마노 샤린, 만화 『혐한류』 발간
2006.	04. 07.	오자와 이치로, 민주당 대표 취임
	05. 01.	미일안보협의에서 후텐마 기지 이전, 미 해병대 일부 괌 이전 합의
	09. 26.	아베 신조 1차 내각 출범
	12. 15.	교육기본법 개정
2007.	01. 20.	'재일 특권을 용납하지 않는 시민 모임'(재특회) 발족
	09. 25.	아베 신조 사퇴로 후쿠다 야스오 내각 출범
2008.	01. 27.	하시모토 도루, 오사카부 지사 선거에서 38세 나이로 당선
2009.	08. 30.	중의원 선거, 민주당 대승으로 정권교체 결정
	09. 16.	민주당·국민신당·사민당으로 구성된 하토야마 유키오 내각 출범
2010.	05. 28.	미·일 양국 정부, 후텐마 기지 이전에 관한 공동성명 발표
	06. 08.	하토야마 총리 퇴진으로 간 나오토 내각 출범
	08. 10.	간 총리 '한일병합 100년 총리 담화' 발표
	09. 07.	센카쿠 열도 근해에서 중국 어선이 해상보안청 순시선과 충돌

4장

그들은 어떻게 스스로 '피해자'가 되었나

1
"일본인 납치했다", 김정일이 던진 폭탄

반북 드라이브의 기폭제가 된 '납치 인정'

2002년 9월 17일 오전 6시 46분 도쿄 하네다 공항에서 고이즈미 총리 일행을 태운 항공편이 평양을 향해 출발했다. 사상 처음으로 열리는 북·일 정상회담을 위한 방북이었으나 오전 9시 6분 평양 순안 공항에 내린 고이즈미 일행의 표정은 밝지 않았다. 백화원초대소에서 김정일 국방위원장과 처음으로 만나 악수를 나누면서도 그는 굳은 표정을 풀지 않았다. 일본인 납치 문제에 대해 북한이 어떻게 대응할지가 확실치 않았기 때문이다.

북한은 이날 회담에서 그간 부인해 왔던 북한의 일본인 납치 사실을 처음으로 인정하고 사과했다. 구체적으로 납치 피해자 13명 중 4명은 생존, 8명은 사망, 1명은 입북 확인이 불가능하다고 밝혔다. 또 일본의 조사 요구 목록에 없던 소가 히토미曽我ひとみ를 납치했다고 밝혔다.

김정일은 "1970년대부터 1980년대에 걸쳐서 북한 특수기관 내에 망동주의 영웅주의가 있어 일본어 학습과 남한 잠입을 이유로 납치 행위를 저질렀으며, 이와 관련하여 책임자를 처벌했다"고 말했다. 김정일은 "수십 년의 적대 관계가 그 배경에 있지만 참으로 불행한 일이었다"면서 "앞으로는 절대 하지 않겠다. 유감스런 일이며 사죄하고 싶다"고 했다.[1] 일본으로 치면 천황과 동격인 '최고지도자'가 직접 사죄함으로써 북·일 관계의 걸림돌을 치우려 한 것이었으나 오히려 일본 여론에 기름을 부은 결과가 됐다.

일본 사회는 북한의 납치 피해가 사실로 확인된 것에 충격이 컸지만 고이즈미 총리의 방북과 북한과의 관계 개선에 대해서는 대체로 지지하는 분위기였다. '북·일 국교 정상화' 찬성 입장이 66.1퍼센트(2002년 10월 내각부 여론조사)에 달할 정도로 일본 여론은 북·일 관계 개선을 희망했다.

그러나 일본 내 강경 세력이 일본 여론과 정부를 이끌고 갔다. '북한에 납치된 일본인을 구출하기 위한 전국협의회'(구출회)가 고이즈미 방북 이틀 뒤인 9월 19일 단독으로 긴급성명을 발표했다. 북한이 일본 측에 제출한 '안부 정보'가 근거가 없으며 따라서 "사망하였다고 발표된 8인은 살아 있을 가능성이 높다"는 주장이었다. 그런데도 일본 정부는 "납치 피해자 가족들에게 '사망했다'고 전달함으로써 살아 있을지 모르는 피해자가 (북한에 의해) 살해당할 위험이 높다"며 억측을 덧붙였다.

사망 여부가 정확히 확인되지 않은 이상 살아 있을 가능성이 높다는 주장은 논리 비약이지만, 피해자 가족들에게는 구원의 목소리였다. 구출회의 강경 입장이 납치 여론을 이끌어 가면서 일본 정부의 대북 태도를 경직

---

1 후나바시 요이치 지음, 김영환 옮김, 『김정일 최후의 도박』(중앙일보시사미디어, 2007), 22쪽.

시켰다. 일본 정부는 '피해자 전원 귀환'이라는 목표를 내걸어 국민 기대를 높였다. 납치 문제로 인해 북·일 정상화 교섭은 멈췄고 일본에서는 '북한 때리기' 선풍이 일었다.

납치 피해의 상징 인물이 요코타 메구미横田めぐみ이다. 1977년 13세의 여중생이던 메구미는 니가타시에서 학교 수업을 마치고 귀가하던 중 북한 공작원에게 납치된 것으로 확인됐다. 북한은 2002년 북·일 정상회담에서 메구미가 사망했다고 밝혔고, 2004년 11월에는 그의 남편이 보관하고 있던 유골을 일본 정부에 넘겼으나 감정 결과 메구미의 것이 아닌 DNA가 검출되었다며 사망을 부인하고 있다.

'순진무구한 어린 소녀가 북한에 의하여 납치된' 메구미의 사연은 강연, 책은 물론 TV 드라마, 애니메이션, 영화로 제작돼 유포되면서 일본 국민의 감정을 자극했다. 일본 정부에 설치된 납치대책본부는 다양한 활동을 통해 메구미 피랍을 일본 국민 전체의 '피해자 서사'로 만들어 갔다.

일본 언론들의 집요한 보도도 반북 분위기를 고조시켰다. 김정일의 납치 시인 이후 각 방송사는 1차 방북 결과를 대대적으로 보도했다. 이후에도 납치 피해자의 일본 내 가족 표정이나 피랍 가능성이 있는 인물들에 대한 소식을 보도했다. 납치 피해자 5명의 일본 귀환과 귀국 기자회견, 고향 방문, 일본 잔류 결정 등 정규 뉴스의 대부분을 납치 관련 보도로 메우는 전례 없는 사태가 몇 달간 이어졌다.

일본 언론들의 논조는 진보, 보수를 가리지 않고 '반북'이었다. 그럴만한 사정이 있었다. 사회민주당을 비롯한 일본 내 좌파 세력들은 "납치 문

북한에 납치된 요코타 메구미의 부모 요코타 시게루와 사키에 부부가 2012년 2월 일본 가와사키시 자택에서 필자와 인터뷰하고 있다. 이들은 딸 메구미에 대해 "북에서 잘 살고 있으니 이토록 나타나지 않고 있는 것 아니냐"라고 말했지만, 필자는 그들이 이미 체념한 듯한 느낌을 받았다.

제는 존재하지 않는다"는 북한의 입장을 대변해 오다가 김정일이 직접 납치 사실을 시인하자 엄청난 충격과 배신감을 느꼈다.[2] 북한에 비교적 우호적인 언론들도 사정은 마찬가지여서 대표적인 리버럴 신문인 《아사히신문》은 김정일의 고백이 나오자 편집국이 '패닉'에 빠졌다고 한다.

이런 탓에 일본 언론들의 대북 태도는 필요 이상으로 경직될 수밖에 없었다. 북한 관련 정보라면 미확인 정보까지 무차별적으로 다뤘고, 2004년 5월 고이즈미의 제2차 방북과 일본인 납치 피해자 가족의 일본 귀국, 2006년 북한의 핵 실험과 경제 제재 등 아베 1기 내각 말기까지 약 6년간

---

2 사회민주당의 전신인 사회당은 북한과의 우호 관계를 가지는 유일한 정당으로, 일본 정부를 대신해 북·일 현안을 논의하는 창구 역할을 담당해 왔다. 사회당은 1996년 사회민주당으로 당명을 바꿨다.

이런 보도 태도가 유지됐다.³ 이런 보도들이 납치 문제 여론을 악화시켰고, 경직된 여론을 정부가 추종하는 연쇄 고리가 만들어졌다.

불가능한 목표 설정으로 납치 문제 '영구미제'화

북한은 '최고지도자'가 직접 사죄까지 하며 납치 문제 해결을 시도했으나 일본이 수용하지 않자 해법 도출이 불가능해졌다. 일본 정부가 이처럼 '전원 귀환'이라는 넘을 수 없는 허들을 설정해 납치 문제를 '영구미제'로 만든 것은 '가해자' 일본이 '피해자' 지위에 서게 된 모처럼의 기회를 놓치고 싶지 않았기 때문일 것이다. "이런 처지의 뒤바뀜에서 일본인들은 카타르시스를 느끼고 있다"는 저널리스트 후나바시 요이치船橋洋一의 말은 일본인들의 심리를 정확히 대변했다.

일본은 2차 세계대전 패전 직전 히로시마와 나가사키에 떨어진 원자폭탄으로 인해 발생한 무고한 희생을 통해 '피해자 정체성'을 만들어 냈다. 패전과 연합군총사령부GHQ의 점령 통치가 '천황제 가족국가'라는 일본의 정체성을 파괴함에 따라 전후 일본은 새로운 정체성을 찾아내야 했다. 이 혼란기에 원폭 피해자들의 고통의 감정을 동원하고 재배열함으로써 '전쟁 피해자=일본 국민'이라는 집단 정체성을 구축하려 했다. 그러나 이 피해자 정체성은 가해자를 특정할 수 없는 '논리적 결격缺格'을 면할 수 없었다.

---

3 가모시타 히로미, 「일본 방송 미디어의 북한 관련 보도: 일본인 납치 관련 보도와 그 정치적 영향」(연세대학교 행정대학원 석사학위논문, 2008), 1–2쪽.

독일이 나치를 가해자로 세워 피해자성을 확립한 것과 달리 일본은 미국은 물론 천황제 파시즘도 가해자로 지목할 수 없는 처지였기 때문이다.

미국의 원폭 사용을 규탄하고 침략전쟁에 대한 자기비판을 할 수 없기 때문에 피폭의 비극을 인류의 평화에 대한 보편적인 염원으로 '탈역사화'함으로써 일본의 '원폭 피해자 정체성'은 공허함을 면치 못했다. 이 정체성에 기반한 전후 평화주의가 일본 사회에 공고하게 뿌리내리기 어려웠던 것은 자연스런 결과였다. 그러다 2002년 '가해자가 있는' 피해자의 처지에 설 결정적인 기회를 잡게 된 것이다. 북한 최고지도자 김정일이 1970~1980년대 일본인 납치 사실을 공식 인정한 것은 일본이 전후 처음으로 가해자를 특정할 수 있는 피해자 정체성을 획득하도록 했다.

납치 문제는 여러 형태의 반북 담론을 만들어 냈고, 허울만 남은 '전후 평화주의'를 붕괴시키는 데 결정적인 역할을 했다. 보수 우익들은 '무고한 일본 국민이 납치됐다'는 사안이 갖는 '정동情動적 측면'을 활용해 자위대 재무장 및 집단적 자위권 용인, 헌법 개정 담론을 대대적으로 펼쳤다. 납치 문제 해결을 위해 특수부대의 북한 침투작전도 불사하자는 주장도 등장했다. 《쇼쿤諸君》 2012년 2월호에서 아라야 다카시荒谷卓 전 육상자위대 특수작전군 군장은 정부가 명령하면 특수작전군이 블랙호크 UH60 헬기 등을 이용해 북한에서 작전을 수행할 수 있다고 했다.⁴ 작전 과정을 한국에 알리지 않거나 일방적으로 할 필요가 있다는 극단론도 나왔다. 2011년 5월 미국의 오사마 빈 라덴 사살 작전처럼 일본도 자위대 특수부대와 첨단 군사장비를 동원해 피해자를 구출해야 하며 굳이 한국의 동의를 받을 필

---

4 荒谷卓, 〈命令があれば拉致被害者は奪還できます〉, 《諸君》, 2012년 2월, 158-165쪽.

요가 없다는 것이다.

 북한 정권을 아예 붕괴시켜야 한다는 '레짐 체인지regime change'론도 등장하였다. 구출회를 주도해 온 니시오카 쓰토무西岡力는 2006년 12월에 출간한 『북조선의 '핵' '납치'는 해결할 수 있다(北朝鮮の「核」「拉致」は解決できる)』에서 "아베 정권이 가치관 외교를 높이 내걸고 미국과 동맹을 강화하고 김정일 정권에 대한 압박을 강화해 간다면, 북조선의 내부 모순이 한계점을 넘으면서 정권이 무너져, 핵, 납치 문제가 다이내믹하게 해결되는 전개가 있을 수 있다"고 주장했다. 이런 논의들을 보면 납치 문제가 평화헌법 체제에서 억눌렸던 일본 보수우익 세력들의 '공격 본능'을 한껏 자극하는 트리거가 됐음을 알 수 있다.

안보화에 동원된 납치 문제

 아베 신조에게 납치 문제는 정치적 찬스였다. 고이즈미 방북에 관방장관으로 수행했던 아베는 '8명 사망' 사실을 통보받은 뒤 북한이 "실태 설명과 사죄가 없다면 공동선언에 서명하지 않는 게 좋다. 그때는 자리를 박차고 돌아가자"며 강경론을 주도했다. 김정일이 납치를 인정하고 생존자 5명을 일본으로 일시 귀국시켰을 때 북한과의 약속을 깨고 이들의 영구 귀국을 관철한 것도 아베였다. 아베는 저서 『아름다운 나라』에서 1988년 자민당 총무회장이던 부친 아베 신타로安倍晋太郎(1901~1975)의 비서로 있을 때 사무실을 찾아온 납치 피해자 아리모토 게이코有本惠子의 부모를 외무성과 경시청으로 직접 안내한 것이 납치 문제와 연을 맺게 된 계기라고 소개한 바 있다.[5] 그는 1993년 정계에 입문한 뒤 1997년 '납치 피해자 가족 모임' 발족에 간여하였고, '납북일본인 지원 의원연맹' 사무국 차장을 맡는 등 정치권의 납치 문제 대응에서 핵심적 역할을 맡아 왔다.

보수 잡지들이 납치 문제를 해결할 인물로 아베를 추켜세우는 것은 당연한 수순이었다. 평론가 엔도 코이치遠藤浩一는《분게이슌주文藝春秋》 2003년 2월호 기고문「아베 신조(중의원 의원)-납치 해결에 기시 노부스케의 유전자」에서 아베 외조부인 기시 총리가 '대미협조 독립노선'을 추진하다가 퇴진한 이후 요시다 노선이 부활하는 바람에 "자국민이 납치돼도 방치하는 꼬락서니"를 보였다고 비판했다. 그는 "손자인 신조가 납치 사건에 제대로 대응하는 태도로 일관하고 있는 것은 역사의 드라마다. 자민당 내에서는 '아베야말로 기시 노부스케의 유전자를 체현하고 있다'는 말도 나온다"고 했다. 《분게이슌주》가 2003년 6월에 실은 인터뷰에서 아베는 "김정일로부터 일본을 지킬 수 있습니까"라는 물음에 "문제없습니다. 맡겨 주십시오"라고 답했다. 인터뷰가 실린 지 3년 3개월 뒤 아베는 총리에 올랐다.

납치 문제는 탈냉전 이후 일본의 보통국가 전략에 적극적으로 동원됐다. 센카쿠 열도를 둘러싼 중국과의 갈등이 2010년대 일본의 안보화를 추동하기에 앞서 납치 문제는 2000년대 일본의 보통국가 전략을 이끌었다. '커튼 뒤'에 가려진 중국을 직접 겨냥하기 어려운 상황에서 북한의 납치 문제는 일본의 안보화를 추동하기 위한 국민적 지지의 기반이자 동력으로

---

5 安倍晋三, 『美しい國へ』(東京: 文藝春秋, 2006), 44-46쪽.

활용됐다.

우익 교과서 문제나 정치인들의 야스쿠니 참배 문제와 달리 일본인 납치 문제는 일본 국내에서 사회적 논란이 없다시피 할 정도로 미미했다. 납치에 대한 김정일의 인정과 유감 표명은, 일본인들이 북한을 '테러리스트' 국가로 인식하도록 했다. 2009년 정권을 잡은 민주당 정권조차 '동아시아 공동체'를 강조하면서도 북한에 대해서는 경직된 태도로 임했다.

납치 문제 해결을 '필생의 과업'이라고 공언해 온 아베는 2014년 5월 북한과 '스톡홀름 합의'를 성사시키는 등 일부 성과를 거두기도 했다. 스톡홀름 합의는 북한이 1945년을 전후해 북한 내에서 사망한 일본인의 유골 및 묘지, 잔류 일본인, 일본인 배우자, 납치 피해자 및 행불자를 포함한 모든 일본인들에 대한 조사를 포괄적으로 실시하며, 이에 일본은 독자적 대북 제재를 해제하는 획기적인 내용이었다.

그러나 스톡홀름 합의는 일본 사회의 '메구미 생존 신앙'을 넘어서지 못했다. 북한은 합의 이행 차원에서 납치 피해자인 다나카 미노루와 가네다 다쓰미쓰 등 2명의 생존 정보를 스톡홀름 합의 직후 전달하였으나 일본 정부는 두 사람만으로는 국민 이해를 얻어 낼 수 없다며 사실 공표조차 하지 않았다.[6] 일본 정부가 '납치 피해자의 전원 귀환'이라는 목표를 내걸어 여론의 기대치를 높여 놓은 것이 실질적인 해결을 막았던 것이다. 북한에 지나치게 높게 허들을 설정한 것이 거꾸로 일본의 발목을 잡은 셈이 됐다.

---

6 〈교도 '아베 정부, 납치 피해자 2명 생존 알고도 비공개'〉, 《한국일보》 2019년 12월 27일. 납치 피해자인 다나카는 가족이 '가족회'에 가입되어 있지 않고, 또 다른 피해자 가네다는 재일한국인으로 알려졌다. 정치적 영향력이 큰 '가족회'의 멤버가 아니라는 이유, 일본 내 소수자인 재일한국인이라는 이유로 일본 정부가 귀국 노력은커녕 관련 정보 공개조차 소극적이었던 것이다.

2
해상보안청과 중국 어선의 충돌

독도와 흡사했던 센카쿠 열도 일본 지배 과정

2010년대 이후 국제사회의 관심의 초점이 된 센카쿠尖閣 열도는 동중국해 남서부에 위치한 군도로 5개의 섬과 3개의 암초로 이뤄진 무인도이다. 중국에서는 댜오위다오釣魚島로 부른다. 오키나와 본도에서 서쪽으로 410킬로미터, 오키나와 열도에 속한 이시가키石垣섬에서는 북쪽으로 170킬로미터, 대만에서는 동북쪽으로 170킬로미터, 중국 대륙으로부터 330킬로미터 떨어져 있다. 섬 자체는 무인도로 얼핏 의미가 없어 보이지만 군사적으로는 가치가 크다. 일본에서 보면 페르시아만→인도양→말라카 해협→동중국해→일본 열도로 이어지는 일본 해상교통로의 요지에 위치해 있다.

센카쿠 열도에 대한 일본의 지배 과정은 독도 '편입'과 흡사하다. 일본

'다케시마의 날'을 하루 앞둔 2014년 2월 21일 일본 시마네현 마쓰에시 시내에서 일본 우익단체들이 경찰들과 몸싸움을 벌이고 있다.

은 1885년 이후 오키나와현 당국을 통해 센카쿠 열도 현지 조사를 실행한 결과 무주지無主地임을 확인한 뒤 청일전쟁 기간이던 1895년 1월 14일 현지에 표식을 건설하는 내용의 각의 결정을 거쳐 일본 영토에 편입했다고 주장한다. 국제법상 인정되는 '선점先占 원칙'에 따랐다는 것이다. 일본은 독도에 대해서도 러일전쟁 기간이던 1905년 1월 28일 각의 결정으로 '무주지'임을 확인하고 다케시마라는 이름을 붙인 뒤 시마네현에 편입시켰다고 주장하고 있다.

그러나 2차 세계대전에서 일본이 패배하면서 센카쿠 열도를 포함한 북위 29도 이남의 남서제도는 미군의 직접 관리 대상이 되었다. 샌프란시스코 강화조약에 따라 1952년 4월 일본이 독립한 뒤에도 오키나와와 센카쿠 열도를 포함한 북위 29도 이남의 섬들에 대해서는 미국의 지배가 지속됐다.[7] 1971년 6월 미·일 간에 조인된 '오키나와 반환협정'에 따라 1972년 5월 오키나와가 일본에 귀속되면서 오키나와의 일부인 센카쿠 열도도 일본이 영유권을 회복했다.

그러나 중국의 주장은 다르다. 중국은 센카쿠 열도가 왜구에 대한 명나라의 해상 방위 구역에 포함되는 해역에 있으며 당시 센카쿠 열도는 류큐국의 일부가 아니라 대만의 부속 도서였다는 것이다. 그러나 청일전쟁 이후 1985년 4월 '시모노세키 조약'으로 대만과 그 부속 도서 전체가 일본으로 할양되면서 일본이 지배하게 됐다고 주장한다. 따라서 대만의 부속 도서인 센카쿠 열도를 2차 세계대전 종전 이후 미국이 지배하는 것은 불법이고, 마찬가지로 오키나와 반환협정으로 일본에 재편입된 것도 불법이라는 것이다.[8] 대만의 주장도 기본적으로 같다.

중국과 대만이 1970년대 들어 영유권을 제기하게 된 것은 1968년 유엔 아시아 극동경제위원회ECAFE가 동중국해 일대 해양 조사를 실시한 결과 센카쿠 열도 주변 해역에 다량의 석유와 천연가스가 매장된 것으로 나타났기 때문이다.

그러나 센카쿠 열도 영유권 갈등은 중·일 수교 당시 영유권 문제를 제기하지 않는다는 암묵적 양해에 따라 수면 아래로 가라앉았다. 1978년 10월 중·일 평화우호조약 추인서를 교환하기 위해 방일한 덩샤오핑 당시 부

---

[7] 김용민, 「조어군도와 센카쿠 열도: 중국과 일본의 전략적 충돌이 가진 함의」, 「국제지역연구」 제15권 제3호(2011), 179쪽.

[8] 중국은 1971년 12월 외교 성명을 통해 이같이 주장하였다. 김용민, 위의 글, 180쪽.

총리는 기자회견에서 "이러한 문제는 일시적으로 보류하는 것이 좋지 않은가. 우리 세대의 인간들은 지혜가 모자란다. 다음 세대는 우리들보다 더 지혜로울 것이고 그때 좋은 해결 방안이 나올 것"이라고 말했다. 골치 아픈 외교 현안을 '선반 위에 올려 두는棚上げ' 방식으로 봉합한 셈이다. 문화혁명의 악몽을 떨치고 재건에 나서려던 중국으로서는 국제사회의 협력이 절대적으로 필요했던 상황이어서 조그마한 섬으로 분란을 일으키고 싶지 않았던 것이다.

그러나 개혁 개방으로 급성장한 중국은 점차 석유 수출국에서 수입국으로 변모했고, 해양 석유 자원 확보에도 관심을 갖게 됐다. 해저 석유 탐사와 개발 능력도 확충됐고, 해군도 먼 바다 작전 능력을 확보하게 됨으로써 센카쿠 문제를 더 이상 '선반 위에 올려 둘' 이유가 사라진 것이다.

중국은 센카쿠 열도의 영유권 주장을 뒷받침하기 위해 사전 정지작업에 나섰다. 1988년부터 1992년까지 4년간 중국은 해군을 동원해 동중국해의 대륙붕 자원 탐사를 실시했고, 이 시기 센카쿠 열도 북동 해역에서도 조사를 실시한 것으로 알려졌다.[9] 이런 과정을 거친 뒤 1992년 2월 중국은 영해법을 공포하고 센카쿠 열도의 영유권을 선언했다.[10]

---

9 김경민, 「일·중관계와 동북아 안보: 예상되는 지역분쟁을 중심으로」, 『전략연구』(1997), 155–158쪽.
10 중국은 1992년 2월 전국인민대표 상임위원회(7기 24회)에서 제정한 '중국인민공화국 영해 및 인접법' 제2조에 "중화인민공화국의 영해는 중화인민공화국의 육지 영토와 내해에 인접하는 일대의 해역으로 한다. 중화인민공화국의 육지 영토는 중화인민공화국의 대륙과 그 연해의 도서, 대만 및 그에 포함되는 댜오위다오와 그에 부속하는 각 섬, 팽호열도, 동사군도, 서사군도, 중사군도, 남사군도 및 그 밖의 일체의 중화인민공화국에 속하는 도서를 포함한다"고 규정했다. 이명찬, 「2010년 9월 일·중간 센카쿠 열도 분쟁과 독도」, 『국가안보와 전략』 제11권, 2호(2011), 184쪽에서 재인용.

센카쿠 암묵 합의 깬 일본

2010년 9월 7일 오전 센카쿠 열도 부근 해역을 순찰하던 일본 해상보안청 순시선 '요나구니與那國'가 중국 어선을 발견하고 퇴거 명령을 내렸다. 그러나 중국 어선은 출입 검사를 위한 정선 명령에 불응한 채 계속 도주하다 다른 순시선인 '미즈키'호를 들이받았다. 해상보안청은 의도적인 출입 검사 방해로 보고 공무집행방해 혐의로 어선 선장을 체포해 검찰에 송치했다.

이에 중국 정부는 16일까지 9일간 주중 일본대사를 5차례나 불러 항의하고, 8차례에 걸쳐 성명을 발표하는 등 전례 없는 압박을 가했다. 중국 서열 2위인 원자바오 총리가 직접 석방을 촉구했다. 일본 정부가 선원들은 석방하되 선장에 대해서는 구속 기간을 연장하자 중국 정부는 외환 시장에서의 엔고 유도, 중국인의 일본 관광 억제, 중국 내 일본 사업의 인가 지연, 일본 제품의 불매운동 등 전방위적 압력을 가하는 한편 일본 회사원 4명을 간첩죄로 체포했다. 가장 결정적인 것은 아이팟, 하이브리드 자동차, 미사일 등 첨단제품의 필수 원료인 희토류의 수출 금지였다.

중국 정부의 압박이 거세지자 일본은 9월 24일 오키나와 나하지검에 송치된 중국 어선 선장을 석방했다. 선장이 석방돼 전세기로 귀국한 뒤에도 중국 외무부는 성명을 내 일본의 사죄와 배상을 요구했다. 간 나오토 내각과 중국에 대한 일본 내 여론이 급격히 악화됐다. 일본《요미우리신문》조사에서 선장 석방에 대해 '적절하지 못했다'는 응답은 72퍼센트에 달했고,

2014년 2월 22일 '다케시마(독도)의 날'을 맞아 일본 시마네현에서 열린 '다케시마·북방영토 반환요구 운동 현민대회'에서 내빈들이 인사말을 하고 있다.

'적절했다'는 19퍼센트에 그쳤다. 중국을 '신뢰하지 않는다'는 응답은 84퍼센트에 이르렀다.[11]

　선장 석방은 일본 사회에 일파만파의 파장을 몰고 왔다. 중국이 세게 나오자 '꼬리를 내린' 격이어서 '굴욕 외교'라는 비판은 기본이었다. 야당과 보수 언론들은 중국과의 안이한 타협을 민주당 정부의 아마추어리즘, 동아시아 중시 외교의 영향으로 몰아붙였다. 《산케이신문》은 센카쿠 열도가 조만간 한국에 실효 지배되고 있는 다케시마(독도)처럼 되어 버릴 우려가 있다고 비판했다.

---

11 《요미우리신문》 2010년 10월 4일. 이명찬, 「2010년 9월 일·중간 센카쿠 열도 분쟁과 독도」, 『국가안보와 전략』 제11권, 2호(2011), 170쪽에서 재인용.

중국인 선장을 구속한 오키나와 나하지검 검사가 밝힌 석방 이유도 논란이 됐다. 스즈키 차석 검사가 "피의자의 신병을 구류한 채로 조사를 계속할 경우 우리 국민에 대한 영향과 향후 일·중 관계를 고려"할 때 석방이 타당하다고 밝힌 것인데, 이를 두고 '일개 지방 검사가 이런 고도의 정치적 판단을 하는 것이 과연 가능하며, 바람직한가'라는 비판이 제기됐다. '정치 주도'를 내건 민주당 정권이 정치적 책임을 관료 조직에 미루고, 업무 영역을 넘어선 외교적 판단까지 하도록 만들었다는 것이다.

선장 석방의 파장이 채 가시기도 전에 이번에는 중국 어선이 해상보안청 순시선을 들이받는 장면을 담은 동영상이 유출되는 사건이 발생했다. 사건이 발생한 지 약 두 달 뒤인 11월 4일 어선과 순시선이 2차례 충돌하는 장면을 담은 44분 23초 분량의 영상이 유튜브에 올라온 것이다. 범인은 해상보안청 직원 잇시키 마사하루一色正春로 밝혀졌는데, 그는 정부가 중·일 관계 악화를 이유로 비디오를 공개하지 않겠다고 결정하자 국민들에게 진상을 알릴 목적으로 유튜브에 업로드했다고 밝혔다.

경찰이 비밀 준수 의무를 어긴 혐의로 그를 사법 처리하려 하자 국민의 알 권리를 충족시킨 행동을 했는데 왜 처벌하느냐는 비판이 일었다. 포털 사이트인 야후재팬 게시판에는 "센카쿠 비디오를 공개한 해상보안청 관계자에게 최대의 감사를 보낸다"는 격려의 글이 쇄도했다.[12]

그러나 여기서 왜 센카쿠 문제가 이토록 커졌는지를 돌아볼 필요가 있다. 이 문제와 관련해 중·일 양국은 일본이 실효적 지배를 강화하는 조치를 취하지 않는 이상 영유권 문제에 대해서는 '유보'하기로 했다. 즉, 일본

---

12 〈日 '센카쿠 동영상 유출' 처벌 놓고 시끌〉, 《동아일보》 2011년 11월 11일.

은 센카쿠 열도 해역을 어업 협정 적용 예외 지역으로 함으로써, 실효적 지배 원칙을 끝까지 관철시키지 않는 형태로 이 문제를 보류하기로 했고, 이에 중국도 동의한 것이었다.[13]

1997년 11월 도쿄에서 서명한 중·일 어업 협정의 첨부 문서[14]에도 센카쿠 열도 해역이 포함된 수역에서 "중국 국민에 대해 당해 수역에서 어업에 관한 자국의 관계 법령을 적용하지 않겠다"는 내용이 포함돼 있다. 이 문서에 따르면 일본 해상보안청 순시선이 중국 어선을 뒤쫓은 행위는 협정을 어긴 것이 될 수 있다. 중국은 센카쿠 열도와 관련한 중·일 간 합의를 깨는 일본의 도발로 간주했다. 2013년 시진핑 중국 국가주석이 이 '센카쿠 유보론' 합의를 재론하면서 갈등 봉합을 시도했으나 아베 정부는 그런 합의는 없었다고 부인했다.[15]

해상보안청의 공격적인 성향과 독자성을 사태의 원인으로 지목하는 시각도 있다. 전직 외교관인 사토 마사루佐藤優는 해상보안청 보안관들은 자신들을 "연안 경비대가 아니라 독립된 군대"이며 구제국해군의 계보를 잇고 있다고 여긴다고 지적했다. 해상보안청은 자위대와 지휘 명령 체계도 다르다고 한다.[16] 해상보안청의 공격성은 2001년 12월 22일 일본 가고시마현 해상에서 북한 국적으로 추정되는 괴선박을 침몰시킨 것에서 드러났다. 해상보안청 순시선은 괴선박 추적 과정에서 영해를 벗어난 공해상에

---

13 시라이 사토시 지음, 정선태 옮김, 『영속패전론: 전후 일본의 핵심』(이숲, 2017), 73쪽.
14 「어업에 관한 일본국과 중화인민공화국 간의 협정 제6조 (b)항의 수역에 관한 서간」, 시라이 사토시, 위의 책, 72쪽.
15 〈센카쿠 분쟁 해결 유보론 시진핑, 오바마 만나 언급〉, 《서울신문》 2013년 6월 15일.
16 사토 마사루·가타야마 모리히데 지음, 송태욱 옮김, 『일본은 어디로 가는가: 헤이세이 30년의 기록』, 230-231쪽.

서 세 차례나 선체에 직접 사격을 가했고, 선박이 중국의 배타적 경계수역 EEZ으로 넘어갔는데도 20밀리미터 기관포로 공격해 침몰시켰다.[17] 이에 대해 일본 언론들조차 과잉대응이라고 비판한 바 있다. 2004년 5월 24일에는 해상보안청 순시선이 일본 EEZ 인근 해역에서 한국 어선에 최루탄을 발사해 선원 1명에게 중상을 입히는 일도 있었다.

일본 정부의 센카쿠 열도 국유화로 중·일 갈등이 폭발했던 2012년 만난 전 외무성 관료 마고사키 우케루孫崎享도 "1972년 수교 당시 합의한 현상 유지 원칙을 일본이 먼저 깨고 국유화로 나선 것이 갈등의 원인"이라고 단언했다.[18]

동아시아 중시 노선의 파탄

간 나오토 총리가 이 사건에 대해 저자세를 보인 것은 11월 14일 요코하마에서 열릴 APEC 정상회의를 앞두고 중국의 비위를 거스르고 싶지 않았기 때문이다. 2008년 금융위기를 계기로 G2로 부상한 중국을 자극했다가 후진타오 주석이 불참하거나, 중·일 정상회담을 거부할 경우 주최국 체면이 땅에 떨어질 수 있었다. 중국 어선의 공무집행방해가 명백한 사건 경위를 담은 동영상이 공개된다면 또다른 파장을 낳을 우려가 있어 6분 50초로 편집한 영상을 국회에서 공개했을 뿐이다. 그러나 이 사건을 계기로 양국에

---

17 〈괴선박 침몰 반응—일 "대응무난" "과잉방어" 논란〉, 《동아일보》 2001년 12월 25일.
18 〈센카쿠 영토 분쟁, 일본과 군사충돌 배제 못해…중일관계 비관적〉, 《경향신문》 2012년 11월 16일.

서 상대국에 항의하는 시위가 발생하면서 국민 감정이 악화될 대로 악화된 상황에서 불거진 동영상 유출 사건은 간 내각에게는 치명타였다.

서울 G20 정상회의에 참석한 뒤 일본에 도착한 후진타오 주석은 11월 13일 요코하마에서 간 총리와 만났으나 정상회담은 22분 만에 끝났다. 일본 언론은 '일·중 정상회담'으로 보도했으나 중국 외교부는 '의례적인 환담'이라고 평가절하했다.[19]

아이러니컬하게도 이 사건은 하토야마 총리 이후 소원해졌던 미·일 관계가 다시 복원되는 계기가 됐다. 사건 당시 방미 중이던 마에하라 세이지 외무상과 만난 힐러리 클린턴 미국 국무장관은 센카쿠 열도는 미·일 안보조약 5조의 적용 대상이라는 견해를 표명했다고 당시 교도통신이 보도했다. 센카쿠 열도가 미국이 지켜 줘야 할 일본 영토라는 입장을 밝힌 것이다. 센카쿠 중·일 충돌은 일본인들로 하여금 '결국 믿을 건 미국뿐'이라는 인식을 갖게 하는 부수 효과를 가져왔다. 겐바 고이치로玄葉光一郎 민주당 정조회장(국가전략 담당 장관)은 "일본인이 일·미 안보의 중요성, 섬 방위의 필요성을 재확인하는 계기가 됐다"고 언급했다.[20]

결국, 센카쿠 열도 중·일 충돌 사건은 민주당 정권이 내건 '동아시아 공동체' 즉, 동아시아 중시 정책이 파산하게 된 계기로 작용했다. 앞서 하토야마 총리의 오키나와 미군기지 이전이 미·일 관계를 균열시키면서 동아시아 중시 노선이 추진력을 상실한 상황에서 동아시아 외교의 핵심 대상인 중국과 갈등을 빚은 것은 민주당 외교정책에 결정적인 타격을 가한 셈이 됐다.

---

19 〈'센카쿠 비디오' 반중 감정에 불 질렀다〉, 《주간동아》 2010년 11월 29일.
20 이명찬, 「2010년 9월 일·중간 센카쿠 열도 분쟁과 독도」, 『국가안보와 전략』 제11권, 2호(2011), 186쪽.

3
샌프란시스코에서 센카쿠까지, 영토 분쟁의 정치학

샌프란시스코 체제가 남긴 불씨

 2010년대 이후 동아시아 국가들에서 벌어지고 있는 영토 갈등의 배경에는 2차 세계대전 이후 동아시아 질서를 규정 지은 '샌프란시스코 체제'가 자리하고 있다. 샌프란시스코 체제는 1951년 9월 8일 미국 샌프란시스코에서 48개국이 서명해 1952년 4월 28일에 발효한 강화조약에 의거해 설계된 국제질서를 가리킨다. '강화講和조약'은 전쟁 및 전쟁 상태를 종결시켜 평화를 회복하기 위한 교전국 간의 조약이며, 샌프란시스코 강화조약의 체결은 2차 세계대전 추축국인 일본과 연합국 사이의 전쟁 상태를 종결하는 의미를 갖는다. 이 조약의 발효로 GHQ의 간접통치를 받아 온 일본은 주권을 회복했다.
 이 강화조약이 동아시아에 갈등의 불씨를 남겨 두는 결과를 초래한 것은 익히 알려진 사실이다. 냉전이 심화되면서 미국이 일본을 공산주의에 대한 방파제로 설정하고 일본의 부흥과 자립을 서두르는 과정에서 동아시아 지역의 전후 처리와 관련한 쟁점들을 애매하게 만들어 놓은 것이다.

우선, 샌프란시스코 강화조약에 한국을 비롯해 중국, 러시아(구소련) 등 일본과의 영토 분쟁 당사국은 참여하지 못하거나 조약에 서명하지 않았다. 한국은 당시 남북이 분단돼 있다는 이유로, 중화민국(대만)과 중화인민공화국으로 갈라진 중국도 대표성에 문제가 있다는 이유로 제외됐다. 소련도 논의에는 참가했으나 이 조약이 일본의 군대 창설을 막을 장치가 없으며 사회주의 중국이 초대받지 못했다는 점 등을 들어 서명하지 않았다.

또 다른 문제는 일본의 패전과 동시에 한국과 대만 등 식민지가 독립한 상황에서 전쟁 종결과 식민 지배 청산 문제가 별개로 다뤄져야 함에도 불구하고, 강화조약에 포함되는 형태로 진행됐다는 점이다. 일본은 샌프란시스코 강화조약을 전쟁의 사후 처리로 인식했으나 식민지 지배 청산의 문제로는 간주하지 않았다.[21]

샌프란시스코 강화조약은 일본에 대해 "전범재판소의 국제 군사재판의 판결을 수용"하도록 했을 뿐 별도의 전쟁 책임 추궁은 없었고, 미국, 영국, 프랑스 등 주요 국가들은 일본에 대해 배상 청구권을 포기하는 등 '관대한 강화the leniency of the Peace Treaty with Japan'였다.[22] 앞서 언급했듯이 이 조약이 전쟁의 사후 처리라기보다는 동북아시아에서 일본을 축으로 한 미국의 대공산권 전략을 강화하기 위한 설계도의 성격을 띠고 있었기 때문

---

21 이성환, 「샌프란시스코 강화조약과 동북아 영토 갈등의 해법」, 『영토해양연구』 제22호(2021), 109쪽.
22 이성환, 위의 글, 108쪽.

이다. 이를 단적으로 보여 주는 것이 강화조약이 체결되던 날 일본에 미군 기지를 설치할 권리를 보장하는 미·일 안보조약이 체결된 것이다. 즉, 미국은 일본의 주권을 회복시킴과 동시에 미국의 '기지 국가'로 만들었다. 이 과정에서 미국의 일본 영토에 대한 인식이 정치화됐고, 이는 훗날 동아시아 영유권 분쟁의 불씨가 됐다.

독도, 센카쿠, 쿠릴 열도

미국의 동아시아 영토 문제에 대한 인식이 어떻게 변질됐는지를 살펴볼 필요가 있다. 2차 세계대전 종결 후 일본을 점령한 연합국 최고사령부는 당초 일본의 영토 범위를 4개 섬(혼슈, 시코쿠, 규슈, 홋카이도)과 쓰시마, 북위 30도 이북의 류큐를 포함하는 약 1,000개의 인접 도서로 한정했다. 일본에서 제외되는 지역으로 독도, 쿠릴 열도, 하보마이 군도를 지정했다. 센카쿠 열도에 대한 언급은 없으나 북위 29도 이남을 미국의 신탁통치 범위에 포함시킴으로써 센카쿠는 제외됐다.[23] 이런 구상은 일본의 영토를 주요 4개 섬과 소도서로 제한하는 카이로선언과 얄타협정, 포츠담선언을 계승한 것이었다. 그러나 미·소 간의 냉전 격화에 따른 미국의 대일정책 변화로 일본의 영토 문제는 정치화됐다.

독도와 관련해서는 미국 국무부의 주일정치고문 윌리엄 시볼드William J.

---

23 연합국 최고사령부가 1946년 1월 29일 공포한 SCAPIN 677호에 이런 내용이 담겨 있다. SCAPIN은 연합국최고사령관이 일본 정부에 발하는 명령, 지시, 훈령 등을 가리킨다. 이성환, 위의 글, 110쪽.

Sebald[24]가 1949년 11월 19일 미 국무부에 의견서를 보내 "리앙쿠르암(다케시마)을 우리가 제안한 제3조에서 일본에 속하는 것으로 특정해야 한다"고 주장한 것이 분기점이다. 그의 주장은 1947년 6월 외무성이 제작하여 미국에 제공한 『일본의 부속도서, IV, 태평양 소도서, 일본해 소도서』라는 소책자 내용을 원용해 일본의 주장을 그대로 전달한 것이었다. 이를 계기로 한국령이었던 독도가 일본령으로 바뀌었다가 최종적으로 '독도'가 조약에서 사라지게 됐다. 조약상으로는 독도가 어디에 귀속되는지 알 수 없게 된 것이다.[25]

미국이 태도를 바꾼 것은 한반도가 공산화될 가능성을 배제할 수 없는 상황에서 독도가 한국 영토가 아닌 것이 바람직하다고 여겼기 때문으로 보인다. 한편으로, 일본과 한국 간에 영유권 분쟁의 불씨를 남겨 둠으로써 '공산화된 한반도'에 대한 일본의 접근을 막으려 했다는 분석도 있다.

센카쿠 열도가 어느 나라에 귀속되는지도 샌프란시스코 강화조약에는 빠져 있다. 카이로선언에서는 중국의 영토를 청일전쟁 이전 상태로 회복할 것을 명시했던 만큼 중국은 청일전쟁 중에 일본이 편입한 센카쿠도 대만과 함께 중국으로 귀속돼야 한다는 입장이다. 1947년 3월 19일 미국의 샌프란시스코 강화조약 초안 이래 일본은 류큐(오키나와)제도를 포함해 북위 29도 이남 지역에 대한 모든 권한 및 권원을 포기하고, 미국이 권한을

---

24 시볼드는 1952년 주일 미국대사관 무관으로 근무하면서 일본인과 결혼했고, 천황의 가족들과 친분이 있던 인물로 1947~1952년 동안 국무부 파견 일본 정부 정치고문, 연합국최고사령부 외사국장, 연합국이사회 미군 대표 등을 겸직했다. 박건영, 『국제관계사: 사라예보에서 몰타까지』(사회평론아카데미, 2022), 596쪽.

25 샌프란시스코 강화조약 제2조 (a)항은 "일본은 한국의 독립을 인정하고, 제주도, 거문도 및 울릉도를 비롯한 한국에 대한 일체의 권리와, 소유권 및 청구권을 포기한다"라고 되어 있다.

갖는 유엔의 신탁통치하에 편입하는 것으로 되어 있다. 센카쿠 열도는 위도 25도에 해당하는 만큼 명시되지 않았어도 당연히 포함되는 것으로 봐야 한다.

그러나 중국 본토에 사회주의 정권이 들어선 이후 조약 초안에는 '일본의 권한 및 권원'의 포기라는 표현이 사라지고 대신 '북위 29도 이남의 남서제도는 미국이 유일한 행정 권한을 가진 유엔의 신탁통치 제도에 편입된다'는 내용으로 바뀌었다. 즉 초안에서 일본의 권한과 권원이 포기되었던 센카쿠가 중국 공산화를 계기로 미국 통치하의 일본 영토로 남게 된 것이다. 강화조약의 발효로 오키나와를 비롯해 북위 29도 이남의 남서제도는 미국의 통치하에 놓이게 됐고, 1972년 5월 오키나와의 반환으로 센카쿠는 일본의 관할에 편입됐다. 일본은 북위 29도 이남의 섬들이 미국의 신탁통치를 받게 된 것은 미국으로부터 센카쿠에 대한 잔존 주권을 인정받은 것이라고 주장한다.

쿠릴 열도 문제는 연합국이 소련에 대일전 참전 대가로 쿠릴 열도 할양을 약속한 것에서 비롯됐다. 샌프란시스코 강화조약에서도 일본은 쿠릴 열도에 대한 모든 권리와 권원 및 청구권을 포기하는 것으로 귀착됐다. 그러나 쿠릴 열도 중 쿠나시리와 에토로후, 하보마이, 시코탄 등 남쿠릴 열도 4개 섬에 대해 일본은 1855년 러일화친조약 이래 줄곧 일본의 '고유 영토'라는 입장을 보이고 있다. 이 중 하보마이, 시코탄 등 홋카이도에 가까운 2개 섬에 대해 일본은 쿠릴 열도에 포함되지 않는다며 반환을 요구하고 있다(2도 반환론). 소련은 샌프란시스코 강화조약에 서명하지 않았으나 쿠릴 열도 문제에 대해서는 강화조약을 인정하고 있다. 다만, 강화조약에 쿠릴 열도에 대한 지리적 범위가 명시되지 않았다는 점은 불확실성으로 남아 있다.

일본은 쿠릴 열도에 대해서는 강화조약을 부정하고, 독도와 센카쿠 문제에 대해서는 강화조약을 인용하는 등 일관성 없는 태도를 보인다. 강화조약에 참여하지 않은 한국과 중국은 이 조약을 영토 문제 해결의 수단으로 인정하지 않는다. 한마디로 '샌프란시스코 체제' 자체가 동아시아 국제질서에 불안정 요인으로 작용하고 있는 셈이다.

미국 역사학자 존 다우어가 샌프란시스코 강화조약에 대해 "아시아에서 냉전 전략의 일부로 영토 분쟁의 소지들을 조약 곳곳에 심어 놨다"고 한 것은 정곡을 찌른 평가다. 동아시아 각국 국경에 박힌 쐐기들 때문에 유럽연합EU 같은 역내 협력이 애초부터 쉽지 않았던 것이다. 그 영토 갈등이 폭발한 시기가 2012년이었다.

영토 분쟁의 폭발

일본과 중국, 한국 간의 영토 분쟁이 한데 겹치면서 2012년은 동아시아 영토 갈등이 정점에 달한 시기였다. 한·일 간의 불씨는 2011년 하반기부터 뿌려졌다.

2011년 8월 1일 신도 요시타카新藤義孝, 이나다 도모미稻田朋美 중의원과 사토 마사히사佐藤正久 참의원 등 자민당 의원 3명이 울릉도의 독도박물관을 방문하겠다는 명목으로 김포공항에 입국했다가 한국 정부의 입국 금지 조치로 9시간 만에 출국하는 소동이 벌어졌다. 이들의 입국은 한국이 실효적 지배를 하고 있는 독도를 분쟁지역화하겠다는 의도였다.

그해 8월 30일 한국 헌법재판소(헌재)는 일본군 위안부 문제와 관련해 '부작위 위헌' 결정을 내린다. 헌재는 위안부 피해자 이모 씨 등 109명이 외교통상부를 상대로 낸 헌법소원에서 국가가 아무런 조치도 취하지 않고 있는 '부작위 행위'는 위헌임을 확인한다고 선고했다. 헌재는 "1965년 체결된 한일청구권 협정으로 피해자들의 손해배상청구권이 소멸됐는지 여부에 대해 국가는 일본과 협의해 분쟁을 해결하려는 노력을 전혀 기울이지 않고 있다"며 "인간의 존엄과 가치를 심각하게 훼손당한 자국민들이 배상청구권을 실현하도록 협력해야 할 의무를 이행하지 않고 있어 헌법에 반한다"고 판단한 것이다. 헌재 결정에 따라 당시 이명박 정부는 일본 정부에 양자 협의를 제안하며 문제 해결을 요구했으나 일본 정부는 "문제는 이미 다 해결했다"며 협의를 거부했다. 그런 와중에 한국 내에서는 위안부 문제 해결을 촉구하는 시민사회의 압력이 강화됐다. 2011년 12월 14일에는 주한일본대사관 앞 도로에 평화의 소녀상이 세워졌다.

취임 이후 4년간 위안부 문제를 전혀 거론하지 않았던 이명박 대통령도 압력을 느끼지 않을 수 없었다. 그해 12월 17~18일 교토에서 이명박과 노다 요시히코 총리 간의 정상회담이 열렸다. '셔틀 외교' 차원에서 열린 당시 회담에서 위안부 문제에 대한 일본의 소극적 대응에 불만이 쌓인 이명박은 작심한 듯 회담 시간의 대부분을 위안부 문제에 할애하며 일본 정부의 적극적인 대응을 촉구했다. 그러나 의외였던 것은 노다의 대응이었다. 성향으로는 자민당에 가까운 보수의 노다[26]는 위안부 문제에 성의 있는 대응을 촉구하는 이명박의 말을 듣고만 있지 않았고, 주한일본대사관 앞에 세워진 위안부 소녀상의 철거를 요구하며 맞불을 질렀다. 뜻밖의 '반격'에 허를 찔린 이명박의 얼굴은 잔뜩 일그러졌다. 이명박은 일본이 성의 있는 조치를 취하지 않으면 제2, 제3의 소녀상이 세워질 것이라고 경고했다.

당시 일본은 정상회담과 별개로 외무장관 회담을 동시에 열어 독도 문제를 거론하려고 시도했다. 직전에 이를 통보받은 한국이 김성환 외무장관의 방일을 취소해 무산됐지만, 겐바 고이치로 외무상은 대통령과 동행한 천영우 청와대 외교안보수석에게 난데없이 독도 문제를 거론했다. 위안부 문제와 더불어 독도 문제를 둘러싼 갈등도 한·일 사이에 점증하기 시작한 것이다.

한·일 관계는 2012년 들어 악화일로를 걸었다. 양국이 추진해 온 한·일 군사정보보호협정GSOMIA 체결은 6월 29일 악화된 대일 여론을 감안한 한국의 취소로 무산됐다. 2012년 8월 10일 이명박이 독도를 전격 방문함으로써 양국 관계는 결정적으로 경색됐다.

나흘 뒤인 8월 14일 이명박은 "(천황이) 한국을 방문하고 싶으면 독립운동을 하다 돌아가신 분들을 찾아가서 진심으로 사과하면 좋겠다"면서 "(천황이) 한 몇 달 단어를 뭘 쓸까. … 또 '통석의 념' 뭐가 어쩌고 이런 단어

---

26 노다 총리는 취임 직전 A급 전범은 전쟁범죄인이 아니라는 취지의 발언으로 물의를 빚었고, 민주당 정권이 추진하던 재일한국인 지방참정권 부여에 대해서도 반대하는 입장이었다.

하나 찾아서 올 거면 올 필요 없다"고 했다. 이 발언은 가뜩이나 악화된 한·일 관계에 기름을 끼얹는 격이 됐다. 이명박의 발언이 보도되자 일본 열도는 들끓었다. 독도 방문보다도 파장의 강도는 더 셌다. 필자에게도 일본 지인들이 전화를 걸어 "호랑이 꼬리를 밟은 격"이라며 "천황에 대한 일본인들의 감정을 전혀 감안하지 않았다"고 분개하던 기억이 생생하다.

문제는 대통령의 독도 방문으로 오히려 독도가 분쟁지역이라는 인상을 세계에 널리 심어 주었다는 점이다. 이는 일본 정부는 물론, 일본 우익이 가장 고대해 온 시나리오를 완성시켜 준 '이적 행위'나 다름없었다. 과거사(위안부)와 영토 문제를 뒤섞어 놓음으로써 한·일 관계를 잔뜩 꼬이게 만든 책임도 크다.

그로부터 한 달 뒤 이번에는 중·일 센카쿠 갈등이 폭발했다. 2012년 4월 도쿄도 지사 이시하라 신타로가 센카쿠 열도의 3개 섬을 도쿄도가 매입하겠다는 구상을 발표하자, 노다 정부가 센카쿠 열도를 국유화하기로 하면서 사달이 벌어진 것이다(국유화 과정은 6장 이시하라 편에서 상세히 다룬다). 일본 정부가 9월 10일 각료회의에서 센카쿠 국유화를 정식 결정하자 중국 내에서 반일 시위가 격화됐다. 일본 언론들은 1972년 중·일 국교 정상화 이후 최대 규모의 반일 시위라며 일본 공관·음식점·공장과 일제 차량에 대한 시위대의 공격이 잇따랐다고 보도했다.

중국 반일 시위의 격렬함은 상상을 넘어섰다. 중국 내에서 한 일본인은 거리를 걷다가 중국인이 뜨거운 라면을 얼굴에 끼얹어 부상했고, 동행하던 다른 일본인은 안경을 빼앗겼다. 심야식당에서 중국인이 일본인에게

시비를 걸며 폭행하거나, 일본인이 택시를 탔다가 오토바이를 타고 뒤쫓아 온 중국인이 택시를 세우고 내리라고 강요하는 일도 있었다.[27] 유통업체 이온의 칭다오 '쟈스코 이오지마점'이 시위대의 습격으로 훼손됐고, 파나소닉의 칭다오, 쑤저우 전자부품 공장의 생산라인이 시위대의 방화로 파괴됐다. 도요타의 중국 내 매출이 반일 시위 여파로 50퍼센트 급감하는 등 중국에 진출한 일본 기업들이 큰 피해를 입었다.

중국·한국과의 영토 갈등은 일본에서 내셔널리즘의 고삐가 풀리는 계기가 되었다. 장기 불황에 동일본 대지진과 후쿠시마 원전사고가 덮쳤고, 그 위에 중국·한국과의 영토 갈등이 점화되면서 '강한 일본'을 희구하는 열망이 확산됐다. 그러나 이를 합리적으로 해소할 수 있는 리더십은 없었던 것이 일본의 한계였다.

---

27 〈일본인에 라면 끼얹고 발길질…중국 내 반일감정 증폭〉, 《경향신문》 2012년 9월 14일.

5장

역사수정주의와 넷우익, 그리고 혐한론

1
고바야시 요시노리의 '고마니즘'

청년들을 유혹한 서브컬처의 '가짜 거대 서사'

일본 연구자 권혁태는 포스트 단카이 세대[28]인 1960년대 이후 출생한 세대들이 우경화돼 가는 과정을 서브컬처를 통해 고찰했다.[29] 평화주의, 민주주의, 고도성장이라는 가치가 성취해야 할 이상으로 간주되던 '전후'가 1990년대 붕괴하면서 '전후 민주주의'에 대한 사회적 컨센서스도 희미해졌다. 이 공백을 내셔널리즘이 채워 나갔다는 것이 일반적인 설명이지만, 권혁태는 이 시기 청년들이 왜 '오른쪽'에 끌리게 되었는지를 문화적으로 해명하고자 했다. 1960년대 이후 출생해 고도성장으로 달성한 소비사

---

28 단카이 세대란 일본에서 제2차 세계대전 이후 1947년부터 1949년 사이에 베이비붐으로 태어난 세대를 말한다. 단카이, 즉 단괴(團塊)란 퇴적암 속에서 어떤 특정 성분이 농축·응집되어 주위보다 단단하여진 덩어리를 뜻하는데, 이들 세대는 급격한 인구 증가로 인해 치열한 경쟁을 벌이며 성장했으나 그만큼 응집력도 강하다. 1960년대 일본의 학생운동을 주도했고, 경제 발전의 원동력이 되기도 했다.

29 권혁태, 『일본 전후의 붕괴: 서브컬처 소비사회 그리고 세대』(제이앤씨, 2013).

회에서 서브컬처의 영향 속에 자라난 이 세대들은 '전후'의 가치에 대해 적대감을 가졌다.

1960년대 전공투 투쟁에서 1972년 아사마 산장 사건으로 '정치의 계절'이 종언을 고한 이후의 일본은 '공동空洞의 시대' 혹은 '아버지 부재'(중심 이념의 부재) 시대가 펼쳐졌다.[30] '사회혁명' 같은 거대 서사(커다란 한 방)가 사라진 일본에서 서브컬처, 특히 만화가 제공하는 핵전쟁과 세계 종말의 상상력에 맡긴 채 소비사회의 일상을 살아가던 이들은 냉전이 맥없이 붕괴된 상황에 허탈감을 안게 된다. 이 공허함을 파고든 것이 1990년대 전반 번성했던 옴진리교 등 신흥 종교가 제공하는 '가짜 서사'였다. 서브컬처 영향이 강한 세대에게 옴진리교의 세계관은 친숙했다. 옴진리교는 외부 세력의 독가스 공격에 대비한다며 교단 건물 내부에 설치한 공기청정기를 애니메이션 〈우주전함 야마토〉에 나오는 방사능 정화 장치 '코스모클리너 D'라고 불렀다. 옴진리교가 설파하는 '세계 최종전쟁'의 서사는 1980년대 서브컬처의 서사를 베껴 온 것이었다.

옴진리교의 종말 서사는 기성세대와 기존 질서에 적의를 느끼면서 세상을 리셋reset할 커다란 한 방을 기대하던 포스트 단카이 세대들을 유혹했다. 지루한 소비사회의 일상이 박탈해 버린 '삶의 의미'를 되찾아 준다고 그들은 여겼다. 프리터를 거쳐 한때 우익단체에서 활동하기도 했던 비평가 아마미야 가린은 옴진리교에 대해 다음과 같이 말했다.

---

30 서동주, 「전사자 추모의 '탈전후적' 상상력: 에토 준의 야스쿠니 문화론을 중심으로」, 『일어일문학연구』 101집, 2호(2017), 123-124쪽.

저임금의 단순 노동력만으로 이 세상에 존재했던 나는 '생명의 제대로 된 사용법'을 갖고 싶어 안달이 날 정도였다. 그게 무엇일까? 옴진리교의 젊은이들은 그 모든 것을 마치 손에 넣고 있는 듯이 '세계를 구한다'는 엄청난 이야기 속에 존재했다.[31]

일본의 전후를 구성했던 '큰 이야기' 같은 가치 규범, 즉 사회주의, 평화주의 등이 의미를 잃어 가던 탈냉전 시기에 서브컬처적 세계관으로 무장한 옴진리교가 '유사 큰 이야기'를 제공하면서 청년들을 열광시켰던 것이다. 일본의 거품경제가 붕괴되며 불황이 시작되던 1990년대 청년들은 '반전 평화'를 주장하는 기존 좌파단체들의 '올바른 상투어'에 환멸을 느꼈고, 이를 기성세대의 억압으로 인식했다.

신흥 종교의 '가짜 거대 서사'와 함께 내셔널리즘도 이 공허함을 파고들었다. '새로운역사교과서를 만드는 모임'(새역모) 대표를 지낸 법학자 야기 히데쓰구八木秀次는 학교와 가정에서 채워지지 않는 공허함을 조상 대대로 내려오는 역사공동체인 '일본'에 대한 귀속의식에서 찾았다고 술회한 바 있다. '물질은 넘쳐나지만 의미는 빈곤한 세상'을 바꾸려는 옴진리교의 테러가 실패하자 청년들은 결국 국가에 몸을 맡길 수밖에 없게 되었다. 다른 인종이나 국가에 증오감을 쏟아 내는 우익단체들의 '큰 이야기'에 탐닉하게 된 것이다.

---

31 권혁태, 앞의 책, 54쪽.

우익 사상의 증폭기가 된 만화 『전쟁론』

이 시기에 청년 세대를 열광시킨 인물이 만화가 고바야시 요시노리다. 고바야시는 1992년 『고마니즘 선언』으로 우익사관을 설파하기 시작하더니 1998년 침략전쟁을 긍정하며 군대 보유를 주장하는 『전쟁론』을 내며 우익 사상가로 입지를 굳혔다. 그는 20세기 전반 일본의 침략전쟁에 가담한 일본인들을 '조부祖父'로 칭한다. 과거 제국주의 전쟁을 정의를 향한 조부들의 '열정'으로 추켜올린다. 조부들이 일으킨 전쟁의 원인을 "사랑하는 사람을 위해, 가족을 위해"라는 개인적인 정리情理로 바꿔치기함으로써 비판적인 사유를 차단한다.[32]

독자가 주체적으로 텍스트를 읽으며 이미지를 구축한 뒤 이해하는 활자 매체와 달리 만화는 메시지가 이미지로 전달되는 만큼 독자의 자율적 의식이 개입할 여지가 적고, 무비판적으로 받아들이기 쉽다. 고바야시의 만화는 그림에 활자를 빼곡히 채워 넣어 그림에만 익숙한 독자들이 읽기는 쉽지 않다. 그러나 자극적인 그림이 역사적, 사상적 메시지와 결합해 엄청난 시너지 효과를 거둔다.

고바야시는 『전쟁론』에서 전후 일본이 '사요쿠サヨク(좌익)'들에 지배돼 왔으며 좌파에 장악된 미디어들이 진짜 역사를 부인해 왔다고 주장한다. 국민 대다수가 무의식 중에 좌익 논리에 세뇌돼 서민적인 상식이나 감각과 동떨어진 민주적 가치에 집착하고 있다는 것이다. 고바야시는 '대동아

---

32 표세만, 「고바야시 요시노리(小林よしのり) 만화 『전쟁론(戰爭論)』의 설득력: 현대 일본 대중문화 속 우익 사상」, 『아시아문화연구』 제33집(2014), 285쪽.

전쟁'이 종국적으로 방위를 위한 정의로운 전쟁이라며 패전했다고 해서 전범 취급을 하는 것은 어불성설이라고 비판한다. 고바야시는 '서민 감각'을 '사요쿠'에 물든 지식인·대중매체와 대립시킨다. 만화라는 형식은 이런 대립 구도를 극대화시키며, 독자들이 무비판적으로 고바야시의 주장을 수용하게 만든다. 그가 다루는 테마는 태평양전쟁, '일본군 위안부', 난징 대학살, 야스쿠니신사 참배, A급 전범 등 광범위하다.

『전쟁론』의 원제목은 '新ゴーマニズム宣言SEPECIAL 戰爭論(신고마니즘 선언 스페셜-전쟁론)'이다. 고마니즘의 '고만ゴーマン'은 오만傲慢을 뜻한다. 고마니즘 선언은 마르크스의 '공산당 선언'에서 힌트를 얻었다고 한다. 그는 만화 막바지에 주장을 펼치기에 앞서 "오만 좀 떨어도 되겠습니까ごーまんかましてよかですか?"라며 양해를 구한다. 겸손을 가장하지만, 마르크스의 공산당 선언을 패러디한 것 자체에서 기성 지식사회에 대한 야유와 조롱임이 분명하게 드러난다.

고바야시는 대동아전쟁(태평양전쟁) 긍정론과 함께 반미주의를 분명히 내세운다는 점이 특징이다. 그는 대동아전쟁에 대해 "자위 전쟁이며 일본은 아시아 국가에서 최초로 백인의 식민지 체제에 전면적으로 싸움을 건 것"이라고 정의한다. 침략전쟁을 긍정하는 데 그치지 않고, 전후 미군정의 지배로 일본 사회가 좌익화됐다는 논리는 평화주의 비판인 동시에 미국 비판이다.

고바야시는 '아버지의 부재' 시대에 익숙해진 청년들 앞에 터무니없이 미화된 조부들을 불러내 대면케 한다. 그러나 조부들이 벌인 일은 난징대학살을 비롯한 수많은 전쟁범죄들이었다. 그들이 살았던 전시는 국가 전체에 심각한 부조리와 허위, 위선이 판치던 시절이었다. 역사사회학자 오구마 에이지小熊英二는 침략전쟁 기간 일본 사회의 윤리가 총체적으로 붕괴된 실태를 다양한 자료와 기록, 증언을 통해 제시했다.

> 물자 부족이 심해지면서 암거래와 물물교환이 성행했다. 전쟁 수행에 봉사한다는 명목으로 군과 군수 공장 관계자, 통제 조직의 임원들은 상급자에서 하급자에 이르기까지, 거의 공공연하게 각자의 지위에 수반하는 이득을 부정하게 챙겼다. "세상은 별과 닻(별은 육군, 닻은 해군 계급장)이 판치고 암시장에는 연줄이 판치고 바보들만 배급 행렬에 줄을 선다."[33]

고바야시는 개個, 즉 개인주의가 만연한 오늘날과 달리 당시 일본은 공公이 확립됐던 사회라고 주장하지만, 전쟁 시기는 공적 윤리가 총체적 붕괴 상태였다. 신화처럼 추앙되는 가미카제(자살특공대)도 과장과 기만 투성이였다. 특공대 전과는 과장되기 일쑤여서 필리핀 전선의 어떤 작전에서는 24기의 특공기가 군함 37척을 격침했다는 보고가 올라오기도 했다. 그렇다 보니 특공대원이 생환하면 큰일이었다. 전투기 고장으로 생환한 대원을 죽이기 위해 특공대를 투입한 적도 있었다.

당시의 고급 참모들은, 장부를 어떻게든 상부의 명령에 맞추려고 필사적이었

---

[33] 역사가 도야마 시게키(遠山茂樹)가 묘사한 전시 물자배급의 난맥상이다. 遠山茂樹·今井淸一·藤原彰, 『新版昭和史』(東京: 岩波新書), 225·227항. 오구마 에이지 지음, 조성은 옮김, 『민주와 애국: 전후 일본의 내셔널리즘과 공공성』(돌베개, 2019), 53쪽에서 재인용.

다. 즉 특공대로 가짜 전과를 만들어 냈다. 게다가 일단 특공에 나갔던 인간이 살아 있다는 것은, 그들에게는 엄청나게 곤란한 일이다. 기껏 만들어 낸 가짜 전과가 없어지고, 특진을 신청한 것도 거짓말이 된다. 이러면 누가 뭐라 해도 장본인이 죽어 주지 않으면 체면이 서지를 않는다.[34]

고바야시의 반미, 탈원전

『전쟁론』이 출간된 시기는 '새역모'의 활동 시기와 겹친다. 고바야시는 그러나 새역모 내부의 '친미보수'와 불화 끝에 새역모를 탈퇴했다. 계기는 미국에서 발생한 9·11 테러였다. 고바야시는 9·11 테러에 대해 "나는 이슬람 근본주의가 테러를 일으키는 심정의 일단은 이해가 된다. 이세伊勢 신궁에 미군이 주둔하고, 반라의 여군이 걷는 도중에 껌을 뱉는다면 테러도 하고 싶어진다. 미국이 사우디아라비아에서 한 것은 강압적이고 오만한 문화 파괴"라고 했다.[35] 그러나 당시엔 친미 정책을 노골화한 고이즈미 총리가 집권하고 있었다. 고이즈미 정권과 대립하기를 꺼리던 새역모가 고바야시에게 자제를 촉구했고, 고바야시가 거부하며 갈등이 빚어졌다. 2002년 2월 새역모 명예회장 니시오 간지西尾幹二 등은 미국 비판은 잘못이고 '미·일 동맹 외에는 선택지가 없다'며 고바야시를 압박했다. 고바야시는 새역모를 '충미忠美·충견忠犬 보수'라며 비난을 퍼부으며 떠났다.

---

34 오구마 에이지, 앞의 책, 44-45쪽.
35 하종문, 〈분열 거듭한 日 우익, 지유샤 '왜곡' 교과서 내기까지〉, 《프레시안》 2011년 4월14일.

고바야시는 2011년 3월 동일본 대지진과 후쿠시마 원전사고가 발생하자 '탈원전' 주장을 담은 만화를 게재했고 2012년에는 단행본 『탈원전론』을 출간했다. "원전은 국가 안전보장에 위험하니 멈춰야 한다. 애국자라면 탈원전을 주창해야 한다"는 논리다. 원전이 국가 안보에 해가 될 뿐 아니라 자연환경을 파괴할 수 있다는 점도 그는 우려한다. 그가 '반미'와 '탈원전'을 주장하는 만큼 자민당의 친미·원전 재가동 노선과 궤를 달리하고, 리버럴 세력과도 접점을 갖고 있다는 점은 특기할 만하다. 역사학자 요나하 준與那覇潤은 고바야시에 대해 "헤이세이 후반의 고바야시는 전후를 부정하고 개헌을 외치면서도 눈앞의 자민당 정권의 대미종속도 비판하는, 복잡한 반미 보수의 험로를 찾아 들어갔다"고 논평했다.[36]

고바야시는 탈냉전 이후 정체성 혼란을 겪고 있던 일본 청년 세대들에게 소구력 강한 만화를 통해 봉인된 '조부들의 역사'를 풀어헤쳐 보여 줌으로써 일본 청년들의 내셔널리즘 정서를 한껏 자극했다. 과거 역사에 대한 날조와 왜곡으로 '우경화 예비군'을 만들어 내는 데 고바야시가 지대한 역할을 했던 것은 부인할 수 없다.

---

36 요나하 준 지음, 이충원 옮김, 『헤이세이사 1989~2019: 어제의 세계, 모든 것』(마르코폴로, 2022), 226-227쪽.

2
고노 담화와 '새역모'

호소카와·무라야마 내각의 '사죄 정치'

일본군 위안부의 강제 연행을 인정하고 사과한 '고노 담화'의 기조는 자민당 정권이 붕괴된 이후 연립정권에서도 지속됐다. 일본 정치개혁의 격동기에 태동한 연립정권은 자민당 정권에 비해 전향적인 역사 인식을 드러냈으나, 우익들의 반발을 초래하며 이후 30여 년간 전개되고 있는 거대한 백래시backlash의 기폭제가 됐다.

1993년 8월 10일 새 총리가 된 호소카와 모리히로는 첫 기자회견에서 일본이 일으킨 전쟁을 침략전쟁으로 규정하며 반성하겠다고 했다. 호소카와는 그해 11월 6일 경주에서 열린 한·일 정상회담에서 "과거 우리의 식민 지배 시절에 한반도 여러분에게, 예를 들어 모국어 교육 기회를 빼앗거나 타국어를 강제로 사용하게 하거나 창씨개명이라는 이상한 일을 강요하고 종군위안부와 노동자를 강제 연행하는 등 각종 문제가 있었습니다. 이러한 참을 수 없는 고통을 강요당한 데 대해 가해자로서 우리가 한 일에 대해 깊이 반성하며 이번 기회에 다시 한번 진사陳謝드립니다"라고 했다.[37] 호소카와의 전례 없는 반성적 태도는 한국인들에게 깊은 인상을 남겼으나 일본의 우익들은 격렬한 거부 반응을 보였다.

고노 담화에 이은 호소카와 총리의 과거사 반성에 충격을 받은 자민당 내 우파 의원들은 대동아전쟁을 총괄하겠다며 역사·검토위원회라는 기구를 1993년 10월 설치했다. 1995년 8월 15일 내놓은 보고서 〈대동아전쟁의 총괄〉은 ① 침략전쟁이 아니라 자존자위의 전쟁이며 아시아 해방전쟁이었고 ② 난징대학살, '위안부' 등의 가해는 날조이며 일본은 전쟁범죄를 저지르지 않았고 ③ 현행 일본 교과서는 있지도 않은 '침략'이나 '가해'를 쓰고 있어 새로운 교과서가 필요하고 ④ 위와 같은 역사 인식을 일본 국민의 공통 인식, 상식으로 바꾸기 위해선 학자들로 하여금 국민운동을 전개하게 할 필요가 있다는 것이었다.[38]

호소카와 내각이 8개월 만에 사퇴한 뒤 1994년 6월 자민당, 사회당, 신당 사키가케 등 3당으로 구성된 연립정권이 구성됐다. 3당은 종전 50주년이 되는 1995년에 과거의 전쟁을 반성하고 평화를 위한 각오를 밝히는 국회 결의를 추진하기로 했다. 연립정권에 참여해 총리가 된 사회당 무라야마가 과거 역사를 정직하게 총괄해 역사에 교훈이 될 '유산'을 남기겠다는 의욕으로 추진한 것이었다.

---

37 조세영 지음, 『한일 관계 50년, 갈등과 협력의 발자취』(대한민국역사박물관, 2014), 160-161쪽.
38 타와라 요시후미 지음, 『철저검증 위험한 교과서』(역사넷, 2001) 69쪽. 김재명, 〈일본 극우교과서 "한반도는 흉기, 위험한 칼은 제거돼야"〉, 《프레시안》 2023년 5월 13일에서 재인용.

그러나 자민당 내 보수우파 세력들이 거세게 반발하면서 '식민지 지배와 침략 행위에 대한 사죄와 부전不戰에 대한 결의'라는 결의안 제목이 1995년 6월 중의원을 통과할 때는 '역사를 교훈으로 평화에 대한 결의決意를 새롭게 하는 결의'로 바뀌었다. 내용도 식민 지배와 침략전쟁에 대한 직접적인 사죄가 없는 어정쩡한 것으로 호소카와의 역사 인식보다 후퇴했다.[39] 결의안은 자민당 의원 50명이 퇴장하는 진통 속에 재적의원의 절반에 미달한 230명의 찬성으로 가까스로 통과했다. 그마저 참의원에서는 결의안 채택이 무산됐다. 국회 결의가 사실상 실패하자 무라야마는 '종전 50주년 기념일 총리 담화'를 발표했다.

우익들의 가장 격한 반발을 초래한 것은 일본군 위안부 문제의 교과서 수록이었다. 문부과학성은 1996년 7월, 이듬해부터 사용되는 모든 중학교 교과서에 일본군 위안부를 포함한 식민지 지배와 침략전쟁에 관한 기술을 포함토록 하는 검정 결과를 발표했다. 이는 '고노 담화'에서 "역사 연구, 역사 교육을 통해 이런 문제를 오래도록 기억하고 같은 잘못을 반복하지 않겠다"고 한 것의 후속 조치였다.

---

39 결의안의 주요 내용은 다음과 같다. "세계의 근대 역사상에서 수많은 식민지 지배나 침략적 행위를 생각해, 우리나라가 과거에 행한 이러한 행위나 다른 나라의 사람, 특히 아시아의 여러 나라의 국민께 준 고통을 인식하고, 깊은 반성의 뜻을 표명합니다. 우리는 과거의 전쟁에 대한 역사관이 다른 것을 넘어서, 역사의 교훈을 겸허하게 배우고, 평화로운 국제사회를 구축하지 않으면 안 됩니다."

'자유주의'의 이름을 빌린 우익 사관

일본의 보수우익들은 1990년대 이후 아시아 각국이 일본에 대한 전쟁 책임을 추궁함으로써 세계의 리더 국가를 지향하는 일본이 도덕적, 윤리적으로 설 자리를 잃고 있다는 위기의식에 휩싸였다. 과거 전쟁을 재평가하는 흐름이 생겨나는 가운데 '건전한' 민족주의를 주창하며 일본의 근대사를 국민의 자긍심을 높이는 방향으로 다시 봐야 한다는 움직임이 형성됐다. 고노 담화, 무라야마 담화, 교과서 검정은 이러한 반동反動의 추진력을 한층 강화했다.

이를 주도한 인물이 후지오카 노부카쓰藤岡信勝 도쿄대 교수다. 후지오카는 일본의 전쟁 책임을 인정하자는 사회적 움직임에 반대해 1994년 4월 교육 잡지인《교육과학·사회교육》에 근현대사 수업 개혁에 관한 글을 연재하기 시작했고,[40] 패전 50주년을 맞은 1995년 '자유주의사관연구회'를 설립했다.

왜 '자유주의사관'인가. 후지오카는 '사관史觀의 자유주의'를 주장한다. 역사를 보는 데는 다양한 관점이 있을 수 있으니 이를 억압하지 말고 공개적으로 토론해 보자는 논리다. 후지오카는 일본의 과거사에는 좋은 점, 자랑할 점도 있게 마련이므로 '건전한 내셔널리즘'을 지향하며 이데올로기에서 벗어나 자유주의적 입장에서 역사를 새롭게 평가하자고 주장한다. '자유주의'는 소련 이익을 대변하는 좌익의 '코민테른 사관', 미국 등 연합

---

40 정진성, 「일본의 신민족주의(新民族主義)운동 : '자유주의사관(自由主義史觀)' 운동을 중심으로」, 『국제·지역연구』 제7권 3호(1998), 8쪽.

국의 이익을 대표하는 '도쿄재판사관'[41]으로부터의 자유를 가리킨다.

자유주의 사관은 좌우에 치우치지 않는다는 취지를 표방하면서도 실제론 전후 공식 사관을 '자학사관自虐史觀'으로 몰아 타도하는 것으로 나아갔다. 일본이 태평양전쟁에서 패한 뒤 GHQ의 점령정책이 이뤄지던 중 ① 극동국제군사재판에서 일본만 단죄된 점 ② GHQ의 민정국이 대본을 작성한 NHK 라디오 역사 프로그램 〈진상은 이렇다〉의 방송 ③ 전쟁 협력자를 엄정한 사법 절차에 의해 가리지 않고 공직에서 추방한 것 등이 '일본은 악'이라는 자학사관을 형성했다는 것이다. 일본 사회와 역사학계, 교육계 일부가 GHQ에 영합하면서 전전의 일본 국민이 공유했던 가치관이 부정당했으며 마르크스주의 영향을 강하게 받은 역사 연구가 주류가 되면서 자학사관이 뿌리내렸다고 본다.

후지오카는 자학사관이 "일본인이 일본이라는 국가에 혐오감을 갖도록 만드는 교육"이며 "자국민을 인류사에 유례없는 잔학무도한 인간 집단으로 꾸미고, 자국사를 악마적 소행의 연속으로 그리고 있다"고 비판했다.[42] 이를 만들고 퍼뜨리는 주범이 《아사히신문》과 일본교직원노동조합을 비롯한 언론·교육계라고 본다.

후지오카는 보수 학자인 독문학자 니시오 간지西尾幹二 전기통신대 교수와 1996년 3월에 만나 뜻을 모았고, "현행 역사교과서를 비판하는 것만

---

41 2차 세계대전 종전 이후 일본 도쿄에서 설치된 극동군사재판소에서 일본 총리 도조 히데키 등 28명을 전쟁범죄로 단죄한 판결의 논리적 바탕을 이루는 사관을 말한다. 태평양전쟁을 일본 군국주의가 일으킨 침략으로 인식하며 전범들에 대해 '평화에 반한 범죄(Crimes Against Peace), 비인도적 범죄(Crimes Against Humanity)'를 적용했다.

42 하종문, 〈일본 우익은 어떻게 '교과서 공격'을 시작했나〉, 《프레시안》 2011년 4월 8일.

으로는 역사 인식을 개선하는 길이 요원하다"[43]며 교육학자인 다카하시 시로高橋史朗, 만화가 고바야시 요시노리 등을 끌어들여 조직 활동을 전개하기로 했다. 1997년 1월 '새로운 역사교과서를 만드는 모임'(새역모)이 창립총회를 열고 정식으로 발족했다.[44]

새역모는 출범하자마자 자학사관 교과서를 시정하라는 대대적인 캠페인을 전개했다. 출범 이후 4년 만에 100권이 넘는 도서를 출판했으며 일본 각지에서 연간 700회 정도의 강연회와 심포지엄을 개최했다. 출범 한 달 뒤 자민당에 새역모에 호응하는 '일본의 전도와 역사교육을 생각하는 젊은 의원의 모임'이 결성됐다.

2000년 4월 새역모는 역사와 공민 두 과목의 중학교 교과서(후쇼샤 출판)의 검정을 신청했고, 2001년 3월 역사교과서의 경우 137곳에 걸친 수정 끝에 문부성의 검정을 통과했다. 일본은 물론 한국과 중국까지 가세한 안팎의 거센 비판과 연대 활동으로 이 교과서의 채택률은 0.039퍼센트에 그쳤다. 그러나 2005년에 접어들면 검정을 통과한 새역모 교과서의 채택률은 0.38퍼센트로 채택률이 10배로 증가했다.

---

43 하종문, 위의 글.

44 새역모는 조직의 목적에 대해 "지금까지의 교과서가 일본을 부당히 나쁘게 그리고 있는 것을 바로잡고, 아이들이 일본에 자긍심을 가질 수 있는 교과서를 배우도록 하는 것입니다"라고 밝히고 있다. https://tsukurukai.com/aboutus/index.html (검색일 : 2024년 10월 28일).

역사 해석권을 장악한 '역사수정주의'

새역모는 전선을 넓혀 2000년대 들어 교육기본법 개정운동을 시작했고, 이는 2006년 1차 아베 정권이 교육기본법을 59년 만에 개정함으로써 결실을 거뒀다. 교육 목표에 '전통의 존중', '우리나라의 향토를 사랑', '공공의 정신' 등이 추가된 것이다.

운동의 확대 과정에서 새역모는 내분을 겪었다. 야기 히데쓰구 등 '일본회의' 계열 인사들은 새역모를 떠나 '일본교육재생기구'를 설립했다. 일본교육재생기구는 후쇼샤의 교과서 부문이 독립한 '이쿠호샤'를 통해 교과서를 발행하고 있다. 2016년 이쿠호샤의 중학교 역사·공민 교과서의 점유율은 각각 6.3퍼센트, 5.7퍼센트에 달했다.[45] '새역모' 시대에 비해 확장성이 한층 커진 것이다.

2차 아베 내각이 들어서면서 역사수정주의는 또 한 번의 전환점을 맞았다. 새역모 등의 역사수정주의가 정부의 공식 견해로 채택된 것이다. 새역모와 동일한 인식을 가진 아베는 집권 초기인 2013년 4월 23일 국회에서 "침략에 대한 정의는 학계에서도, 국제적으로도 확실하지 않다. 국가 간의 관계에서 어느 쪽에서 보느냐에 따라 다르다"며 침략전쟁에 정당성을 부여했다. 일본 현직 총리의 국회 발언으로서는 전무후무한 일이었다.

아베는 태평양전쟁 책임자들을 처벌한 극동국제군사재판을 "승자의 판단에 의한 단죄"라고 했다. 아베는 고노 담화 재검토 팀을 구성해 위안

---

45 《산케이신문》 2015년 10월 31일. 조경희, 「일본의 역사수정주의·국가주의·백래시의 연동: '새역모'와 '일본회의'를 중심으로」, 『황해문화』(2019.12), 112쪽에서 재인용.

부의 강제성에 대한 정부 공식 견해의 뒤집기를 시도했다. '고노 담화 부인' 시도는 한국과 미국 등 주변국과 국제사회의 비판에 밀려 중단됐으나 아베 정부의 움직임은 위안부 문제를 우익들의 '주전장主戰場'으로 만드는 데 기여했다. 아베 집권 반년 뒤인 2013년 5월에는 자민당 의원들이 교과서 출판사 사장들을 불러 "위안부에 대해 일본군의 강제성을 시사하는 표현이 강하다"며 '군기'를 잡기도 했다.[46]

이런 와중에 《아사히신문》이 2014년 8월 요시다 증언 관련 기사를 취소하자 역사수정주의자들은 '위안부 강제 연행'이 사실무근임이 입증됐다며 그간의 논의를 모두 부정하고 나섰다. 이를 계기로 일본 사회에서 과거 전쟁범죄를 반성하고 사죄해야 한다는 목소리가 현저히 약해졌다.

아베 총리는 2015년 8월 '종전 70주년' 담화 앞부분에서 "러일전쟁이 식민 지배 아래 있던 많은 아시아·아프리카 사람에게 용기를 주었다"며 역사수정주의적 태도를 전면에 드러냈다. 아베의 뒤를 이은 스가 요시히데菅義偉 내각은 2021년 1월 일부 중학교 교과서에 쓰인 '종군從軍 위안부' 표현을 삭제하라는 새역모의 요구를 수용해 2021년 4월 각의 결정으로 '종군(일본군) 위안부'라는 표현을 사용하지 않도록 했다.

일본 우익들의 30년에 걸친 '교과서 전쟁'은 보수 내각의 지원을 받으며 '공식 역사 해석권'을 장악했다. 고노 담화는 표면적으로는 일본 정부에 의해 계승됐으나 사실상 부인됐다. 무엇보다 고노 담화가 강조한 '같은 잘못을 반복하지 않기 위한 역사교육'이 우익들의 거대한 백래시에 휩쓸려 버렸기 때문이다.

---

46 〈일 자민당, 교과서 출판사 사장들 불러 '우파 역사관' 압박〉, 《경향신문》 2013년 5월 31일.

3
넷우익과 혐한론

2002년, 혐한의 원년

2012년 6월 26일 도쿄 신주쿠의 '니콘살롱' 건물 앞 육교. 선글라스를 낀 일본 중년 남성이 마이크를 잡고 "위안부 따위는 존재하지 않는다", "위안부가 아니라 매춘부다"라고 외치고 있었다. 마이크를 쥔 남성은 현장에 있던 MBC와 SBS 등 한국 방송기자들과 취재진에게 삿대질을 퍼부으며 소란을 피웠다. 이날 니콘살롱 갤러리에서 열리는 '일본군 위안부' 할머니 사진전을 취재하기 위해 전시장으로 향하던 도중에 목격한 장면이다. 1991년부터 한국과 중국 등지를 돌며 위안부 피해자 할머니들을 찍어 온 재일 한국인 사진작가 안세홍 씨가 38장의 사진을 일반에 공개하는 자리였다.

이날 사진전은 천신만고 끝에 열렸다. 우익들의 압박에 시달린 니콘 측이 일방적으로 취소했으나 법원이 안재홍 씨의 가처분 신청을 받아들여

니콘 측에 전시회 개최를 명령해 전시 공간만 제공하는 형식으로 열리게 된 것이다. 안 씨도 우익들의 집요한 협박에 시달렸다. 나고야의 집주소와 전화번호 등 개인정보가 통째로 노출됐고, 협박 전화와 편지가 쇄도해 가족들이 피신하기도 했다. '재일(한국인) 특권을 허용하지 않는 시민회'(재특회) 등 우익단체 회원 30여 명도 사진전 개막일에 몰려와 항의 집회를 벌였다. 이들이 확성기로 떠드는 소리는 인근 JR 신주쿠역 광장까지 울려 퍼질 정도였다. 우익단체들은 경찰이 막자 전시장에 개별적으로 들어온 뒤 안 씨에게 "왜 이런 사진을 찍었느냐"고 따지기도 했다.

말로만 듣던 넷우익의 실태를 처음으로 확인한 취재였으나, 그 이후 주요 시기 때마다 신오쿠보 한인타운, 주일한국대사관 등 도쿄 곳곳에서 넷우익들과 마주치는 일이 잦아졌다. 한·일 관계 악화와 맞물려 넷우익들의 활동 공간이 한껏 넓어졌기 때문이다. 인터넷 게시판이나 블로그에서 보수적, 국수주의적 의견을 발표하는 사람들로 일본에선 '네토우요ネトウヨ'로 불리는 넷우익은 인터넷이 대중화된 2000년대부터 주목받기 시작했다. 한국, 중국 등 주변국에 대한 강경한 태도와 재일외국인, 특히 재일조선인에 대한 배척이 이들의 특징이다. 쓰지 다이스케의 2008년 연구에 따르면 넷우익은 정치적 이슈에 대한 태도보다는 주변 외국에 대한 호오好惡의 감정과 고정관념이 중요한 판별 기준이 된다.[47] 혐한, 혐중 같은 외국인 차별이 가장 큰 특징이다. 연구를 보면 일반적인 인터넷 이용보다는 '2채널'[48]

---

[47] 辻大介, 『インターネットにおける「右傾化」現象に関する実証研究 調査結果概要報告書』, 2008년 9월 10일. 황성빈, 「넷우익과 반한류, 배외주의의 여론: 주요 언론의 담론 분석을 중심으로」, 『일본비평』 제10호, 2014, 133-135쪽에서 재인용.
[48] '2채널'(니찬네루)은 1999년 개설된 익명 게시판 사이트다.

2012년 6월 26일 도쿄 신주쿠의 육교에서 일본 우익단체 회원이 부근 니콘살롱 갤러리에서 열린 '일본군 위안부' 할머니 사진전을 취재하러 나온 한국 방송기자를 협박하고 있다.

이용이 더 우경화에 영향을 주는 요인인 것으로 나타났다.

잠깐 화제를 돌려 보자. 와다 하루키和田春樹 도쿄대학 명예교수로부터 김대중 대통령과 관련한 일화를 들은 적이 있다. 김 대통령이 퇴임 후인 2005년 5월 도쿄대학 초청으로 방일했다. 와다 교수가 강상중 교수와 함께 영접을 위해 하네다 공항에 나가 보니 100명 남짓한 일본 여성들이 로비에서 마침 그날 일본에 오는 한류 스타를 기다리고 있었다. 우연히 노벨 문학상 수상자 오에 겐자부로大江健三郎가 공항 로비에 나타났지만 그의 얼굴을 알아보는 이는 드물었다. 그런데 김대중 전 대통령이 휠체어에 앉은 채 입국장에 모습을 드러내자 한류 팬들이 일제히 환성과 박수를 보냈다고 한다. 와다 교수는 박수를 친 한류 팬들이 10~20대 시절 한국 군사정권에 저항하던 김대중이란 인물을 접한 적이 있을 것이라고 보았다.

지금은 K-콘텐츠로 불리는 '한류'가 일본에서 주목받게 된 것은 2003년 방영된 드라마 〈겨울연가〉가 시작이지만 일본 내 진보 인사들은 한국 국민의 민주주의 역사에서 한류의 뿌리를 찾으려 한다. 한류의 뿌리는 문화가 아니라 정치에 있는 것이다. 일본인들 중에는 한국 국민들이 엄혹한 군사정권하에서도 민주화를 위해 싸워 온 것에 경의를 표하는 이들이 적지 않다. 군사법정에서 사형선고를 받은 정치인, 지역감정을 깨겠다며 질 게 뻔한 선거에 뛰어든 정치인이 결국 대통령에 오르는 민주주의 역동성이 한류의 토대가 됐다는 것이다. 제국주의 침략전쟁을 벌이다 패전한 뒤 미군정에 의해 이식된 '온실 민주주의'만을 경험해 온 일본인들에게 한국의 민주주의 역사는 부러운 자산이다.

그런데 그런 한류가 일본에 본격적으로 상륙하던 것과 거의 비슷한 시기에 일본에서는 '혐한嫌韓'이 고개를 들기 시작했다. 한류는 처음부터 혐한을 동반했던 것이다.

넷우익의 세력화를 2002년 전후로 보는 견해가 많다. 2002년이라는 시점이 중요한데, 한·일 공동월드컵 개최와 북한의 '일본인 납치 시인'이라는 두 가지 이슈가 남북한에 대한 반감을 키웠기 때문이다. 넷우익의 실태를 취재해 온 언론인 야스다 고이치安田浩一가 만난 재특회 회원들도 인터넷 여론이 급격히 혐한으로 쏠린 시기를 2002년이라고 보고 있다.

한일 양국이 공동 개최한 월드컵이 남긴 것은 한국에 대한 실망과 혐오였습니다. 갖가지 난폭한 경기, 일본 선수들에 대한 응원단의 야유 등 정말로 너무했어요. (중략) 실제로 제 주위에서 그때까지 한국에 친근감을 가지고 있던 사람들조차 '월드컵 때문에 눈을 떴다'며 갑자기 혐한 감정을 키운 경우가 많아요.⁴⁹

그해 9월 고이즈미 총리가 평양에서 만난 김정일 국방위원장이 일본인 납치 의혹을 시인한 것은 대북 여론을 악화시켰고, 재일조선인을 포함한 재일코리안 전반에 대한 일본 사회의 시선도 싸늘해졌다. 이는 남북 관계를 중시하는 한국에 대한 비판으로도 이어졌다. 그러나 한편으로 한국 드라마 〈겨울연가〉의 방영을 계기로 한류 붐이 확산되던 시기였으며 한국의 민주화와 경제 발전, 김대중 대통령에 대한 호감으로 일본의 주류 담론은 한국에 호의적인 분위기였다. 언뜻 이율배반적인 현상처럼 보이지만, 일본 사회에서 그간 무시됐던 한국의 존재감이 뚜렷해지면서 호감과 부정적 인식이 동시에 분출한 것으로 설명할 수 있다. 지리적으로 고립돼 있어 이웃 나라와의 관계 맺기에 서툴렀던 일본이 존재감이 커진 한국을 어떻게 대해야 할지 모르게 된 사정도 있다.

혐한 풍조는 만화 『혐한류』가 발간된 2005년 이후 '사회현상'으로 자리 잡았다. 한국에 대한 터무니없는 비하와 왜곡으로 점철된 이 책은 20~30대 남성들을 중심으로 출간된 지 1년여 만에 46만 부가 팔려 나갔다. 속편

---

49 安田浩一, 『ネットと愛国—在特会の「闇」を追いかけて』(東京: 講談社, 2012); 야스다 고이치, 『거리로 나온 넷우익』(후마니타스, 2013), 49쪽.

과 무크지 『혐한류 실천 핸드북』 등을 포함하면 1년 새 83만 부가 팔리는 초대형 히트를 기록했다.[50] 독도 영유권, 전후 보상, 외국인 참정권, 교과서 문제 등 한·일 간 현안과 관련해 인터넷에서 도는 왜곡된 주장을 기반으로 한 작품이다. 서브컬처인 만화 장르에서 고바야시의 역사수정주의 주장과 혐한 주장을 담은 책들이 등장해 서브컬처가 주로 유통되는 인터넷과 상승작용을 일으켰던 것이다.

오프라인으로 진출한 재특회

인터넷 공간에 머물러 있던 혐한은 2007년 재특회라는 조직에 의해 오프라인으로 옮겨 갔다. 재특회는 2채널 등 인터넷 게시판에서 활동해 온 사람들로 구성됐다. 재특회는 재일코리안이 특별 영주 자격이나 다양한 경제적 편의라는 특권(재일특권)을 부당하게 받고 있다고 주장하며 집회·시위 등의 활동을 전개하고 있다. 또한 역사 인식 문제, 핵무장 등 다양한 현안에 대해 우파적 슬로건을 내걸고 반일로 간주되는 개인, 단체 등에 항의 집회 등을 벌여 왔다.

출범 당시 1,000명이던 회원수가 2012년 1만 2,000명으로 불어났고, 집회 동원력도 1,500여 명에 달할 정도로 행동력을 과시한다. 재특회는 가두 활동 시 집회를 비판하는 행인이나 주변인에게 폭력을 휘두르는가 하면 공격 대상에 '헤이트 스피치(증오 발언)'를 일삼는 것이 특징이다. "바퀴벌레

---

50 〈日, 한―중 비판 만화 서점 점령…'혐한류' 1년 만 83만 부 팔려〉, 《동아일보》 2006년 9월 9일.

2013년 2월 22일 '다케시마의 날'을 맞아 재특회 회원들이 도쿄 주일한국대사관 부근에서 반한 시위를 벌이고 있다. 한 참가자가 펩시 콜라 로고에 이명박 대통령을 동물로 묘사한 태극기 문양을 그린 팻말을 들고 있다.

조선인을 일본에서 쫓아내라!", "어이, 거기 불령선인! 일본에서 꺼져!", "죽여 버려!" 따위의 욕설을 거침없이 퍼붓는다. 특히 회장 사쿠라이 마코토櫻井誠는 "죽이겠다"는 말을 태연하게 반복한다. 익명 게시판에서 악플을 올리듯 거리낌 없이 욕설을 내뱉는 광경은 남의 시선을 과도하게 의식하는 일본 사회에서 매우 이채롭다. 재특회 등 우익단체들은 집회에서 욱일기, 핵심 주장을 담은 손팻말, 확성기와 핸드마이크 등 시위 장비를 갖추고 나타나며 선글라스를 낀 이들이 많은 편이다. 시위대에는 동영상 촬영팀이 필수 멤버로 포함돼 있다. 이들이 집회 시위 장면을 2채널과 니코

2013년 9월 8일 도쿄 신오쿠보 코리안타운 일대를 행진 중인 재특회 혐한 시위대를 향해 한 일본 시민이 항의하고 있다.

니코 동영상 게시판 등에 실시간으로 업로드하면 게시판이 혐한 댓글로 도배된다.

재특회가 중심이 된 혐오 집회가 극성을 부린 시기는 2013~2014년이다. 재특회는 집회가 끝난 뒤에도 '산보'라는 명목으로 도쿄 한인타운의 한국 음식점 등을 돌아다니며 욕설을 하거나 간판을 발로 차는 등 난동을 부렸다. 한인타운 방문객들은 "잠재적 범죄자들이 있는 곳, 오쿠보"라고 쓰인 팻말, 엄청난 볼륨의 확성기 마이크 소리에 질리게 마련이다. 방문객이 줄자 가뜩이나 한·일 관계 악화 등 영향으로 매출 감소를 겪어 온 한류 업

소들이 줄폐업하는 사태가 이어졌다.

　재특회의 횡포를 두고 볼 수 없는 시민들이 조직적으로 나섰다. '카운터스'로 불리는 이들이 헤이트 스피치 시위에 반대하는 집회를 조직해 재특회 시위대와 충돌하며 실력 행사를 벌였다.[51] 이들의 투쟁은 2016년 6월부터 시행된 '본국(일본) 외 출신자에 대한 부당한 차별적 언동의 해소를 향한 대응 추진에 관한 법', 일명 '헤이트 스피치 해소법' 제정이라는 성과로 이어졌다.

　재특회가 주장하는 '재일코리안들의 특권'이 얼마나 허구적인지 짚어 둘 필요가 있다. 재특회는 재일코리안들이 ① 다른 외국인과 달리 특별 영주 자격을 부여받고 있고 ② '각종 학교'로 분류된 조선학교에 보조금이 지급되며 ③ 생활보호 수혜 비율이 높다는 점 등을 특혜로 지목하고 있다.

　그러나 특별 영주 자격은 1991년 시행된 입국관리특례법에 의거해 2차 세계대전 이전에 일본으로 이주한 한반도와 대만 등 구식민지 출신자에게 부여된 자격이다. 일본 정부는 1952년 샌프란시스코 강화조약 발효와 함께 이들의 일본 국적을 박탈했다. 이후 재일코리안들은 한동안 불안정한 상태로 지내다가 뒤늦게 영주 자격을 받게 됐다. 일찍이 일본 국적을 갖고 있던 구식민지 출신자와 자손에게 최소한의 안정적인 체류 자격을 보장했을 뿐인데 재특회는 이런 역사적 맥락은 언급하지 않는다. '조선학교 보조금 교부'도 사실과 다르다. 2010년부터 일본 정부의 고교무상화 정책 대상에 조선학교는 제외돼 있고, 자치단체에 따라 보조금이 지급되는 곳이 있는 정도다. 재일코리안들의 생활보호 수급 비율이 일본인 평균보다 높지

---

51 이일하 감독이 제작한 다큐멘터리 〈카운터스〉(2017)가 이들의 활동상을 담고 있다.

만 일본 사회의 차별로 인해 구조화된 빈곤의 방증[52]일 뿐이다. 오키나와, 아이누인과 달리 일본 국적이 아니라 특별영주권자인 재일코리안들은 생활보호가 법으로 보장돼 있는 게 아니라 행정조치에 의해 생활보호의 '준용' 대상에 포함돼 있다.[53] 재특회의 주장은 역사에 대한 무지, 몰이해에서 비롯된 편견일 뿐이다.[54]

혐한의 심층 심리와 '전후 체제 탈각'의 노림수

재특회가 한국과 북한, 재일코리안에 대해 거리낌 없이 증오 발언을 표출하는 것은 한국에 대한 혐오 정서가 일본 사회에 어느 정도 퍼져 있기 때문이기도 하다. 혐오는 '어떠한 것에 대한 공포, 불결함 따위 때문에 기피하는 감정'을 가리킨다. 어떤 대상이 나에게 해로움을 끼칠 것이라 판단해 그것을 배척하는 정서다. 그런데 왜 일본인은 이런 혐오의 감정을 한국에 투사하고 있는 걸까.

대표적인 한반도 전문가로 꼽히는 오구라 기조小倉紀蔵는 혐한 현상을 두 개 축으로 나눠 설명한다. 하나는 '한국을 향한 비판'이지만, 다른 축은 '전후 일본의 헤게모니'에 대한 도전이라는 것이다. 후자의 경우 전후 일본

---

52 오키나와, 아이누인, 피차별 부락민들의 생활보호 수급 비율이 높은 것도 마찬가지 이유로 볼 수 있다. 권혁태, 〈조선인은 수급자도 못 되는 더러운 세상〉, 《한겨레21》 2012년 6월 10일.
53 신혜봉, 「재일한국인의 인권문제에 관한 고찰」, 『일본공간』(2015), 177-178쪽.
54 이밖에 재특회는 재일코리안들이 본명 대신 일본 이름인 통명(通名)을 사용하고 있다는 점을 비판하고 있으나, 일본 사회의 차별 때문에 불가피하게 사용하고 있으며 개중에는 회사가 통명 사용을 강요하는 경우도 있다. 신혜봉, 위의 글, 171쪽.

을 지배하던 리버럴적인 풍조하에서 한반도가 '성역화'되었던 것에 대한 반발의 성격이 있다는 것이다.

> 1970년대까지는 조·일 우호, 1980년 이후는 한·일 우호가 절대적인 규정이 되었다. 그것을 비판하는 사람이나 세력은 도덕적으로 문제가 있는 사람이라는 낙인이 찍혀 사회적으로 배제되는 압력까지 받았다.[55]

오구라의 설명을 부연하자면 한·일 국교정상화 과정에서 일본 정부가 침략의 역사에 대해 제대로 사죄하지 않았던 것이 일본 내 좌파와 리버럴 세력들에게 한국에 대한 일종의 죄책감을 갖도록 했으며 이로 인해 한국 비판을 금기시하는 분위기가 형성됐다는 것이다.

오구라는 1996년 5월 월드컵 한·일 공동 개최 결정 이후 일본 언론들에서 한국과 사이좋게 지내자는 '한일 우호 프레임'이 2002년 월드컵 개최 때까지 이어진 것에도 주목한다. 이것과 월드컵 대회 당시 한국이 일본 선수들에 대한 야유를 보내거나 난폭한 경기를 했다는 재특회원의 주장을 종합하면 월드컵을 계기로 한국에 대한 우호 분위기가 실망으로 바뀌었다는 논리가 성립한다. 그런 데다 〈겨울연가〉 히트로 한류 붐이 일면서 일부 일본인 팬들 사이에서 한국에 대한 과도한 동경이 이는 것에 대한 반발이 '혐한' 심리로 나타났다고 본다. 오구라는 혐한파는 '한국을 잘 모르면서 한국을 높이 평가하는 것'을 비판하지만, 이는 한류 팬이 그렇지 않은 일본인들에 대해 '한국에 대해 아무것도 모른다'고 비판하는 태도와 동일하다고 본

---

55 오구라 기조 지음, 한정선 옮김, 『일본의 혐한파는 무엇을 주장하는가』(제이앤씨, 2015), 11-12쪽.

다. 즉, 한국의 실체를 모른 채 자신들이 원하는 방식으로 한국을 인식하는 경향을 지적한 것이다.[56]

일본의 '혐한 심리'는 중국을 포함한 동아시아 전체에 대한 혐오로도 연결된다. 일본은 19세기 후반기 동아시아에서 가장 먼저 근대화를 달성한 뒤 청일전쟁에서 승리함으로써 아시아 유일의 제국주의 국가가 되었다. 일본인들 사이에서 스스로를 '명예 백인'으로 여기며 아시아인들을 낮춰 보는 심리가 이 시기부터 형성된 것이다.

탈냉전 이후 한국, 중국의 국력이 급성장하고, 일본이 봉인해 온 과거사 문제가 다시 불거지자 '동아시아와 관계를 맺어 좋을 것 없다'는 '탈아脫亞 심리'가 확산된 것이다. 탈아 심리는 '동아시아 공동체' 구상을 폐기하고 '인도-태평양' 담론을 주창한 아베의 대외 구상을 뒷받침하는 사회적 분위기로 작용했다. 앞서 살펴본 '한국 성역화'에 대한 반발도 아베 정권의 '전후로부터의 탈각' 주장과 맥이 닿는다. '혐한'이 우경화의 심리적 기제로서의 역할을 톡톡히 해냈다고 볼 수 있다.

---

56 오구라 기조, 앞의 책, 28쪽.

6장

**일본 정계를
　　뒤흔든
우익들**

1
간사이[57]의 좌절을 먹고 자란 하시모토

21세기판 '사카모토 료마'를 꿈꾸다

사카모토 료마坂本龍馬(1836~1867)는 일본인들에게 가장 사랑받는 역사 인물이다. 에도시대 말기 하급 무사였던 료마는 영지를 떠나 지사志士로 활동하면서 강력한 추진력으로 일본 근대화의 출발점인 메이지유신 성립에 기여했다. 료마는 한동안 잊혀졌다가 고향 고치현의 한 신문이 그의 사후 10여 년 뒤 평전을 연재하면서 부활했다. 일본의 국민작가로 불리는 시바 료타로司馬遼太郎가 1962년부터 1966년까지 《산케이신문》에 연재한 소설 『료마가 간다』가 베스트셀러가 되면서 19세기 구국의 영웅으로 추앙됐다. 료마를 주인공으로 한 영화만 20여 편이 제작됐고, TV 드라마도 8차례 이상 만들어졌다.

---

57 간사이(關西)는 일본 혼슈의 중서부 지역을 가리키는 말로, 도쿄를 중심으로 한 지역을 가리키는 간토(關東)와 함께 자주 쓰인다. 교토·오사카부, 나라·미에·시가·와카야마·효고현이 간사이에 속한다.

사상 최초의 정권 교체를 이룩한 민주당 정부가 미·일 갈등, 중·일 갈등, 동일본 대지진과 후쿠시마 원전사고로 비틀거리던 2010년대 초반 일본은 료마가 활약하던 19세기 후반의 난세에 비교되곤 했다. 일본인들은 한계에 달한 '앙시앵 레짐'을 무너뜨릴 대개혁이 필요하다고 느꼈으며 새로운 비전과 의지를 갖춘 리더십의 등장을 고대했다.

하시모토 도루橋本下는 일본인들이 갈망하던 '현대판 료마'의 이미지에 가장 부합했던 정치인이라고 할 수 있다. 이를 의식해 하시모토도 료마가 교토로 가는 배 위에서 구상한 8가지 정치 강령 '선중팔책船中八策'을 본뜬 '유신팔책維新八策'을 총선 시기 공약으로 제시하기도 했다. '21세기판 료마'를 자처했던 것이다.

하시모토는 1969년 도쿄 시부야구에서 태어났으나 유복한 가정과는 거리가 멀었다. 부친이 초등학교 2학년 때 세상을 떠나자 5학년 때 어머니와 오사카로 이주해 '동화同和지구'로 불리는 빈민가의 비좁은 공공주택에서 살았다. 그러나 학교생활에는 적극적이어서 고교 시절 럭비 일본 대표 후보로 선발됐고, 일본 민방 주최의 '일본 고교퀴즈선수권'에 출전하기도 했다. 재수 끝에 와세다대 정치경제학부에 입학했으며 졸업한 뒤 변호사가 됐다.

변호사 하시모토는 일본 최대 사창가로 불리는 오사카 도비타신치의 음료조합 고문을 맡는 등 닥치는 대로 일했다. 지역 방송에 출연하면서 인지도를 높였고 2003년부터는 전국에 방영되는 TV 프로그램에 고정 출연하면서 '스타 변호사'로 등극했다. 개성 있는 변호사들이 흥미로운 이슈에 대해 법적 해석을 내리는 이 프로그램에서 하시모토는 진보적인 법 해석을 무기로 4명의 선배 변호사들에 맞서는 청년 변호사로 인기를 모았다. 하시모토는 이어 시사 프로그램, 토론회, 문화 행사에도 얼굴을 비치며 '개혁 일본'에 대한 소신을 당당히 펼치는 '지사' 이미지를 쌓아 갔다. "일본은 썩었다, 지금 고치지 않으면 영원히 어렵다"라는 것이 그의 메시지였다.[58]

오사카의 열패감을 정치 자양분으로

방송 활동으로 인지도를 높인 하시모토는 2008년 1월 오사카부 지사 선거에서 38세의 나이로 당선돼 파란을 일으켰다. 오사카부大阪府[59]는 서울의 3배쯤 되는 1899제곱킬로미터의 면적에 880만 명이 사는 일본 제2의 도시다. 에도시대 '천하의 부엌'으로 불릴 정도로 물자와 사람이 모여드는 상업 중심지였으나 현대에 들어 도쿄 일극주의가 심화되면서 '지반 침하'를 겪었다. 2005년에는 소득 수준이 제3의 도시인 나고야名古屋에도 뒤처졌고, 47개 광역자치단체 중 행복지수가 하위권에 속한다는 조사 결과가 나올 정도로 정체됐다.

하시모토는 선거 과정에서 오사카부 파산 선언 등 파격 공약으로 과감

---

58 유민호, 〈일본의 내셔널리즘은 '大衆 엔터테인먼트 내셔널리즘'〉, 《월간조선》 2013년 3월호.
59 일본의 광역자치단체는 47개 도도부현으로 나뉘는데, 도쿄는 도(都), 오사카와 교토는 부(府), 홋카이도는 도(道)라는 명칭을 붙인다. 본문에 나오는 오사카부는 광역자치단체, 오사카시는 기초자치단체를 가리킨다.

한 구조 개혁의 필요성을 역설했으며, 지사가 된 뒤에는 공무원 임금 개혁과 단체 보조금 삭감으로 만성 적자 재정을 2년 만에 흑자로 전환시켰다. 그러나 하시모토는 일본 자치단체로는 처음으로 국기·국가조례안을 통과시켜 공립학교에서 군국주의의 상징인 히노마루기 상시 게양과 기미가요 기립 제창을 의무화했다. 이에 따라 2012년 3월 오사카의 한 중학교에서는 교장이 기미가요 제창 때 입술을 움직이지 않은 교사 3명을 적발해 징계하기도 했다. 하시모토는 또한 주변국으로부터의 위협에 맞서기 위해 핵 보유가 필수라고 주장하는가 하면 조선총련계 고등학교에 지급되던 자치단체 보조금을 폐지했다. 그는 "일본에서 가장 필요한 것은 독재이며 일본의 가장 한심한 점은 단독으로 전쟁을 할 수 없다는 것" 따위 극언도 서슴지 않았다.

하시모토는 한·일 관계에 대해서도 문제 발언을 일삼았다. 이명박의 갑작스런 독도 방문과 천황 사죄 발언 등으로 한·일 관계가 격랑에 휩싸이던 2012년 8월 그는 기자회견에서 "위안부가 (일본)군에 폭행·협박을 당해서 끌려갔다는 증거는 없다"며 일본 정부의 공식 입장을 부정했다.

하시모토는 오사카 지사이던 2010년 4월 지역정당 '오사카 유신회大阪維新の會'를 창당해 대표로 취임했다. 현직 광역자치단체의 장이 지역정당 대표를 겸하게 된 것이다. 2011년에는 지자체 선거에서 직접 오사카 시장직에 도전해 압승을 거뒀다. 자민당과 민주당 양당의 지원을 받은 상대 후보를 가볍게 제압하는 기염을 토했다. 그는 2012년 1월 '일본의 리더로서 적합한 정치인'을 묻는 여론조사에서 21.4퍼센트를 얻어 1위를 기록했

2013년 5월 24일 일본 오사카 시청 앞에서 한국정신대문제대책협의회와 일본 시민단체인 '일본군 위안부 문제 간사이 네트워크'가 하시모토 오사카 시장의 위안부 관련 발언 철회와 사죄를 촉구하는 집회를 개최하고 있다. 하시모토는 5월 13일 "위안부가 당시에 필요했다"고 발언했다가 물의를 빚자 상황 타개를 위해 위안부 피해자 할머니들과의 면담을 추진했다. 이에 김복동·길원옥 할머니가 오사카를 방문했으나 정치적으로 이용당할 수 있다는 우려로 결국 하시모토와의 면담에 응하지 않았다.

고, 같은 해 6월 여론조사에서는 차기 총선에서 오사카 유신회를 지지하겠다는 응답이 민주당과 자민당에 투표하겠다는 비율과 맞먹을 정도로 인기를 독차지했다.

하시모토 돌풍의 기반은 일본 사회의 좌절감과 이를 치유하지 못하는 기존 정치권에 대한 불신이다. 경제 불황은 일본인들의 내면에 뒤틀린 민족주의 정서, 즉 '불안형 내셔널리즘'을 심는 계기가 됐고, 이는 우경화의 자양분이 됐다.[60] 일본 내에서도 지반침하가 특히 심각한 오사카는 하시

---

60 조재욱, 「일본 포퓰리스트 극우정당의 약진과 한계: 일본 유신회를 중심으로」, 『한국과 국제정치』

모토 같은 정치인들이 등장하기에 안성맞춤의 환경이었다.

하시모토가 지사 재직 시절 관료 조직에 대한 개혁, 예산 삭감 등을 거세게 밀어붙인 것을 두고 '하시즘(하시모토+파시즘)'이라는 비판이 나오기도 했지만, 비효율적인 관료 행정에 신물이 난 오사카 유권자들의 지지를 한 몸에 받았고 "하시모토 같은 극약이 오사카에서는 필요하다"는 평이 뒤따랐다. 그는 대중의 지지를 모을 만한 프레임 설정에 능숙했고 트위터(지금의 X)와 TV 등을 통해 자신의 견해를 직접 대중에게 호소했다. 단체장 시절에도 내부 소통보다는 미디어 활용에 적극적이었고, '민의'라는 명분을 동원해 독선적인 행정을 폈다. 그의 '사이다 발언'은 20년 넘는 불황에 좌절한 청년층을 사로잡았다. 필자는 2013년 5월 오사카시에서 열린 기자회견에 참가해 하시모토와 짧은 질의응답을 가진 적이 있는데 질문을 정확히 이해하고 논리정연하게 답변하는 모습이 인상적이었다.

'극약 처방' 같은 하시모토 포퓰리즘

하시모토는 극우 정치인으로 단순 규정하기엔 복잡한 인물이다. 뚜렷한 사상적 지향 없이 정치·외교 현안을 본인의 리더십 강화에 동원한다는 지적도 만만치 않다. 박명희는 하시모토의 정책 비전은 이념적으로 분류하기 어렵다고 본다. 국기, 국가 관련 법안, 헌법 개정 논의, 신자유주의적 정책 방향 등은 보수정당에 가깝지만 원전 반대, 저소득층 자녀 수업료 지

제32권 제4호(2016), 80쪽.

원, 15세 이하 어린이 통원 의료비 무료화 등은 혁신계 정당의 주장과 겹친다. 그는 복지개혁을 위해 기본소득 도입을 주장하기도 했다. 이 같은 하시모토의 '무사상성無思想性'은 새로운 양상의 포퓰리즘으로 분류할 만하다.⁶¹

그가 2012년 총선을 앞두고 내놓은 공약 '유신팔책'의 외교 이념을 분석해 보면 보수우익과 차이를 보인다. 하시모토의 헌법 개정 주장은 헌법 9조 등 평화주의 조항 개정이 아니라 총리 직선제 등 정치개혁을 위한 절차 개정에 초점을 맞추고 있다. 야스쿠니신사 참배 문제에 대해서도 하시모토는 일본의 역사를 만든 사람에 대해 예를 다하는 것은 당연하지만, 헌법 9조의 관점에서 주변국도 납득할 수 있는 참배의 방법을 마련해야 한다고 주장한다. 독도 문제에 대해서도 한국이 실효 지배를 하고 있는 현실을 무력으로 바꿀 수 없으며 독도가 일본의 고유의 영토라는 논리만으로는 문제 해결이 불가능하니 국제사법재판소에 맡기자고 주장한다. 사회운동가 아마미야 가린에게 그에 대한 평가를 물었더니 이렇게 답했다.

> 공무원 등 기득권층을 적으로 만들어 공격하는 그의 정치 방식은 전형적인 포퓰리즘이긴 하지만 이런 것이 먹혀드는 시대 분위기인 것도 현실이다. 일본 사회에서 관료들에 대한 불신이 워낙 강하니까 그만큼 혁명적으로 비쳐지기도 한다. 어떤 철학이나 신념에서 행동하기보다는 시대의 공기를 정확하게 읽어 내고 행동하는 것으로 보인다.⁶²

---

61 박명희, 「지역정치가의 대중적지지 확보를 위한 외교적 실험: 하시모토 도루(橋下徹)의 외교이념 변화를 중심으로」, 『日本研究論叢』 제41호(2015), 89-90쪽.
62 〈일본 사회운동가 아마미야, 올해 원전 모순 해법 찾아야〉, 《경향신문》 2012년 1월 3일.

중앙정치 입성을 위한 우경화

그러나 하시모토가 지역정당의 범위를 넘어 중앙정치 진출을 꾀하면서 그의 대외정책은 우경화돼 갔다. 하시모토가 창당한 전국정당 일본유신회가 총선 한 달여 전 2012년 11월 17일 전 도쿄도 지사 이시하라 신타로石原慎太郎가 이끄는 태양당太陽の黨과 합당한 것이 급속한 우경화의 전기가 됐다.

배외주의적이고 극우적인 이시하라와의 결합으로 이시하라의 레토릭이 하시모토와 일본유신회의 레토릭이 돼 버렸다. 2013년 3월 발표된 일본유신회의 강령은 국가 재생을 위해 일본이 안고 있는 근원적인 문제 해결에 임하고, 결정 가능한 책임민주주의와 통치기구를 구축하기 위한 체제유신을 실행하겠다고 밝히고 있다. "일본을 고립과 경멸의 대상으로 폄하하고 절대평화라는 비현실적인 공동 환상을 강요한 원흉인 점령헌법을 대폭 개정하고, 국가, 민족의 진정한 자립을 지도하고 국가를 소생시킨다"는 문구도 삽입됐다. 이시하라의 우익적 주장이 일본유신회의 강령으로 자리 잡게 된 것이다. 하시모토가 이시하라와 손잡은 것은 그의 정치적 다이나미즘을 저해하는 결과가 됐다.

일본 내부의 관점에서 보자면 '하시모토 현상'은 지역정당의 돌풍과도 겹친다. 오사카 유신회와 엇비슷한 성격으로 나고야 시장 가와무라 다카시河村たかし가 대표인 아이치현의 지역정당 '감세일본'도 비슷한 시기에 등장했다. 단체장이 주도하는 지역정당은 소속 의원이 지방의회에서 다

수파를 구성할 경우 정책을 의회에서 어려움 없이 통과시킬 수 있고, 국가에 대한 발언력을 높일 수 있게 된다. 단체장을 겸한 지역정당 대표는 지역에서 절대적 권한을 행사하는 '지방 영주' 같은 존재들이었다. 1970년대 사회당과 공산당 계열 단체장이 도쿄, 교토 등 주요 광역자치단체를 석권하던 '혁신 지자체' 현상과 달리 이들 지역정당은 보수 성향이 강했다. 탈냉전 이후 오른쪽으로 기우는 일본 사회를 반영하는 현상이다.

하시모토는 경제 불안감과 유약한 정치 리더십에 대한 유권자 불만이 부풀어 오르며 전후 시스템이 위기에 처한 과도기에 돌풍처럼 등장한 정치인이었다. 아베 신조의 부활로 귀결된 2012년 12월 총선을 앞두고 이시하라와 손잡은 하시모토는 단숨에 정권을 쥐기라도 할 것 같은 기세를 보였으나 54석을 얻는 데 그쳤다. 자민·공명당 연합의 대승으로 연립 정권 참여가 좌절되면서 하시모토 붐도 수그러들었다. 2013년 5월에는 "가혹한 전장에서 위안부 제도가 필요했다는 것은 누구나 알고 있다"는 발언의 역풍으로 돌풍도 잦아들었다. 그해 7월 참의원 선거에서는 불과 8석을 얻는 데 그쳤다. 이듬해인 2014년 7월에는 이시하라 신타로와 결별함으로써 당이 분열됐다.

하시모토는 오사카 행정 통합 구상[63]이 2015년 5월 주민투표에서 부결되자 그해 12월 오사카 시장 임기 만료와 동시에 정계 은퇴를 선언했다. 변방의 하급 무사들이 막부를 타도하고 새로운 시대를 여는 정치드라마의

---

63 '오사카부-오사카·사카이시-행정구(區)'로 돼 있는 구조에서 오사카시와 사카이시를 없애고 '오사카도(大阪都)-행정구'로 단순화하겠다는 것이다. 오사카부와 중심 도시인 오사카시가 똑같은 사업을 이중으로 벌이는 구조를 타파해 행정 비용을 대폭 줄이고, 오사카를 도쿄도(東京都)와 비슷한 '도(都)'로 승격시킨다는 구상이다.

재현은 결국 실패로 끝났다. 그러나 그가 만든 일본유신회는 자민당보다도 보수적 성향을 강하게 드러내면서 일본의 정치 지형을 보다 오른쪽으로 이끌었다. 의도했건 아니건 하시모토가 일본의 과도기에 보수우익 진영의 볼륨을 키우는 역할을 한 것은 부인할 수 없다.

2
우익의 간판, '태양족' 이시하라

'마초주의'에 기반한 정치

일본은 의원내각제를 채택하고 있는 국가인 만큼 정치의 중심은 국회이고, 정치의 주요 행위자는 당연히 국회의원이다. 하지만 때로는 지방자치단체장이 정국을 뒤흔드는 일도 벌어지곤 했다. 1,400만 명이 모여 사는 수도 도쿄의 행정 수장인 도쿄도지사는 일본 정국의 주요 행위자였다. 특히 중앙 정부가 약체일 경우 그 발언권은 더 커질 수밖에 없다. 13년간 도쿄도지사를 지낸 이시하라 신타로石原慎太郎는 그런 인물의 대표 격이다. 이시하라는 2012년 중앙정치의 외곽에서 '센카쿠 열도' 문제를 중국과의 영유권 분쟁으로 키운 장본인이었다. 이는 조슈번長州藩과 사쓰마번薩摩藩 등 지방 영주들이 외국과 전쟁을 일으키고, 뒷수습을 하느라 중앙정부인에도 막부가 체력을 소모하던 19세기 후반의 일본과 흡사했다.

이시하라는 히토쓰바시대학 법학부 학생이던 1955년 단편 소설 「태양의 계절」을 문예 잡지 《분가쿠카이文學界》에 발표하며 문단에 데뷔했다. 「태양의 계절」이 '문학계 신인상'과 제34회 아쿠타가와상을 거머쥐면서 이시하라는 일약 주목받는 신예 작가가 되었다. 전후 일본 사회의 변화를 배경으로 젊은 세대의 반항적이고 자기중심적인 태도를 다룬 소설은 유복한 가정에서 자라난 고교생 주인공이 배구부에서 복싱부로 옮긴 뒤 복싱에 열중하면서 클럽의 동료와 술, 담배, 도박, 싸움질로 세월을 보내던 중 길거리에서 만난 소녀와 육체관계를 맺어 임신시킨다는 줄거리다. 작품에 넘쳐흐르는 열정과 생생한 풍속 묘사 등이 주목을 받았으나 적나라한 성 묘사 등 비윤리적인 내용 탓에 혹평도 적지 않았다. 이 작품을 계기로 수도권의 쇼난湘南 해변[64]을 휘젓고 다니는 마초적인 젊은이들이 '태양족'으로 불리게 됐다. 문학적 가치 평가를 떠나 이시하라의 소설은 패전 의식에 찌들어 있던 전후 일본인에게 '신선한 충격'이었다. 전쟁, 역사, 죽음, 가난 같은 어두운 얘기 대신 쾌락을 원하는 대중의 심리를 저격한 것이다. 이시하라는 대중 지향적인 엔터테이너 기질을 타고났다고 할 수 있다. 일찍 타계한 동생 이시하라 유지로石原裕次郎가 대중적 인기를 모은 스타여서 두 형제가 일찍부터 대중의 주목을 받기도 했다. 타국에서 보면 이시하라는 망언을 일삼은 극우 인사이지만, 일본 내에서는 '다소 괴팍하지만 인정도 있는' 이미지가 있다.

20대에 일약 유명인이 된 이시하라는 13년 뒤인 1968년 참의원 선거에

---

[64] 일본 수도권인 가나가와현 남부의 미우라(三浦) 반도에서 이즈(伊豆) 반도 일대의 해안 지역을 가리킨다. 관광지로 유명한 가마쿠라와 에노시마 등이 포함되며 도쿄에서 전철로 1시간 안팎의 근교여서 관광객들이 많이 찾는다. 쇼난의 여름과 낭만을 노래한 J-팝이 많다.

자민당의 전국구 후보로 입후보해 사상 최고 득표수인 301만 표를 얻어 당선됐다. 후일 총리가 된 나카소네(당시 운수성 대신)가 뒤를 밀었고, 반공단체 '국제승공연합'의 통일교단도 선거운동에 동원된 결과였다. 정치 신인으로서는 매우 화려한 데뷔였다.

그의 정치 입문은 전쟁이 한창이던 베트남을 방문했던 것이 계기가 됐다. "사이공에서 만난 한결같이 매우 지적인 젊은이들의, 내일에 대한 냉소와 고의적인 무관심"에서 "내 조국 일본과 강한 유사성을 봤다"는 것이다.[65] 요나하 준은 "정치를 담당하는 이들의 몸이 병들고 쇠약해질 때 국가도 멸망한다. 지성 있는 이는 냉소적으로 바라볼 뿐 구제할 수는 없다. 나처럼 마초적인 남자야말로 정치의 핵심 역할을 맡아 국가에 활력을 불어넣어 고쳐야 한다"는 생각이었을 것이라고 평했다.[66] 이시하라는 「태양의 계절」의 주인공과 같은 '마초성'을 자신의 정체성으로 여겼던 것이다.

이시하라는 1975년 4월 도쿄도지사에 첫 도전을 했다가 사회·공산·공명당의 지원을 받은 현직 도지사 미노베 료키치美濃部亮吉(1904~1984)에게 졌다. 이 과정에서 종교단체인 창가학회 기반의 공명당과 공산당이 1974년 말 제휴 협정을 맺으면서 '반파쇼 연대'를 부르짖었고, 도쿄도지사 선거에서 미노베 진영이 이시하라를 '파시스트'라고 비판한 것은 흥미로운 대목이다.[67] 이시하라가 청년 시절부터 파시스트, 남성주의적인 인물이었음을 알 수 있다. 이시하라는 여당 국회의원으로서도 상식을 넘는 돌출 행보

---

65 요나하 준 지음, 이충원 옮김, 『헤이세이사 1989~2019: 어제의 세계, 모든 것』(마르코폴로, 2022), 212쪽.

66 요나하 준, 위의 책, 213쪽.

67 요나하 준, 위의 책, 244-246쪽.

를 보였다. 1995년 4월에는 국회의원 재직 25년 표창을 받고 연설한 뒤 돌연 의원직을 사퇴했다.

일본은 아직도 국가로서 명확한 의사 표시조차 할 수 없어서, 남자의 모습을 하고 있지만, 실은 남자로서 능력이 없는, 마치 거세된 환관 같은 국가가 되어 버렸다.[68]

그가 흠모한 작가 미시마 유키오三島由紀夫(1925~1970)의 최후를 연상케 했다.

중앙정치를 떠난 이시하라는 4년 뒤인 1999년 4월 도쿄도지사 선거에 무소속으로 출마해 하토야마 구니오(민주당 추천), 마스조에 요이치(무당파) 등 유력 후보를 더블 스코어로 제치고 압승했다. 도쿄도지사라는 국정 외곽에서도 그는 일본 정치에 막강한 영향력을 행사했다. 도쿄올림픽 유치가 대표적이다. 이시하라는 2005년 여름 "다시 일본에서 올림픽을 열게 되면 수용력으로 볼 때 도쿄밖에 없다"며 2016년 도쿄올림픽 유치전에 나섰다(2016년 올림픽은 브라질 리우데자네이루로 결정됐다). 새삼스럽게 무슨 올림픽이냐는 지적, 수도권 집중 현상이 가속화될 것이라는 우려에 대한 이시하라의 반응은 그의 정체성을 잘 드러낸다.

주변국에서 쓸데없는 소리를 듣고, 국회는 바보 같은 짓을 하고 있다. 마음이 답답할 때 뭔가 좀 재미있는 거 없나. 마쓰리(축제)나 열어 볼까. '올림픽이야

---

68 요나하, 위의 책, 207쪽.

라고 환호하며 불꽃놀이라도 하면 좋지 않겠나.[69]

'주변국'은 중국으로, 이 발언은 베이징의 올림픽 유치에 대한 이시하라의 질투가 담겼을 것이다. 그는 다음 날 관방장관이던 아베 신조를 방문해 협력을 요청했고, 아베도 전적으로 협력하겠다고 약속했다. 이시하라는 2011년 동일본 대지진 이후 '부흥올림픽'이라는 기치를 내걸고 2020년 하계올림픽 유치에 도전하겠다고 했고, 총리가 된 아베가 2년 뒤 성사시켰다. 코로나19 때문에 2021년 열린 도쿄올림픽으로 가는 길은 이시하라가 16년 전부터 닦아 놓은 것이다.

일본 정치의 우경화를 견인

이시하라의 마초적이고 우익적인 언행은 끊임없이 미디어를 탔고, 한국에선 '망언 제조기'로 불릴 정도로 비판을 받았다. 그의 도발은 주로 중국과 한국을 향한 것이었다. 2000년 4월 육상자위대 1사단 창설 기념식에서 이시하라는 "삼국인, 외국인의 흉악한 범죄가 계속되고 있어 지진이 일어나면 소요가 예상된다"며 자위대가 대응책을 세울 것을 주장해 파문을 빚었다. 삼국인은 '제3국인'을 가리키는 말로 '제2차 대전 패전 후 일본에 체류하고 있던 조선인, 중국인을 가리킨다'고 일본어 사전에 정의돼 있다.

---

69 요시미 슌야 지음, 서의동 옮김, 『헤이세이 일본의 잃어버린 30년』(AK커뮤니케이션즈, 2020), 273-274쪽.

도쿄도지사로서 질서 교란 요인인 '삼국인'을 '구제', '섬멸'하겠다는 의지를 자위대 앞에서 천명한 것이다.[70]

이시하라는 반미 성향도 감추지 않았다. 그는 종전 직후 미국이 일본을 약화시키기 위해 일본을 해체했으며, 대신 미·일 동맹에 대한 신뢰라는 애매한 의식을 조장했다고 본다. 이시하라가 보기에 미·일 동맹은 일본 방어가 아니라, 일본을 통제하는 것일 뿐이다. 미국이 유사시에 일본을 지켜 주리라는 보증은 없으며, 일본은 스스로 자국을 지킬 수 있는 군사체계를 가져야 한다고 주장했다. 그는 미·일 무역마찰이 한창이던 1989년 모리타 아키오盛田昭夫(1921~1999) 소니 회장과 공저로 『'NO'라고 말할 수 있는 일본』이란 책을 내 미국을 비판한 적도 있다.

이시하라는 19세기적 질서관에 기초를 둔 신현실주의, 즉 국가 간 힘의 경쟁 관계에 초점을 두면서 일본의 자조 노력을 중시한다. 미·일 관계도 잠재적인 힘의 갈등 관계로 파악한다는 점에서 다른 보수 세력들과 차이가 있다.[71] 그의 동아시아 패권주의적 사고는 중국에 대한 노골적인 경계감 표출로 나타나는데, 그는 중국을 장기적으로는 분열시켜야 한다고까지 주장한다.[72] 그가 내뱉는 망언들은 이런 인식에서 비롯된 것이다. 한국과는 물론이고 재일코리안들과도 악연이 있다. 1983년 중의원 선거 당시

---

70 강상중은 이시하라가 '바깥의 삼국인', 즉 중국, 한국과 '안의 삼국인'(재일코리안, 재일중국인)이 서로 연계해 일본을 곤경에 빠뜨리는 잠재적인 적으로 간주하고 있음을 드러낸 것이라고 했다. 강상중 지음, 이경덕 옮김, 『동북아시아 공동의 집을 향하여』(뿌리와이파리, 2002), 157~159쪽.

71 이시하라는 1970년대 대미 자주외교를 시도했다가 실각한 다나카 가쿠에이 총리에 관한 책 『天才』(幻冬舍文庫, 2018)를 펴내 다나카를 대미독립의 애국 정치가로 묘사했다.

72 박철희, 「일본 보수세력의 보통국가론과 한국의 대응방안」, 『외교안보연구원 정책연구시리즈』 (2005), 20~21쪽.

재일조선인 출신 아라이 쇼케이新井將敬(1948~1998)[73] 후보의 포스터에 이시하라 후보 측이 '북한 사람'이라는 표식을 붙이며 비방하는 바람에 아라이가 낙선한 바 있다.

2012년 중·일 갈등의 주요 행위자

이시하라는 2012년 격렬하게 전개된 센카쿠 열도 중·일 영유권 갈등에서 주요 행위자였다. 당시의 센카쿠 갈등은 일본의 국내 정치 과정 속에서 촉발됐으며 이시하라가 결정적인 역할을 했던 것이다.

도지사이던 이시하라는 그해 4월 16일 미국 헤리티지 재단 강연에서 도쿄도가 센카쿠 열도의 세 섬(우오쓰리섬, 기타코섬, 미나미코섬)을 매입하겠다는 구상을 발표했다. 센카쿠 열도 5개의 섬 중 동쪽에 치우쳐 있는 다이쇼 섬만이 일본 정부의 소유였고, 다른 4개는 민간 소유였다. 이시하라는 이미 1970년대부터 센카쿠 열도의 매입에 관심을 가졌고, 1973년 섬 소유자인 구리하라栗原 가문과 접촉했다. 다나카 가쿠에이田中角榮(1918~1993) 총리의 대중 유화 노선에 반대하는 세란카이青嵐會에서 활동해 온 이시하라는 센카쿠의 실효지배 효과를 높이기 위해 섬의 매입을 고려했던 것이다.[74]

---

[73] 아라이 쇼케이는 오사카 출신 재일조선인으로 도쿄대학을 졸업한 뒤 행정고시에 합격해 대장성 관료를 지낸 엘리트 정치인이다. 1986년 자민당 후보로 중의원에 당선된 이후 4차례 의원을 역임했으나 차명계좌로 주식을 거래한 혐의로 중의원에서 체포결의안이 통과되자 결백을 주장하며 자살했다.

[74] 이정환, 「이시하라 신타로(石原愼太郎)와 2012년 센카쿠 분쟁화의 일본 국내 정치과정」, 『아시아 리뷰』 제8권 제1호(2018), 179-180쪽.

당시 교섭은 좌절됐으나 2010년 9월 중국 어선과 해상보안청 순시선의 충돌 사태 이후 이시하라는 섬 주인과 재교섭에 나섰다. 구리하라 가문도 교섭에 전향적이었다. 그러나 이시하라가 헤리티지 재단에서 센카쿠 섬의 매입을 공표하던 시점에는 아직 교섭이 끝나지 않은 상태였다. 도쿄도지사를 그만두고 중앙정치에 복귀하기 위해 센카쿠 섬 매입을 정치적으로 활용한 혐의가 있다.[75] 이시하라는 정부가 일을 제대로 못하기 때문에 나섰다는 논리를 폈고, 여론이 호응하면서 국유화 결정이 이뤄지던 9월 초까지 14억 엔이 넘는 기부금이 모였다. 당시 노다 총리는 이시하라의 비판에 반발했고, 도쿄도가 매입할 바에야 정부가 국유화하는 것이 부정적 영향을 최소할 것이라는 논리하에 7월 7일 국유화 방침을 발표했다.

이시하라는 센카쿠 실효지배 강화를 위해 항만 시설과 등대 설치를 요구하면서 '로키low-key'로 국유화를 추진하려는 정부를 곤혹스럽게 했다. 중국이 가만있을 리가 없었다. 2012년 한중일 정상회의를 계기로 베이징을 방문한 노다 총리에게 원자바오 총리는 불만을 쏟아냈다. 노다가 언론을 통해 국유화 방침을 알린 7월 7일[76]은 공교롭게도 중일전쟁을 촉발한 루거우차오 사건[77]이 발생한 날이었다.

중국은 7월 11일과 12일 해양감시선을 센카쿠 일본 영해 내로 진입시키며 강경 대응 방침을 예고했다. 8월 15일에는 홍콩에 기반을 둔 피닉스TV

---

75 《アエラ》 2012년 4월 30일. 이정환, 위의 글, 181쪽에서 재인용.

76 노다 총리는 2012년 7월 7일자 《아사히신문》을 통해 '센카쿠를 평온하고 안정적으로 관리하는 관점에서 소유권자와 연락을 하며 종합적으로 검토해 왔다'며 국유화 방침을 정식으로 인정했다.

77 1937년 7월 7일 베이징 서남쪽에 있는 루거우차오(盧溝橋)에서 일본의 자작극으로 벌어진 충돌 사건으로, 이후 1945년까지 전개된 중일전쟁의 발단이 됐다.

관계자가 센카쿠 열도 우오쓰리섬에 상륙했고, 일본 해상보안청이 이들을 검거하는 장면이 TV로 중국에 중계됐다. 닷새 앞서 8월 10일 이명박 대통령의 독도 방문이 겹치면서 주변국과의 영토 갈등은 일본 정국을 뒤흔드는 이슈로 부상했다. 노다는 9월 3일 센카쿠 섬을 20억 5,000만 엔에 매입하기로 합의했고, 9월 10일 각료회의에서 국유화를 정식 결정했다. 블라디보스토크 APEC 정상회의에서 후진타오 중국 국가주석이 노다를 만나 "일본은 잘못된 결정을 내리지 말아야 한다"고 경고한 바로 다음 날이었다. 외무성의 일부 간부들이 "국유화는 조금 기다렸다 하자"며 충고했지만 노다는 듣지 않았다.

중국 역시 후진타오 체제가 끝나 가고 시진핑 체제가 출범하는 정권 이양기여서 영토 이슈에 유화적일 수 없었다. 중국 외교부는 일본의 국유화 방침이 발표된 다음 날인 9월 11일 센카쿠 열도를 자국의 영해 기선[78]으로 발표했고, 며칠 뒤 중국 해양감시선이 센카쿠 해역에 진입했다. 중국 내 반일 시위가 격화되면서 중국의 국치일인 9월 18일[79] 베이징, 상하이, 광저우 등 100여 개 도시에서 반일 시위가 폭발했다. 이 갈등을 거치면서 센카쿠 열도는 명실상부한 분쟁 수역이 됐다.

중·일 간 센카쿠 갈등은 이시하라가 만든 작품이라고 해도 과언이 아니다. 민주당 정권을 중국에 유화적이라고 자극해 결국 국유화라는 강경책을 이끌어 낸 것이기 때문이다. 이시하라는 1970년대부터 일본의 대중 유화 노선을 비판하는 활동을 벌여 왔다. 그는 일본 정부의 대외 정책이 국

---

78 국토 최외곽 지점을 직선으로 연결한 영해 기준선이다.
79 1931년 9월 18일 일본이 중국 본토 침략의 도화선이 된 만주사변을 일으켰다.

가가 갖춰야 할 '남성성'을 보여 주지 못한다는 불만을 품어 왔다. 미국에 종속된 일본이 중국에마저 무력함을 드러내고 있는 모습은 중국을 '존재론적 불안'으로 간주하는 그로서는 견디기 어려운 일이었다.[80]

이시하라가 득세한 당시 상황은 양당 체제가 무너지고 군부가 득세하던 1930년대 군국주의 시대를 떠올리게 한다. 1929년 세계대공황이 일본을 덮쳤으나 당시 양대 정당인 민정당과 정우회가 정쟁으로 국민 신뢰를 상실하자 군부가 득세하면서 일본을 전쟁으로 몰아가던 상황과 흡사한 측면이 있다.

이시하라의 도발은 전후 일본의 외교 태도에 대한 정면 공격이었고, 일본의 내셔널리즘을 한껏 자극하는 계기로 작용했다. 일본이 향후 외교에서 '강한 일본'을 지향하게 된 데는 이시하라의 영향이 컸다고 할 것이다.

---

80 이정환, 앞의 글, 190·195쪽.

3
'신보수주의 총아' 아베

'쇼와의 요괴' 외조부와 아베

2013년 1월 9일 도쿄 나가타초 총리관저를 방문한 한일의원연맹 한국 측 의원단들이 대기하고 있던 방에 아베 신조 총리가 나타났다. 연말 중의원 선거에서 자민당이 압승하며 내각 총리로 취임한 지 2주가 지난 시점이다. 아베 총리는 황우여 새누리당 대표 등 의원들과 인사를 한 뒤 취재진들에게도 간단히 목례를 했다. 실물로 본 아베 총리는 싹싹하고 친근한 인상이었다. 한국이나 중국에선 '국가주의의 신념'으로 무장한 괴물 정치인으로 여겨지지만, 일본 국민에게는 다르게 받아들여지지 않을까 하는 생각이 들었다. 전임 민주당 정부의 마지막 총리였던 노다 요시히코의 불통한 표정과도 대조적인 용모의 그가 '일본을 되찾겠다'고 주장하면 적어도 일본의 대중들에게는 소구력이 클 것 같다는 느낌이었다. 어디까지나 그의 본질이 아직 드러내지 않았던 임기 초반의 인상이긴 했다.

현대 일본의 진로가 결정되던 2010년대 초반에서 정치권의 주요 행위자를 꼽으라면 단연 아베 신조다. 하시모토 도루가 간사이라는 '외곽'에서 중앙 정치권을 향해 창을 겨누던 하급 무사이고 이시하라 신타로가 수도 도쿄의 단체장이자 노회한 우익 세력의 대변자라면, 아베는 1990년대부터 축적된 우익들의 담론을 현실에 구현한 실천자이다. 아베는 2022년 7월 불의의 총격으로 숨졌지만 이후의 일본은 아베의 유훈이 이끌어 가고 있다.

아베 신조는 전쟁을 겪지 않은 전후 세대의 첫 총리일 뿐 아니라 탈냉전기인 1993년부터 국회의원을 시작한 새 세대 정치가이다. 그의 집안은 일본에서도 손꼽히는 정치 명문가로 그의 외조부는 A급 전범으로 투옥됐다가 석방된 뒤 총리를 지낸 '쇼와의 요괴' 기시 노부스케이고, 외종조부는 장수 총리인 사토 에이사쿠다. 부친 아베 신타로도 내각 관방장관과 외무상을 지냈다.

외조부 기시의 귀여움을 받고 자란 아베는 그토록 다정한 할아버지가 '보수반동의 화신'이라고 비판받는 것에 저항감[81]을 느꼈고, 정치의식도 일찌감치 보수로 기울었다. 아베는 세이케이대학을 나와 미국 캘리포니아주에서 유학한 뒤 귀국해 고베제강에 취업했으나 3년 뒤인 1982년 부친 신타로가 외무상에 취임하자 비서로 정계에 입문했다. 어릴 적 받은 기시의 영향은 그의 정치관에 지대한 영향을 미쳐 '전후 체제의 부정'(헌법 개정)과 복고주의, 역사수정주의 등에서 기시의 그림자를 엿볼 수 있다.

---

81 安倍晋三, 『美しい国へ』(東京: 文藝春秋, 2006), 18쪽.

아베가 중의원에 첫 당선돼 국회의원으로서 활동하기 시작한 1993년은 과거사와 관련한 정치권 내부의 공방이 본격화되던 시기였다. 일본군 위안부에 대한 군의 간여를 인정한 고노 담화가 8월 4일에 발표됐고, 6일 뒤인 8월 10일에는 호소카와 신임 총리가 태평양전쟁에 대해 "침략전쟁, 잘못된 전쟁이었다"고 발언했다. 호소카와의 발언에 반발해 자민당 우파 의원들이 국회에 '역사·검토위원회'를 설치하자 아베도 이에 참가했다. 이듬해 6월 사회당 무라야마 총리가 전후 50주년을 맞아 침략전쟁을 반성하는 국회 결의를 추진하자 자민당 우파 의원들은 '종전 50주년 국회의원연맹'을 결성했고, 아베는 사무국장 대리로 반대 투쟁의 전면에 나섰다. 1996년 문부과학성이 고노 담화 이행 차원에서 1997년부터 사용되는 중학교 교과서에 일본군 위안부 기술을 포함시키자 자민당 의원들이 1997년 2월 '일본의 전도와 역사 교육을 생각하는 젊은 의원의 모임'을 결성했고, 아베는 사무국장을 맡게 된다. 아베는 초선 의원 때부터 '행동하는 역사수정주의자' 이미지를 구축하면서 자민당 내 우익 원로들과 젊은 의원들의 기대를 모았다.

아베의 정치적 위상을 높인 결정적 계기는 북한의 일본인 납치 문제였다. 아베는 아버지 신타로의 비서로 활동할 무렵 북한에 납치된 것으로 의심되던 아리모토 게이코의 부모님과의 대면을 계기로 납치 문제에 눈을 뜨게 됐다.[82] 아베는 1997년 4월 '북조선 납치 의혹 일본인 구원 의원 연맹'의 사무국장도 맡게 된다. 2002년 9월 고이즈미 총리의 방북에서 북한이 납치 문제를 시인하면서 일본 사회가 충격에 빠지자 북한에 강경한 태도

---

82 安倍晋三·岡崎久彦, 『この国を守る決意』(東京: 扶桑社, 2004), 103–105쪽.

를 보인 아베는 단숨에 차기 총리 후보로 올라섰다. 나카노 고이치中野晃一
는 북한의 납치 문제로 형성된 일본의 '피해자 의식'이 야스쿠니 사관의 피
해자 의식과 공통점이 있다고 본다.

> 철두철미한 '피해자 의식'에 뒷받침된 아베나 그 맹우 등 포스트 냉전 신세대
> 의 복고적 국가주의는 황국 일본이 근대화 과정에서 싸웠던 모든 전쟁은 '나
> 라를 걱정했기' 때문에 즉 평화를 위한, 자존자위를 위한 전쟁이었다고 하는
> '야스쿠니 사관'의 '피해자 의식'과 완전한 일치를 보았던 것이다.[83]

패전 이후 줄곧 침략전쟁의 '가해자'라는 비판을 받다가 모처럼 얻게 된 '피해자 지위'를 놓치고 싶지 않으려 하는 일본인들의 심리가 아베에 대한 열광으로도 나타났을 것이다.

아베는 신보수주의의 정치 목표를 8년 8개월의 두 차례 집권 기간을 통해 실천에 옮겼다. 구보수가 미국에 안보를 맡긴 채 경제성장을 추구하는 '정치소국' 노선(요시다 노선)을 취해 온 반면 신보수는 반대로 국가의식 부활, 정치·군사 대국화 등을 꾀해 왔다. 전후의 패배의식에서 벗어나 세계 2위의 경제력을 바탕으로 군사력을 강화하며 국제정치에도 적극 개입하는 보통국가를 건설하자는 것이 신보수의 노선이다. 신보수 지향은 1980년대 '전후 정치의 총결산'을 주장하던 나카소네 때부터 나타났으나 요시다 노선을 추종하는 구보수 정치인들의 저항에 당시만 해도 건재했던 사회당의 반대로 뜻을 이루지 못했다.

---

83 나카노 고이치 지음, 김수희 옮김, 『우경화하는 일본 정치』(AK커뮤니케이션즈, 2016), 134-135쪽.

그러나 1988년 리쿠르트 사건 등 정치 스캔들과 1990년 '걸프전 쇼크'로 구보수의 한계가 드러나면서 신보수주의적 개혁은 거스를 수 없는 흐름이 됐다. 1994년 선거구제 개혁으로 중선거구제가 소선거구 비례대표 병립제로 바뀌면서 자민－사회당의 전통적인 보·혁 구도가 붕괴되고 자민－민주의 보수 양당 체제로 재편됐다. 사회당의 몰락으로 일부 인사들이 합류한 민주당 역시 큰 틀에서 보통국가로의 전환에 반대하지 않는 입장이었다.

신보수주의에게 남은 과제는 군사대국화를 위한 자위대의 역할 확대와 헌법 등 법제 개편, 국가의식 고취를 위한 제도 정비 등이었다. 전쟁을 겪지 않은 첫 총리 아베는 이 목표의 실현뿐 아니라 과거사를 미화하는 역사수정주의와 일본의 전통, 문화에 대한 강조 등 국가주의의 정착도 과제로 삼았다.

언론 통제로 우경화 걸림돌 제거

아베는 고이즈미 총리에 이어 2006년 9월 20일 총리에 올랐다. 전후 일본 총리 중 가장 젊은 52세였다. 그는 취임하자마자 복고적 국가주의 정책 추진에 주력했다. 교육기본법을 개정해 '내 나라와 고향을 사랑하는' 태도 함양을 교육의 목표에 담았고, 방위청을 방위성으로 격상시켰으며 개헌 절차를 정비하기 위해 국민투표법을 제정했다. 아베는 일본군 위안부의 강제성을 인정한 고노 담화에 대해 "계승하고 있다"면서도 "협의의 강제성은 없었다"며 사실상 부인했다.[84] 미국 조지 부시 행정부는 이를 '건전한 내셔널리즘'이라며 용인하려 했지만 미국 하원은 2007년 7월 위안부에 대한 사죄 촉구 결의안을 통과시키며 견제했다. 아베는 고이즈미 정권의 신자유주의 개혁으로 심화된 격차 문제를 비롯한 민생에 무관심했다. 국민연금 납부 분실 사태 등 악재가 터지면서 2007년 7월 참의원 선거에서 민주당에 제1당을 빼앗기자 아베는 취임 1년 만에 전격 사퇴했다.

미숙한 국정 운영으로 단명한 아베는 5년 뒤 와신상담 끝에 노련한 정치인으로 성숙했다. 그의 '아베노믹스'는 대규모 금융 완화로 물가를 끌어올려 만성 디플레이션에서 탈출하겠다는 것으로, 장기 불황과 원전 참사 후유증에 시달리던 사람들을 솔깃하게 했다. 중국과의 센카쿠 갈등 등 안보 환경 변화에 불안을 느낀 일본인들은 '강한 일본을 되찾겠다'는 아베의 구호에 호응했다. 아베는 2012년 9월 26일 자민당 총재 선거에서 당 총재로 선출됐으며 그해 12월 16일 중의원 선거에서 압승해 다시 한번 총리에 올랐다. 나카노 고이치는 아베 복귀의 배경으로 자민당 내 구(온건)보수의 몰락과 신보수의 주류화, 경쟁적 정당 시스템이 민주당 정권의 좌절과 함께 붕괴된 점을 꼽았다.[85]

민주당 정권에서 사보타주를 일삼던 관료와 경제계, 보수언론들은 아베 정권 지원에 총력전을 폈고, 비판 언론들은 크게 위축됐다. 《요미우리

---

84 아베는 2006년 10월 6일 중의원 예산위원회에서 시이 가즈오 일본공산당 위원장이 "예전에 일본 중학교 교과서에서 위안부 기술을 빼야 한다고 말한 적이 있느냐"고 질문한 것에 대해 이렇게 답변했다.

85 나카노 고이치, 앞의 책, 145-149쪽.

신문》,《산케이신문》, 후지TV 등이 충실한 우군 역할을 했다. 우익 매체들은《아사히신문》과 NHK에 맹공을 퍼부었다.《산케이신문》계열 월간지가 '아사히는 중국·한국의 공작원인가' 등의 기사를 실으며 '아사히 때리기'에 나섰고 이런 측면 공격에 힘입어 아베는 국회에서 "《아사히》는 정권 타도가 사시社是인 신문"이라며 원색 비난했다.[86] 게다가 일본군 위안부 문제에 대한 일본 정부의 태도를 비판해 온《아사히신문》이 2014년 8월 5일자에 제주도에서 군 위안부를 강제 연행했다는 요시다 세이지吉田淸治(2000년 사망)의 주장을 검증 없이 실은 초기 위안부 보도 16건에 대해 오보임을 인정하며 취소[87]한 사태를 계기로 일본 언론들의 위안부 보도는 극도로 위축됐다.

아베는 공영 방송인 NHK에 햐쿠타 나오키百田尚樹, 하세가와 미치코長谷川三千子 등 역사수정주의자[88]들을 경영진에 앉혀 장악했고, 보수우익 매체들도 무차별 공격을 퍼부어 NHK를 위축시켰다.[89]

---

86 〈아베, "아사히신문은 정권 타도가 사시"〉,《경향신문》2014년 2월 6일.

87 《아사히신문》은 1991년 제주도에서 조선인 여성을 강제 연행했다는 요시다 세이지의 증언 내용을 기사화했다. 요시다의 증언은 1996년 유엔 인권위원회의 구마라스와미 보고에도 인용될 정도로 위안부 실상을 뒷받침하는 것으로 인정됐으나 이후 이 증언이 허위라는 사실이 드러났다. 그러나《아사히신문》은 기사를 철회하지 않다가 2014년 8월 5일자에 '요시다 증언'에 대한 검증 기사를 게재하고 요시다의 증언이 허위라고 밝혔다.

88 NHK 경영위원 하세가와 미치코는 언론사에 권총을 들고 난입해 "천황 만세"를 외치며 권총 자살한 우익 인사에 대해 "신에게 죽음을 바쳤다"는 추모글을 썼다. NHK 경영위원인 우익 작가 햐쿠타 나오키는 난징대학살을 부정하는 발언을 했다. 〈일왕이 다시 신이 되었다 NHK 경영위원 발언 파문〉,《경향신문》2014년 2월 6일.

89 《산케이신문》의 자매 월간지《세이론(正論)》은 2013년 12월호에서 "망국의 거대 미디어를 공격한다"는 제목의 NHK 특집을 별책으로 발간했다. 이 특집은 NHK에 대해 "중국 한국에 대한 영합보도, 보수 정책과 정치인에 대한 일방적인 비난, 드라마와 다큐멘터리의 '반일' 색채가 간과하기 어려운 수준으로 치닫고 있다"고 비판했다. 〈일 보수·우익 지속적 공세에 공영방송 NHK 중립성 '흔들'〉,《경향신문》2014년 1월 28일.

아베 정권 4년차인 2016년에는 공영 방송뿐 아니라 민영 방송에서도 아베 정권에 쓴소리를 해 온 앵커들이 줄줄이 하차했다.[90] 좌파 혁신 세력의 붕괴에 이어 비판 언론들조차 무력화되면서 아베의 우경화 드라이브가 거침없이 전개될 수 있었던 것이다.

일본의 기성 언론들은 기자클럽을 중심으로 하는 취재 방식을 고수하면서 권력 감시 기능이 약하다는 비판을 받아 왔으나 아베 집권 이후 이런 경향이 심화됐다. 이를 서방 언론들도 느꼈던 모양이다. 필자는 2013년 5월 일본의 언론노조 격인 일본 매스컴문화정보 노조 주최로 열린 외국 특파원 초청 토론회에 미국《뉴욕타임스》, 영국《인디펜던트》 도쿄특파원들과 함께 패널로 참가했다. 일본에 10년째 체재해 온《뉴욕타임스》마틴 패클러 도쿄지국장은 "아베와 자민당은 그리 바뀌지 않았는데, 예전과 달리 일본 사회에서 우경화에 대한 견제 장치가 약해진 것이 문제"라고 했다. 필자도 일본 주요 언론들이 환태평양경제동반자협정TPP과 관련해 너나없이 찬성하는 행태에 대해 "일본 언론들이 미국과 관련된 사안을 '성역'으로 느끼는 것 같다"고 한마디 보탰다.

아베와 일본회의

시민사회에서 아베의 가장 강력한 지지 세력은 우익 시민단체 '일본회의'다. 일본회의는 문화계와 학계 인사들이 모인 '일본을 지키는 국민회의'

---

90 〈日 아베 정권에 쓴소리하는 앵커들 줄줄이 하차한다〉,《연합뉴스》2016년 6월 2일.

와 종교단체가 연합해 만든 '일본을 지키는 모임'(지키는 모임)이 1997년 통합해 발족했다. 두 단체는 1970~1980년대 기원절(천황 생일) 부활과 원호 법제화, 수정주의 역사교과서 편찬 등을 주도했으며 1990년대에는 '종전 50주년 국회 결의'(부전결의)를 반대하는 500만 서명운동을 전개했다. 일본회의의 '기본 운동 방침'은 황실 존중(천황제 수호), 헌법 개정, 국방력 강화, 애국 교육 추진 등 '복고적 국가주의' 어젠다들 일색이다. 2020년 기준 약 4만 명의 회원이 전국 47개 광역단체(도도부현) 지부에서 활동하고 있다

일본회의는 특히 결의서나 성명 등을 통해 정책 제언 활동을 활발히 전개하고 있는데 일본회의와 동시에 설립된 '일본회의 국회의원간담회'가 일본회의의 주장을 국정에 반영하는 통로가 된다. 『일본회의의 정체』를 쓴 아오키 오사무青木理는 과거 주요 논단이나 정계 중심에서 그다지 주목받지 못한 일본회의 회원들이 아베 정권의 탄생 이후 주류로 떠올랐다고 했다.

> 예를 들어 정권이 강행하는 여러 정책과 관련해 신문과 텔레비전이 양쪽 의견을 들을 때, 한편의 생각을 대변하는 사람으로서 일본회의 계열 논객들이 많이 등장하게 됐어요. 정권이 오른쪽으로 이동하면서 언론과 사회도 오른쪽으로 이동한 셈이지요.[91]

---

91 〈『일본회의의 정체』 저자, 일본 우익 분석하다〉, 《시사IN》 2019년 10월 1일.

일본회의는 강한 이념적 결집력과 조직력을 동원해 지역 내에서 활발한 활동을 전개하고 있다. 이들이 혁신 세력의 호헌, 평화 등에 조직적으로 대항 이념과 반대 운동을 전개하면서 일본 사회 저변의 우경화를 이끌어 가고 있는 것이다.

아베는 이런 지지를 기반으로 '전후체제로부터의 탈각'을 내세우며 8년 8개월간 일본을 한껏 오른쪽으로 옮겨 놨다(9장과 10장에서 상세히 다룬다).

3부 3·11 이후의 일본

일본 주요 연표(2011~2019년)

2011. 03. 11.　　동일본 대지진 발생, 규모 9.0 기록
　　　 03. 12.　　후쿠시마 제1원전 1호기 폭발, 15일까지 3, 4호기 추가 폭발
　　　 05. 06.　　간 나오토 총리, 중부전력 하마오카 원전 가동 중지 요청
　　　 08. 01.　　신도 요시타카 등 자민당 의원 3명이 울릉도 방문차 김포공항 입국 시도
　　　 08. 21.　　도쿄 오다이바 후지TV 본사 앞에서 '반한류 시위'
　　　 08. 30.　　한국 헌법재판소 "위안부 문제 해결 않는 국가 부작위는 위헌" 결정
　　　 09. 02.　　간 총리의 퇴진으로 노다 요시히코 내각 출범
　　　 11. 27.　　오사카유신회의 하시모토 도루가 오사카시장에 당선
　　　 12. 14.　　서울 주한일본대사관 앞길에 '평화의 소녀상' 설치
　　　 12. 16.　　노다 총리, 원전사고 "수습 상태" 발표
　　　 12. 18.　　교토 한일정상회담에서 위안부 문제로 한·일 정상 충돌
2012. 04. 16.　　이시하라, 도쿄도가 센카쿠 열도 3개 섬 매입하겠다고 발표
　　　 06. 20.　　일본 국회, 원자력기본법에 "국가의 안전보장에 이바지한다"는 조항 삽입
　　　 06. 29.　　도쿄 도심에서 20만 명 '원전 재가동 반대' 집회
　　　 08. 10.　　이명박 대통령 독도 방문, 한·일 관계 경색
　　　 09. 11.　　일본 정부, 센카쿠 열도 국유화 각료회의 결정, 중·일 갈등 고조
　　　 12. 16.　　중의원선거, 자민당이 압승해 정권 탈환
　　　 12. 26.　　제2차 아베 내각 출범
　　　 12. 27.　　스가 요시히데 관방장관 '고노 담화 수정' 언급
2013. 09. 07.　　IOC 총회에서 2020년 도쿄올림픽 개최 결정
　　　 12. 04.　　일본 '국가안전보장회의$_{NSC}$' 출범
　　　 12. 06.　　특정비밀보호법 강행 처리
　　　 12. 17.　　국가안전보장전략 채택
2014. 04. 01.　　방위 장비 이전 3원칙 각료회의 결정(무기 수출 3원칙 폐기)
　　　 05. 29.　　북·일 스톡홀름 합의
　　　 07. 01.　　집단적 자위권 행사용인 각료회의 결정
　　　 08. 05.　　《아사히신문》, 요시다 세이지의 위안부 강제 연행 증언(1991년 보도)이 허위라고 판단, 관련 기사 취소
2015. 04. 27.　　미·일 방위협력지침 개정 합의
　　　 08. 14.　　아베 총리 '전후 70주년' 담화문 발표
　　　 08. 15.　　하토야마 유키오 전 총리 서대문 형무소 역사관 사죄 방문
　　　 09. 19.　　안보법제 국회 통과, 국회의사당 주변에서 연일 반대 시위
　　　 12. 28.　　한·일 위안부 합의
2016. 08. 08.　　아키히토 천황, 생전 퇴위 표명
2017. 11.　　　　미 트럼프 행정부 '인도-태평양' 전략을 새로운 아시아 전략으로 채택
2018. 03. 12.　　재무성, 모리토모학원 스캔들 관련 공문서 조작 인정
2019. 04. 30.　　천황 생전 퇴위
　　　 05. 01.　　황태자 나루히토 즉위
　　　 07. 01.　　아베 총리, 반도체 3개 품목의 대한국 수출 규제

7장

**3·11은 왜
　　일본을
바꾸지 못했나**

1
민주당을 침몰시킨 대지진

민주당 정권 몰락을 재촉한 대지진과 원전사고

　2011년 3월 11일 오후 2시 50분쯤. 경향신문 도쿄특파원으로 근무 중이던 필자는 석간신문을 사기 위해 일본 도쿄 중심부인 지요다구 오테마치 산케이빌딩 지하 아케이드로 발길을 옮기고 있었다.
　2~3미터 앞 천장에 매달린 표지판이 조금 흔들리는가 싶었다. 이틀 전에도 가벼운 지진이 있었던 터라 '이러다 말겠지' 했다. 2~3초도 지나지 않아 지하도 바닥이 심하게 요동쳤다. 지하도를 지나던 여성들이 기둥을 잡은 채 "도시요どうしよう(어떡하지)"라며 당혹스런 표정을 지었다. 약한 지진에는 미동조차 않는 일본인들의 평소 태도와 사뭇 달랐다. 지하도의 가판대로 서둘러 가 보니 그 시간이면 이미 와 있던 석간신문이 10분이 지났는데도 오지 않았다.

지하철 마루노우치선, 지요다선, 한조몬선, 미타선 등이 정차하는 오테마치역 지하구 내에 긴급 안내방송이 울려 퍼졌다. "지금 큰 지진이 발생했습니다. 모든 역무원은 엘리베이터에 사람이 타고 있는지 확인 바랍니다. 지하도는 안전하니 승객들은 침착하게 대기해 주시기 바랍니다."

역무원들이 비상점검을 위해 사방으로 뛰어다녔다. 도심 건물 에스컬레이터와 엘리베이터가 일제히 멈췄다. 사무실에서 빠져나온 수십여 명의 회사원들이 길거리에 삼삼오오 모여 걱정스러운 표정으로 서성거렸다. 거리 전체가 금연 지역인데도 담배를 꺼내 무는 사람들이 보였다. 흰색 안전모를 쓴 채 메가폰을 든 한 건물관리인은 "건물 바깥보다 건물 안에 있는 것이 차라리 나을 것"이라며 건물을 빠져나오는 이들을 만류했으나 당황한 시민들의 귀에는 들리지 않는 듯했다.

TV에서는 안전모를 쓴 아나운서들이 다급한 표정과 목소리로 피해 소식을 전했다.

"여러분 절대로 혼자 있지 말고, 물건이 올려져 있는 곳에는 접근하지 마세요. 가스레인지와 전기기구를 확인하시고, 깨진 유리창이 있을지 모르니 집에서도 신발을 신고 계세요…."

안전모를 쓴 여성 아나운서가 대피 요령을 빠르게 안내했다. TV는 헬기를 통해 잡은 도쿄 시내의 한 건물에서 검은 연기가 피어오르는 장면을 지속적으로 내보냈다.

도쿄 시내의 지하철은 물론 JR(전철)도 운행 정지 상태였다. 미쓰코시 백화점 등 시부야, 신주쿠 등의 백화점은 지진이 발생하자 일시 폐쇄했고,

휴대전화도 끊기면서 시민들이 공중전화를 찾아 몰렸다. 도쿄 도심 신바시역 광장에도 시민 수백 명이 어쩔 줄 모르고 망연자실한 모습이 방송 화면에 잡혔다.

전철이 끊기자 직장인들은 대부분 회사에서 묵었다. 회사의 숙직실이나 여기저기 소파 등에 자리를 잡고 하룻밤을 보냈다. TV에서는 "무리해서 귀가하지 말고 회사 등 안전한 곳에 머물러 있으라"는 에다노 유키오枝野幸男 관방장관의 안내가 방송됐다.

일본 도호쿠 지방 태평양 연안에서 발생한 규모 9.0의 동일본 대지진은 미군기지 이전을 둘러싼 미국과의 갈등, 센카쿠 열도를 둘러싼 중국과의 마찰로 휘청거리던 민주당 정권의 몰락을 재촉했다. 대지진이 몰고 온 초대형 쓰나미로 2만 2,000명이 죽고 그 여파로 발생한 후쿠시마 제1원자력 발전소 대규모 방사성 물질 누출 사고로 47만 명이 피난해야 했다. 간 나오토 내각은 쓰나미와 원전사고를 수습하는 과정에서 난맥상을 드러내면서 '무능 낙인'이 찍혔다.

간 총리는 취임 직후인 2010년 6월 재정 건전화를 위해 소비세를 인상하겠다는 뜻을 밝혔다. 2009년 8월 총선에서 각종 복지 지출은 늘리되, 세금 인상은 없을 것이라고 공약한 민주당 정권이 증세 방침을 표명하자 여론이 돌아섰다. 이로 인해 한 달 뒤 참의원 선거에서 패배했고, 정권 기반이 흔들렸다. 오키나와 기지 문제로 전임 총리가 치명타를 입은 것을 곁에서 지켜본 간 총리는 미·일 동맹 복원으로 경로를 수정했다. 그해 9월 센카쿠 열도에서 발생한 중국 어선과 해상보안청 순시선 충돌 사건을 수습

2013년 2월 26일 동일본 대지진 당시 미야기현 게센누마 시내에 쓰나미에 밀려 온 선박이 2년이 지나도록 철거되지 않은 채 방치돼 있었다.

하는 과정에서 중국의 희토류 금수 위협에 굴복하는 모습을 보이자 간 내각의 지지율은 급락했다. 오자와 이치로, 마에하라 세이지 등 민주당 핵심들이 정치자금 스캔들에 휘말렸다. 동일본 대지진이 발생한 3월 11일 간 총리는 국회에서 마에하라 외무상의 정치자금 수수 의혹과 관련한 야당의 추궁에 진땀을 빼고 있었다. 가뜩이나 궁지에 몰린 민주당 정권을 대지진이 덮쳤던 것이었다.

지진과 쓰나미로 후쿠시마 제1원전의 비상발전 전원이 끊기면서 원자로 6기 중 1~3호기에서 핵 연료봉이 녹아내리는 멜트다운이 발생해 지진 다음 날인 12일부터 15일까지 1, 3, 4호기가 차례로 폭발했다. 후쿠시마 사고는 체르노빌 원자력발전소와 함께 국제원자력사고등급의 최고 단계인 7단계를 기록했다. 사고 이후 5개월간 대기에 유출된 방사성 물질 세슘-137은 1945년 히로시마에 떨어진 원자폭탄의 168배(일본 정부 추계)에 달했다. 후쿠시마 원전 운영 업체인 도쿄전력은 노심 과열과 방사성 물질 유출에 제대로 대응하지 못했을 뿐 아니라 책임을 모면하기 위해 현장 상황에 대한 보고를 누락하거나 지연하며 사태를 키웠다.

도쿄공업대학 물리학과 출신의 간 총리는 원전 250킬로미터 이내 5,000만 명이 피난하는 최악의 사태까지 염두에 두고 있었다.[1] 간 총리는 원전 1호기가 폭발했는데도 도쿄전력이 보고하지 않자 3월 15일 새벽 도쿄전력으로 쳐들어가 지휘본부를 차리고 사고 수습에 직접 나섰다. 노심 과열을 막을 냉각수가 부족하자 바닷물 투입을 지시했으며 도쿄전력의 현장 철수 검토를 직권으로 막으며 동분서주했다.

며칠 뒤 후쿠시마 원전에서 방출된 방사성 물질이 기류를 타고 도쿄까지 날아오면서 도쿄정수장이 오염되자 일본 열도는 패닉에 휩싸였다. 편의점 생수가 동이 났고, 도쿄 서쪽 지역으로 긴급 대피하는 주민들이 속출했다. 동일본 대지진과 쓰나미로 긴급 대피한 주민들은 구호물자가 제때 도착하지 않아 고통을 겪었다. 구호물자를 접수, 배분하는 과정에서 관료들이 보인 비효율과 관료주의적 태도로 재해 지역에서는 피난민들이 필요한 지원을 받지 못해 숨지는 '2차 재난'도 발생했다. 3월 17일 도호쿠 지

---

[1] 당시 일본원자력위원회 곤도 슌스케 위원장이 간 총리에게 제출한 '예측 시나리오'에 따르면 도쿄를 포함한 수도권까지 피난 대상 구역에 포함됐다. 일본 인구의 40퍼센트가 피난 대상이 되고 전 국토의 3분의 1이 기능을 상실하는 것을 의미했다. 菅直人, 『東電福島原発事故 総理大臣として考えたこと』(東京: 幻冬舎, 2012), 20-23쪽.

방 이와테현 오후나토시의 한 대피소 앞 운동장에 미군 헬기가 착륙해 식료품과 음료수 등 지원물자를 내려놓고 간 사례가 대표적이다. 세계 각국이 식료품과 비상물자들을 보냈지만 일본 정부가 "관련 매뉴얼이 없다"는 이유로 전달을 늦추자 화가 난 미군이 직접 주민들에게 물자를 전달한 것이다.

당시 일본 정부의 재해 대처는 악명을 떨칠 정도였다. 매뉴얼에만 의존하는 경직된 관료주의 탓에 다급한 상황에도 늑장 대처하기 일쑤였다. 사고 수습과 물자 지원이 한시가 급한데도 고속도로 통행허가증을 받으려면 해당 경찰서에 직접 가서 등록해야 하는 평상시의 시스템이 1주일 넘도록 바뀌지 않았다. 재해 지역 실종자 수색을 위해 구조견 5마리를 파견하려다 일본 당국이 '광견병 청정 지역'이라며 난색을 표해 1마리만 보낸 나라도 있다.[2] 긴급 상황에서도 절차를 따지느라 '골든 타임'을 허비하는 당국에 분노가 폭발했다. 한 달 뒤 치러진 지방선거에서 민주당은 참패했다.

그러나 민주당 정부가 그토록 무능했는지에 대해서는 평가가 엇갈린다. 코로나19 팬데믹에 대처하는 자민당 정권의 무능함이 두드러지자 3·11 당시 민주당 정부였던 것이 차라리 다행이었다는 말도 나온다.[3] 가짜 뉴스도 횡행했다. 도쿄전력이 후쿠시마 원전의 멜트다운 사실을 '간 총리가 알리지 말라'고 지시했다는 것이나, '간 총리 지시로 해수 주입이 일시 중단돼 사태가 악화됐다'는 보도들이다. 2018년 5월 서울환경영화제 참석

---

2 〈일본 시스템 뒤흔든 대지진: ① 관료주의·매뉴얼 집착이 신속 대응 막아〉,《경향신문》2011년 3월 24일.

3 白井聰,『長期腐敗體制』(東京: 株式會社KADOKAWA, 2022), 29·76쪽. 시라이는 예컨대 "후생노동성에서 코로나 대책을 담당하는 의료계 기술관료들은 코로나가 공기 감염된다는 사실을 인정하지 않고, PCR 검사는 억제해야 한다는 유언비어를 유포"시키기도 했다는 점을 들고 있다.

차 방한한 간 총리는 필자와의 인터뷰에서 "당시 원전 추진 세력들이 탈원전을 추진하던 나를 끌어내리려고 터무니없는 가짜 뉴스를 만들어 퍼뜨렸다"고 밝혔다. [4]

해결 기미 없는 방사능 오염

방사능 오염 공포가 확산되면서 정부가 설정한 안전 기준을 놓고도 불신이 증폭됐다. 문부과학성이 2011년 4월 유치원과 초등학교, 중학교 학생의 연간 방사선 피폭 한도를 20밀리시버트로 설정하겠다고 발표하자 총리실 소속 방사선 안전 전문가 고사코 토시소小佐古敏莊 도쿄대 교수가 "용인할 경우 나의 학자 생명은 끝이다. 내 아이라면 그 정도의 방사선에 노출시킬 수 없다"고 반발하며 사퇴했다. 정부가 정한 방사선 피폭 한도를 두고 정부 내 최고 권위자가 "사실은 매우 위험하다"고 국민에 호소한 것이어서 파장이 컸다.

간 총리가 교체된 뒤 정권을 잡은 노다 요시히코 총리는 후쿠시마 원전 사고 9개월 만인 2011년 12월 16일 "원자로가 냉온정지 상태에 이르렀고, 사고 자체도 수습됐다고 판단할 수 있다"고 밝혔다. 폭발이 일어난 원자로 1~3호기의 압력 용기 아랫부분 온도가 섭씨 100도 이하로 내려갔고, 방사성 물질 유출량이 목표치 아래로 줄었다는 점을 '냉온정지'의 근거로 꼽았

---

4 간 전 총리는 당시 인터뷰에서 '해수 주입 중단'이라는 가짜 뉴스는 아베 신조 당시 자민당 의원이 《메일매거진》을 통해 퍼뜨린 것이라고 주장했다. 〈원전마피아·아베 총리, 탈원전 막으려 가짜 뉴스 유포〉, 《경향신문》 2018년 5월 21일.

후쿠시마 원전사고 2년 뒤인 2013년 2월 25일 후쿠시마현 히로노마치에서 방진마스크에 헬멧을 쓴 방사능 오염 제거 작업원들이 농가의 밭 표면에서 걷어 낸 흙과 나뭇가지를 수거해 비닐 포대에 담고 있다.

다. 하지만 선언을 비웃기라도 하듯 두 달 뒤 2호기 원자로 온도가 400도까지 치솟았다. 《뉴욕타임스》는 '냉온정지 선언'이 기만적이라는 전문가들의 의견을 실었다.

제염으로 불리는 방사능 오염 제거도 지난한 작업이었다. 필자는 사고 2년 뒤인 2013년 후쿠시마 원전에서 반경 20~30킬로미터 거리인 후쿠시마현 히로노마치廣野町의 제염 작업 현장을 취재했다. 방진마스크를 쓴 헬멧 차림의 작업원들이 농가의 밭 표면에서 일정 두께로 흙을 긁어낸 뒤 나뭇가지, 지푸라기 등과 함께 비닐포대에 담는 식으로 작업이 이뤄졌다.

현장을 지켜보면서 과연 이 정도로 미세입자인 방사성 물질이 제거될지 강한 의문이 들었다. 사고 1년 뒤 일본원자력연구개발기구는 토양에 쌓인 세슘 등 방사성 물질이 빗물 등에 의해 지표면 10~30센티미터까지 파고든 것으로 추정했다. 토양 오염 제거가 그만큼 어려워졌다는 의미다.[5]

지표면도 그렇지만 주택의 제염은 더욱 복잡하다. 물에 적신 종이수건으로 지붕의 기와를 한 장 한 장 닦아 내고, 고압살수기로 빗물관 내부를 청소해야 했다. 방사성 물질 세슘-137은 콘크리트 등 다공질 건축재의 구멍에 들어가면 표면을 닦아 내거나 고압살수기를 분사해도 좀처럼 씻겨 나가지 않는다. 사고 2년이 지난 뒤 후쿠시마에서 만난 기초단체 간부는 "오래된 지붕은 제염을 해도 효과가 없다"고 말했다.[6]

더구나 마을 주변 숲에 쌓인 방사성 물질의 제거는 엄두도 못 낸다. 마을의 제염 작업을 마치더라도 바람이라도 불면 숲에 쌓인 방사성 물질이 마을을 뒤덮어 방사선 수치가 다시 올라가기 때문이다. 사고 10년이 지난 2021년 현재 제염이 완료된 면적은 15퍼센트(그린피스 평가)에 불과했으며 원전 반경 20킬로미터 이내 지역의 주민 귀환율은 10퍼센트에 불과하고 그나마 노인이 대부분이었다.[7]

그로부터 13년이 더 지난 2024년에도 일본 정부는 멜트다운으로 원자로 바닥에 쌓인 핵연료 잔해(데브리) 880톤에 대한 처리는커녕 접근조차 제대로 하지 못했다. 도쿄전력은 9월 핵연료 잔해 3그램가량의 시험 반출을 시도했으나 장비에 부착된 카메라가 고장을 일으키면서 실패했다. 녹아

---

[5] 〈일본 원전사고 유출 세슘 지하 30cm까지 침투〉, 《경향신문》 2012년 3월 14일.

[6] 〈정부, 원전 안정화 서둘러 주민 복귀 도와야〉, 《경향신문》 2013년 3월 4일.

[7] 〈원전 안전과 '탈원전' 당위성 일깨우는 후쿠시마 10년〉, 《경향신문》 2021년 3월 9일.

내린 핵연료가 치명적인 방사능을 뿜어내면서 기계의 작동을 방해하고 있는 것이다. 사고 당시 일본 정부와 도쿄전력은 핵연료 잔해를 회수하고 원자로를 해체하는 데 최장 40년이 걸릴 것으로 예상했지만, 이런 상태라면 100년 이상 걸릴 가능성도 있다.

시대의 구획선이 된 3·11

일본인들에게 동일본 대지진은 2차 세계대전 패전에 맞먹는 대충격이었다. 역사학자 요나하 준은 "영원히 계속될 것처럼 보였던 '후기 전후'의 나른한 일상을 잔혹하게 찢어 버린 채, 대지진은 패전 직후의 혼란상으로 일본을 끌고 간 듯했다"고 평했다.[8] 문화비평가 우노 쓰네히로宇野常寬는 원전사고 이후 일본인들이 느낀 감각에 대해 "인간이 만들어 냈지만, 인간의 통제를 벗어나 우리의 생활 세계를 내부로부터 갉아먹는" 존재가 "비일상적인 긴장감을 내포한 일상"을 살아가도록 만들고 있다고 표현했다.[9]

와다 하루키 도쿄대 명예교수는 "8·15가 스스로 일으킨 전쟁을 그만두고 앞으로 평화 속에 산다고 한 때였다면, 지금은 자연의 힘에 무너져, 우둔함으로 스스로 악재를 배로 키운 사람이 그 고통의 밑바닥에서 일어나 자연과의 새로운 공생을 촉구할 때"라고 했다.[10] 1945년 8월 15일 쇼와 천황의

---

8 요나하 준 지음, 이충원 옮김, 『헤이세이사 1989~2019: 어제의 세계, 모든 것』(마르코폴로, 2022), 452쪽.
9 宇野常寬, 『リトル・ピープルの時代』(東京: 幻冬舎, 2011), 6-7쪽.
10 〈3·11은 새로운 8·15이다〉, 《경향신문》 2011년 7월 5일.

종전 선언 방송으로 시작된 '전후戰後'가 종언을 고한 것으로 본 것이다.

과학사가 야마모토 요시타카는 원전사고를 가리켜 "도쿠가와 막부 말기와 메이지 유신 이래 150년에 걸쳐 일본을 지배해 온 과학기술에 대한 환상의 종언을 의미한다"고 했다.[11] 동일본 대지진과 후쿠시마 원전사고는 이처럼 한 시대를 끝내고 새로운 시대를 여는 시대구분선의 의미로 다가왔다.

반면 재일지식인 서경식 등 마이너리티들은 3·11 이후 일본 사회의 분위기에서 위화감을 느꼈다. 원전사고는 명백히 '인재'이자 전 세계의 환경과 인류에 해를 입히는 '가해'인데도 일본은 자신들이 겪는 고난과 재난만을 강조하고 있는 것은 부적절하다는 것이다.

> (동일본 대지진 이후) 스포츠 선수나 록 가수들이 출연해서 "일본은 강한 나라다!" "힘내라, 일본!" 등의 구호를 외치는 광고를 볼 때마다 나는 불길한 생각에 사로잡혔다. (중략) 한 묶음의 레토릭으로 국민적 단결을 고무하고 어려움을 헤쳐 나가려는 것이겠지만, 그 단결을 위해서는 '국민의 적'이 필요한 게 당연한 이치다. 앞으로 어려움이 장기화되고 지배층에 대한 사람들의 불만이 쌓여 가면 틀림없이 적을 만들어 내려 할 것이다. 이에 반대하는 국민은 '비국민'이라는 말을 듣게 될 것이다. (중략) 그럴 때 '적'이 되어 버릴 가능성이 높은 존재가 재일조선인이다.[12]

---

11 야마모토 요시타카 지음, 서의동 옮김, 『일본과학기술총력전』(AK커뮤니케이션즈, 2019), 391쪽.
12 서경식 지음, 한승동 옮김, 『다시, 일본을 생각한다: 퇴락한 반동기의 사상적 풍경』(나무연필, 2017), 182-185쪽.

이미 한계를 드러낸 민주당 정권이 재난 이후 불거진 문제점과 일본인들의 이해를 골고루 반영해 새 질서를 이끌어 갈 것이라는 기대는 없었다. 결국 민주당 정권은 역사적인 정권교체를 이루며 집권한 지 3년 3개월여 만에 단명하고 만다. 냉전 해체와 함께 자민-사회당의 보·혁 동거체제가 무너진 뒤 소선거구제 도입으로 보수 양당제 체제로 이행한 일본 정치는 자민당의 대체 세력으로 기대되던 민주당이 철저히 몰락하면서 당초 기대했던 시스템의 균형이 상실되고 말았다. 역사수정주의를 장착한 네오콘 그룹의 거침없는 독주가 2010년대 내내 펼쳐지게 됐다.

2
이루지 못한 '수국 혁명'

고엔지의 반란

　도쿄 서부의 고엔지高円寺 거리는 1960년대 일본 학생운동의 본거지로, 60년이 지난 지금도 리버럴한 분위기를 느낄 수 있는 곳이다. 동일본 대지진과 후쿠시마 원전사고가 발생한 지 한 달째였던 2011년 4월 10일 이곳에서 1만 5,000명(주최 측 추산)의 시민이 운집한 '탈원전 집회'가 열렸다. 시민단체 '아마추어의 반란' 주최로 열린 이 집회에서는 체르노빌 원전사고에 버금가는 후쿠시마 원전 참사를 겪고 있는 시민들의 당혹감과 울분이 폭발했다. 참가자들은 "그동안 정부는 원전이 안전하며 친환경적이라고 강조해 왔지만 결국 이런 엄청난 사고가 났다"며 "원전은 한시라도 빨리 폐기해야 한다"고 주장했다. 픽업트럭을 개조한 차량에 탄 밴드의 연주에 맞춰 참가자들은 '안전신화 완전 붕괴', '원전은 안 돼'를 외쳤다. 'NO

NUKE' 손팻말을 든 시민들부터 '부유층 도쿄 탈출'이라는 대형 플래카드를 든 참가자들로 거리가 가득 메워졌다.

동일본 대지진과 원전사고 이후 요긴한 소통 수단이 된 트위터에서 집회 예고를 접한 필자도 현장을 서둘러 찾았다. '일본의 시위는 얌전하다'는 선입견과 다른 '불온한' 공기가 느껴졌다. 긴장한 경찰들이 확성기를 들고 해산 종용 방송을 했으나 시위대는 아랑곳하지 않았고 "경찰이 더 시끄럽다"며 야유를 퍼부었다. 현장 상황을 스케치한 기사가 다음 날 《경향신문》에 크게 실렸다. 하지만 놀랍게도 《아사히신문》을 비롯한 일본 주요 신문들은 고엔지 시위를 전혀 다루지 않았다. 《아사히신문》 기자에게 물으니 "반원전 시위는 극좌파가 배후에 있는 경우가 많다"고 했다. 그의 담당 분야가 아니라서 정확한 설명은 아니었지만, 핵 발전에 대한 기성 언론들의 인식을 엿보게 했다. 시위대의 행장을 보면 사전 준비도 있었고, '좌파'도 가담했겠지만 1만여 명 시위라면 주목하는 것이 마땅한데도 사태 초기 일본 언론들의 탈원전 여론을 대하는 방식은 대학생 시위가 사회면 1단으로 실리던 1980년대 한국 언론과 다를 게 없었다. 원전사고에 대한 일반인들의 인식과 기성 언론들의 인식에 격차가 느껴졌다. '일본의 삼성전자'로 통하는 거대 광고주 도쿄전력 탓에 원전 비판 보도에 소극적이던 관성이 작용했을 수도 있다.[13] 당시 신문들은 방사능의 위험성을 제대로 환기시키기보다 '이 정도면 안전하다'는 제목을 우선 돋보이게 뽑고 전문가들의 우려는 작은 제목으로 소개했다. 국민에게 지나친 불안감을 주지 않으려는

---

13 원전사고 직후 폭발로 철골이 흉하게 드러난 4호기 참상을 촬영한 사진이 도쿄전력의 반대로 보도되지 못하는 일도 있었다. 青木美希, 『なぜ日本は原発を止められないのか?』(東京: 文藝春秋, 2023), 158–161쪽.

뜻으로 이해하려 해도 자기검열이 지나치다는 인상은 지울 수 없었다.

고엔지 시위는 한동안 일본 사회를 달궜던 반핵 시위의 예고편이었다. 정치에 무관심했던 청년들이 사고를 계기로 시위에 참가할 뿐 아니라 직접 조직하는 '데모 데뷔'가 사회 현상이 되었다. 1970년대 극렬했던 학생운동 탓에 시위가 터부시됐던 일본 사회에서 놀라운 변화가 일어나고 있었다.

20만 명의 도쿄 도심 시위

원전사고 이후 첫 '골든 위크'(4월 말~5월 초의 연휴 기간)인 2011년 4월 30일 도쿄 도심 시부야에서 1,000명이 참가한 가운데 열린 '반원전' 가두행진은 20대 회사원이 조직했다. 히라노 타이치(당시 26세)는 트위터에 "시부야에서 탈원전 데모를 벌일 계획이니 참가 희망자는 회신 바란다"고 올린 뒤 이에 호응한 4명과 역할을 분담해 행진 코스를 정하고, 경찰에 집회시위 신고서를 제출하는 등 준비를 마무리했다.[14] 그는 《도쿄신문》과의 인터뷰에서 "원전 안전 신화가 허구임이 명백해졌고, 방사성 물질 유출이 계속되고 있는 상황에서 냉정을 유지하는 것이 최선이라고 생각하지 않는다"고 했다. 골든 위크 연휴 기간 도쿄는 물론, 나고야, 오사카, 고베, 후쿠오카 등 전국 대도시에서 반원전 시위가 봇물처럼 열렸다.

과거 일본의 시위가 노동조합원이나 시민단체 회원들이 질서정연하

---

14 〈대지진, 원전사태 이후…일본 젊은이 데모에 눈뜬다〉, 《경향신문》 2011년 5월 4일.

게 구호를 외치며 정해진 코스를 따라 행진하는 것이 보통이었다면 '후쿠시마' 이후는 여고생이나 주부 등 보통 시민들이 트위터 등을 통해 시위를 조직하고, 자발적 참가자들이 주도하는 방식으로 바뀌었다. 아마미야 가린은 "권력에 순종하던 일본인들이 원전사고로 권력을 의심하게 됐고, 모순을 해결하려면 스스로 나서야 한다는 '당사자 의식'이 강해졌다"고 설명했다.

2012년 6월 29일에는 20만 명(주최 측 추산)이 총리관저가 있는 도쿄 나가타초에서 정부 청사가 밀집한 가스미가세키 앞 도로 1킬로미터를 가득 매운 채 '원전 재가동 반대' 시위를 벌였다. 이 시위는 '수도권 반원전 연합'이 3월 말부터 매주 금요일마다 개최한 '금요시위'로, 첫 참가자가 300명에 불과했으나 회를 거듭하면서 규모가 20만 명까지 불어난 것이다. 시위 장소도 가스미가세키 등 관청가와 전통적인 집회 장소인 히비야 공원은 물론이고 시부야, 신주쿠 등 대표적인 도심으로도 확산됐다. 신주쿠의 대표적인 약속 장소인 JR 신주쿠역 동쪽 출구의 알타스튜디오 앞에서 2012년 7월 1일 벌어진 시위에는 빗속에서도 8,000여 명이 모여 '노다 총리 퇴진'을 외쳤다.

후쿠시마 원전사고를 계기로 탈원전 여론이 높아지고 있는데도 정부가 아랑곳없이 원전 재가동에 나서면서 시민들의 저항이 거세졌다. 시위 참가자들은 금요 시위를 '수국 혁명'이라고 불렀다. 일본에서는 아지사이라고 부르는 수국은 여름철에 일본 동네 골목에서 흔히 볼 수 있는 꽃이다. 작은 꽃망울이 모여 큰 봉오리를 이루는 수국처럼 시민 개개인의 힘은 작

후쿠시마 원전사고가 발생한 지 6개월이 지난 2011년 9월 18일 도쿄 시내에서 후쿠시마 아이들이 '원전 필요없어'라는 구호가 적힌 플래카드를 들고 행진하고 있다.

지만 모여서 큰 소리를 내면 나라를 바꿀 수 있다는 뜻이 담겨져 있다.

일본 사회는 실로 오랜만에 '탈원전'으로 대동단결하는 듯 보였다. 이 무렵 10대 소녀들로 구성된 '사회파 걸그룹'을 인터뷰한 적이 있다.[15] '제복향상위원회'라는 독특한 이름을 가진 이들은 원전사고 3개월 뒤 〈탈, 탈, 탈원전의 노래〉를 발표했다. 후쿠시마 원전사고의 수습 과정과 일본 원전 정책의 문제점을 정면으로 비판한 노래인데, 원전사고 이후에도 영향력이 막강한 '원전마피아' 세력의 압력 탓에 라디오 등 대중매체로부터 철저히 외면 받았지만 집회 현장에서는 단연 주목을 받았다. 멤버 중 한 명이 인터뷰에서 "이 노래만큼은 부르게 하고 싶지 않다고 걱정한 부모님들도

---

15 〈탈원전 외치는 '제복향상위원회'…이런 걸그룹 보셨나요〉, 《경향신문》 2012년 9월 1일.

있었다"고 하던 것이 인상적이었다. 일본 최강의 권력 집단인 '원전마피아'를 정면에서 비판하는 노래라 부모들조차 걱정됐던 것이다.

좌절한 '작고 안전한 나라'의 꿈

 2012년 7월 16일 도쿄 요요기 공원에서 17만 명이 운집한 가운데 열린 '사요나라 원전' 집회는 탈원전 시위의 분수령을 이뤘다. "일본이 작은 나라가 되는 것이 그렇게 부끄러운 일인가요?" 도쿄 특유의 무더위에 햇살마저 쨍쨍 내리쬐던 이날 연단에 나선 81세 여성 작가 사와치 히사에澤地久枝가 던진 질문은 여전히 귓전에 생생하다. 그의 질문은 직접적으로는 일본 사회가 '원전을 안고 갈 것인가'라는 논쟁을 향한 것이지만 보다 넓게는 '포스트 후쿠시마'의 일본의 방향에 관한 것이기도 하다.

 원전사고 이후 일본에서는 '하산下山 논쟁'이 불거졌다. 하산론은 일본이 이미 세계 2위 경제대국이라는 산 정상에 올랐으니 안전하게 하산로를 밟아 내려가자는 '탈성장론'을 가리킨다. 일본의 작가 이쓰키 히로유키五木寬之가 2011년 펴낸 『하산의 사상』이 베스트셀러에 오르면서 "등산이냐 하산이냐"는 논쟁에 불을 붙였다. 20년에 걸친 장기 불황에 저출산·고령화로 경제 활력이 줄어들면서 일본은 2010년 국내총생산GDP이 중국에 추월당했다. 일본이 '하산의 시대'에 접어들었는데도 현실을 인정하지 않고 성장에 집착하는 바람에 해마다 3만 명이 넘는 이들이 자살할 정도로 국민이 불행해지고 있다는 것이 하산론의 주장이다. 하마 노리코浜矩子 도시샤대 교수는 필자와의 인터뷰에서 다음과 같이 말했다.

> 일본은 세계 최대의 채권 보유국이며 풍부한 자산과 인프라를 갖춘 경제이기 때문에 성장에 매달릴 필요가 없다. 성장에 집착하다 보면 신흥국들과 수출 경쟁을 벌이느라 근로자들은 저임금에서 헤어나지 못하고, 내수 불황이 지속된다. 대신 해외투자로 벌어들인 부를 나눠 격차를 해소하고, 지역경제와 지역공동체의 내실화에 힘을 쏟자.[16]

하산론은 성장주의에서 벗어나 지역 간 격차 해소와 복지·의료·환경 등에 대한 투자로 내수를 확대하는 것이 바람직하며, 에너지 정책에서도 원전에서 벗어나 재생에너지 비중을 늘리자고 주장한다. '작지만 아이들이 안전하고 행복을 누릴 수 있는 나라'를 만들자는 '하산론'은 후쿠시마 원전에서 분출되고 있는 방사성 물질로 인한 방사능 공포가 일본 열도를 휘감고 있는 현실과도 직결돼 있었고, 따라서 그 핵심은 '탈원전' 여부에 달려 있었다. 사와치의 외침은 일본이 원전을 동원한 성장 전략에서 벗어날 것을 촉구한 것이지만, 전후 '원자력의 평화적 이용'이라는 명분하에 원전을 전력원으로 사용해 온 세계 각국에 던진 물음이기도 했다.

각성한 일본인들의 탈원전 열망은 원전마피아들의 원전 재가동에 제동을 걸며 민주당 정권을 탈원전 기조로 나아가도록 추동했다. 그러나 민주당 정권이 추진하려던 탈원전 정책은 미국의 견제로 좌초했다. 노다 내각

---

16 〈'탈성장론' 외치는 하마 노리코 도시샤대 교수〉, 《경향신문》 2012년 9월 29일.

이 2012년 9월 14일 개최한 각료회의는 '2030 원전 제로' 등 핵심 내용이 빠진 에너지 계획을 의결했다. 원전 참사를 계기로 '탈원전 국가'로 전환하려던 일본의 야심찬 계획이 미·일 동맹의 벽을 넘지 못한 것이다. 이 시기의 일본 정국을 살펴보면 '탈원전'을 방해하는 석연치 않은 동학動學이 존재했다. 센카쿠 열도를 둘러싼 중·일 갈등이 그것이다.

영토 갈등의 석연치 않은 타이밍

필자는 2012년 전개된 중·일 갈등이 탈원전 이슈를 덮기 위해 교묘하게 기획된 것 아닌가 하는 의문을 가져 왔다. 우익 정치인의 대표 격인 이시하라 신타로 당시 도쿄도지사가 4월 16일 미국 헤리티지 재단 초청으로 방미한 자리에서 "민간인이 소유한 센카쿠 열도를 도쿄도가 사들여 관리하겠다"며 중·일 영토 분쟁의 씨앗을 뿌렸다. 사흘 전인 4월 13일 노다 총리가 간사이 전력의 오이원전 2기를 재가동하겠다고 밝히면서 여론이 들끓던 시점이었다. 이시하라의 움직임에 대응해 노다 총리가 '센카쿠 국유화' 방침을 꺼낸 시점은 20만 명에 달하는 시민들이 총리 관저 앞에서 '원전 재가동 반대'를 외치던 6월 29일로부터 8일 뒤인 7월 7일이었다.

이시하라와 노다의 '주고받기'가 중국을 자극하면서 센카쿠 중·일 갈등이 9월에 절정으로 치달았다. 중국에서 벌어진 대규모 반일 시위가 뉴스를 도배하던 중 일본 정부는 '2030 원전 제로' 등 핵심 내용을 빼 버린 에너지 정책을 의결했다. 탈원전 이슈가 영토 문제에 번번이 덮이던 상황이 단순한 우연이었는지, 보이지 않는 거대한 힘의 작용으로 봐야 할지 여전히 의문이 남는다.

센카쿠 문제는 대지진과 원전사고로 일본 사회에 형성된 '피해자 의식'을 한껏 자극한 이슈였다. 지진이 빈발하는 일본이 수십 개의 원전을 국책사업으로 지었던 것이 후쿠시마 원전사고의 화근인 셈이고, 그렇다면 일본은 재난의 피해자이면서 전 세계 환경과 인류에 해를 입힌 '가해자'이기도 하다. 하지만 일본 사회에서는 자신들이 입은 피해에만 몰두하면서 "미증유의 재해 극복을 위해 단결하자"는 '재해 내셔널리즘'에 휩싸였다. 영토 문제는 그 단결을 촉진시키는 데 안성맞춤의 소재였다.

영토 문제가 압도하면서 총선이 있던 2012년 12월에 접어들면 탈원전 의제는 맥 빠진 이슈가 돼 버렸다. 원전 재가동을 내건 아베의 자민당이 민주당에 대승을 거두며 손쉽게 정권을 탈환했다. 후쿠시마 원전사고 이후 '작고 안전한 나라'를 꿈꾸던 이들은 절망했다. 시민들의 자연발생적인 참여로 만들어 낸 탈원전 운동은 2015년 실즈SEALDs(자유와 민주주의를 위한 학생긴급행동)의 안보법제 반대투쟁으로 이어졌으나 어느 것 하나 목표를 달성하지 못하고 좌절했다.

3
"쇼와의 영광을 되살리자"

대지진과 원전사고가 불러온 디스토피아

대지진과 후쿠시마 원전사고로 어수선하던 무렵 일본인들을 열광케 한 영화가 있었다. 2005년부터 제작돼 빅히트를 기록한 〈올웨이즈 3번가의 석양〉 시리즈 3탄이 2012년 1월 개봉한 것이다. '1000만 관객'이 드문 일본에서 개봉 3주 만에 150만 명의 관객을 모을 정도로 영화가 흥행했던 것은 '희망과 꿈이 있던 과거'를 회고하고픈 일본인들의 정념에 제대로 부응하는 내용이었기 때문이다.

일본의 국민작가 사이간 료헤이西岸良平의 만화를 원작으로 한 영화는 1955년부터 도쿄올림픽이 열리던 1964년 시기 시타마치下町로 불리는 도쿄의 서민 동네를 배경으로 한다. 도호쿠 지방에서 집단취직 열차를 타고 상경해 조그만 차량정비소 사장 집에 숙식하며 자동차 정비공이 된 10대

여성, 불량식품과 잡화를 파는 문방구 주인이자 소설가 지망생과 그가 흠모하는 선술집 여성, 전쟁 중 가족을 잃은 의사 등이 부대끼며 따스한 휴먼드라마를 연출한다. 영화 속 인물들은 막 공사를 시작한 도쿄타워를 바라보며 '내일의 희망'에 부푼다. 장기 불황의 각박한 현실에 시달리는 관객들은 그들이 잃어버린 소중한 것들을 영화에서 찾아내려고 애썼다.

쇼와 시대는 쇼와 천황의 재위 기간(1926~1989) 전체를 일컫지만, 보통은 2차 세계대전 패전 이후를 가리킨다. 특히 도쿄올림픽이 열리던 1960년대 전반까지 일본은 패전에서 벗어나 전 국민이 성장을 향해 일사불란하게 움직이던 희망의 시대였다. 이 시기를 일본인들은 '가난해도 내일은 나아질 것이라는 꿈과 따뜻한 가족애가 있던 시절'로 기억한다.

영화의 제3탄이 개봉될 무렵의 일본 사회는 디스토피아 상태였다. 대지진과 원전사고로 전력 부족 사태가 벌어지자 도쿄와 수도권 일대에는 '계획정전'[17]이라는 명목하에 구역별로 순차 정전이 실시됐다. 전철은 낮에 실내 등을 끄고 운행했으며 역구내 에스컬레이터 앞에는 '통행 금지' 입간판이 세워졌다. 사무 빌딩들의 엘리베이터도 절반 이상이 멈춰 섰다. 도쿄의 밤을 화려하게 수놓던 도쿄타워도 조명 스위치를 내렸고 주택가 골목의 가로등도 절반 이상 꺼져 어둑했다. TV는 한동안 상업 광고 대신 공익 광고만을 내보냈다. '지금 내가 할 수 있는 것'이라는 자막 아래 '안 쓰는 전기제품 콘센트를 빼고, 불필요한 전화 메일을 삼가자'는 안내가 화면을 채우거나 일본의 인기 가수들이 등장해 "일본의 힘을 믿습니다"는 메시지

---

17 동일본 대지진과 후쿠시마 원전사고로 인해 도쿄전력 관할 지역의 전력 공급이 부족해지자 3월 14일부터 3월 28일까지 도쿄, 지바현, 야마나시현, 시즈오카현, 이바라키현에서 순차적으로 정전이 실시됐다. 정전 시간은 1회 3시간이었다.

후쿠시마 원전사고로 인한 전력난으로 절전 운동이 전개되던 2011년 일본 사이타마 현청 직원들이 조명을 반만 켜 놓고 근무하고 있다.

를 던지는 식이었다. 1988~1989년 쇼와 천황이 와병으로 숨지기 전까지 몇 달간 일본 사회에서 일었던 자숙 분위기와 흡사했다. 천황의 와병 기간 야구대회가 중지되고, 연예오락 프로그램이 교체됐으며 '삶의 환희' 등의 글귀가 포함된 광고 포스터는 철거됐다. 송년 및 신년회나 연하장 교환도 자제됐다.[18]

후쿠시마 원전에서 250킬로미터 떨어진 도쿄와 수도권 일대가 방사성 물질로 오염되면서 '핫스팟(방사선량이 높게 나타나는 지역)'이 곳곳에 등장하자 외출이 줄어들었다. 정수장이 오염되면서 수돗물 공포가 확산됐고, 채소, 해산물 등이 오염됐다는 소식에 먹거리 공포가 뒤따랐다. 도쿄 수돗물

---

18 오구마 에이지 지음, 김범수 옮김, 『일본 양심의 탄생』(동아시아, 2015), 313쪽.

에서 방사능이 검출되자 일본 정부는 "1년간 마셔도 인체에는 영향을 미치지 않는다"고 애매하게 답했다. 불안을 해소하려면 정보를 충분히 제공해야 하는데도 불충분하게 대응하다 보니 뜬소문과 사재기가 확산됐다. 외국 기업들이 자국 정부의 철수 권고에 따라 도쿄 사무실을 폐쇄했다는 우울한 뉴스들이 끊이지 않았다. 이런 현실에서 일본인들은 '예전의 쇼와 시대가 좋았다'는 회고 취미로 일상을 달랬다. 일본 방송들은 미소라 히바리加藤和枝 같은 쇼와 시대 스타들의 화면을 '비장秘藏 영상 대방출' 등의 타이틀을 달아 빈번히 내보내면서 '레트로붐'을 부추겼다. 20여 년 장기 불황에 대지진이 겹치는 고난의 현실에서 '욱일승천'하던 과거를 회고하며 위안을 찾으려는 심리 상태가 일본 사회를 지배했다.

도쿄올림픽이라는 복고주의와 원자력의 '군사적 이용'

2012년 12월 총선에서 민주당을 제압하고 등장한 아베의 자민당 정권이 내건 구호는 "일본을 되찾자日本を取り戻す"였다. 그들이 되찾으려는 일본은 거리에 희망이 넘치고 사람들이 다소 흥청거리기도 했던 전후 일본의 고도성장시대였다. 그러나 이는 성숙 단계에 들어선 일본의 경제 조건을 고려하지 않는 시대착오적인 '개도국'형 정책이었다.

아베는 1964년 도쿄올림픽과 1970년 오사카 만국박람회(오사카 엑스포)가 잇따라 개최되던 '아름다운 과거'를 재현하고 싶어 했다. 대외적으로는 제1차 세계대전 전승국으로서 국제사회에서 발언권을 높여 가던 1920년대 일본을 꿈꿨다. '쇼와의 영광을 되찾겠다'는 것이 아베의 꿈이었던 것이다. '쇼와 복원 프로젝트'의 핵심은 올림픽 유치였다. 일본은 1964년 도쿄 올림픽을 통해 2차 세계대전 패전의 상처를 딛고 국제사회에 '부흥'을 공표했다. 아베는 일본이 대지진과 원전사고라는 '제2의 패전'을 딛고 부활했음을 2020년 도쿄올림픽을 통해 선언하고 싶었던 것이다. 올림픽 유치 캠페인에는 탈원전 등 사회개혁 요구를 덮으려는 의도도 숨어 있었다.

올림픽을 유치하려는 아베의 의욕은 2013년 국제올림픽위원회에서 2020년 도쿄 올림픽 개최를 주장하며 후쿠시마 원전의 오염수 문제에 대해 "언더 컨트롤under control"이라며 무리수를 둔 것에서도 드러났다. 부흥 올림픽에서 좋은 성적을 올리기 위해 문부과학성 산하에 스포츠청을 설치하고 선수들의 경기력 향상 사업 예산도 크게 늘렸다. 금메달리스트에게 주는 상금도 대폭 올랐다. 과거 생활체육 중심이던 일본이 엘리트 스포츠 정책 쪽으로 무게중심을 옮긴 것은 스포츠대회 선전으로 일본의 사기를 높이겠다는 의도였다.[19]

앞 절에서 살펴봤듯이 민주당 노다 정권은 '2030년대까지 원전 가동 제로 목표'를 세웠다가 미국에 의해 제동이 걸리긴 했으나 '점진적 탈원전' 기조는 유지했다. 아베는 재집권하자마자 이를 뒤집었다. 아베는 "전전 일본은 미국에게 석유 등 에너지를 의존하고 있었다. 미국이 석유 수출을 금

---

19 코로나19로 인해 1년 연기돼 2021년 개최된 도쿄올림픽에서 일본은 금메달 27개, 은메달 14개, 동메달 17개로 미국, 중국에 이어 종합 3위를 차지했다. 2012년 런던올림픽 메달 순위 11위, 2016년 리우데자네이루 올림픽 6위에 비하면 크게 향상된 성적이다.

지한 것이 원인 중 하나로 작용해 전쟁에 돌입했다"고 주장했다.[20] 원전 재가동을 에너지 안보 차원에서 접근해야 한다는 취지다. 그보다는 핵기술 보유가 대국의 조건이라는 대국주의적 집착과 원전마피아의 기득권 유지 필요성이 더 크게 작용했을 것이다. 쇼와의 고도성장을 재현하려는 욕망이 큰 아베로서는 탈성장 담론과도 연결된 탈원전은 용인하기 어려운 것이었다.

아베 정권은 2014년 4월 "원자력은 에너지 수급 구조의 안정성에 기여하는 중요한 '기저부하 전원'"이라는 내용의 에너지 기본 계획을 발표했고, 7월에는 전체 발전에서 원전의 비중을 20~22퍼센트로 정했다. 이 목표를 달성하기 위해 일본 원자력규제위원회는 2016년 6월 후쿠이현 다카하마 원전 1, 2호기의 수명을 20년 연장하는 원전 가동 연한을 40년에서 60년으로 늘렸다. 후쿠시마 이후 안전 규제가 강화되면서 가동 중단 상태가 지속되거나 폐로를 결정하는 원전도 등장했지만 아베 이후 일본은 원전 비중을 점차 늘려 가고 있다.

일본의 원전 정책과 관련해 눈여겨볼 대목은 핵의 군사적 이용과의 관련성이다. 원전사고 수습이 한창이던 2012년 6월 일본 국회는 원자력규제위원회설치법을 제정하면서 1조(목적)에 '우리나라의 안전보장에 이바지한다'는 문구를 넣었다. 부칙 12조에는 '원자력기본법 2조에 원자력 이용의 안전 확보는 국민의 생명과 건강 및 재산의 보호, 환경보전과 함께 국가의 안전보장에 이바지하는 것을 목적으로 한다'는 항목을 추가했다. 하

---

20 2012년 일본 언론인 오시타 에이지와의 인터뷰. 길윤형 지음, 『아베는 누구인가』(돌베개, 2017), 397쪽에서 재인용.

위법인 설치법 부칙을 통해 상위법인 원자력기본법의 핵심 조항을 개정하는 꼼수였다.[21] 법 개정 추진 과정도 석연치 않았다. 내각이 각료회의에서 결정한 법안엔 없던 조항을 야당인 자민당이 국회 법안 수정 협의 과정에서 요구했고, 이를 여당인 민주당이 수용하는 방식으로 개정된 것이다. 국회(중의원)를 통과할 때까지 국회 홈페이지에도 게재되지 않아 시민사회가 공론화할 기회도 없었다. 원전사고에도 불구하고 핵무장을 지향하는 데는 여야가 따로 없었던 셈이다.

남성만의 영광

민주당 정권은 '콘크리트에서 사람으로'라는 공약 아래 댐 건설 등 산업 인프라 확충 위주의 공공사업을 폐지하는 대신 환경과 복지, 의료 등 공공투자를 늘리며 지역 간 격차를 해소하고자 했다. 민주당이 내세운 '새로운 공공성'은 성장의 한계를 맞이한 성숙국가 일본에서 내수를 확충하고 양극화를 줄일 수 있는 전략이었다.[22] 그러나 아베 집권 이후 토건 분야에 선심성 사업에 다시 재정을 투입하고 엔화 약세로 수출 대기업을 지원하는 개발도상국형 정책으로 되돌아갔다.

아베는 일본을 '미즈호瑞穗의 나라'로 표현하곤 했다. 미즈호는 '신선한 벼이삭이 자라는 모양'을 가리키는 것으로 남성주의가 강한 전통적인 공

---

21 〈평화헌법 거꾸로 가는 日, 핵무장 빗장까지 풀다〉, 《동아일보》 2012년 6월 22일.
22 하토야마 유키오 지음, 김화영 옮김, 『탈대일본주의: '성숙의 시대'를 위한 국가의 모습』(중앙일보플러스, 2019), 191~194쪽.

동체주의가 살아 있는 나라를 만들겠다는 취지다. 자연히 여성 정책은 후퇴했다. 아베는 전임 정부가 추진하던 보육원 확충 대신 육아휴직을 3년으로 늘리는 방안을 내놨지만 여성계의 반응은 차가웠다. 당시 한 시사주간지 여기자는 "일본에서 여성이 3년간 쉬도록 기다려 주는 회사가 있기나 한가. 오히려 기업들이 여성 채용을 꺼려 여성 취업 기회가 줄어들 것"이라고 했다.[23]

일본의 우익들은 부부가 다른 성을 갖는 것을 허용하는 부부별성제를 반대한다. 정치는 남성에게 맡기고 여성은 결혼하면 남편의 성을 따르고 남편에게 절대 복종하는 것을 '아름다운 나라'의 미풍양속으로 여긴다. 영화〈올웨이스 3번가의 석양〉에 등장하는 현모양처 여성이길 원하는 것이다. 특파원으로 근무하면서 여성 인권과 성평등에 대한 일본 사회의 인식이 한국에 비해 낮다고 느낀 적이 많았다. 저녁을 겸한 토론 모임에 참석한 적이 있었는데 주문한 도시락이 오자 좌중에서 가장 나이 많은 여성 회원이 자리에서 일어나 도시락을 참석자들에게 분배하고, 그보다 젊은 남성들은 그대로 자리에 앉아 있어 괜히 필자가 안절부절 못한 적이 있었다. 일상에서 이런 경우를 접할 때마다 '일본이 일본군 위안부 문제를 대수롭지 않게 여길 만하다'는 생각이 들곤 했다.

원전사고 이후 외형적인 성장주의에서 탈피해 '작지만 아이들이 안전하고 행복한 나라'를 만들자는 시민사회의 열망은 아베로 대표되는 복고적 성장주의와의 대결에서 패배했다.

---

23 〈특파원칼럼: 하시모토가 성매매를 권장한 이유〉,《경향신문》2013년 5월 29일.

8장

'네오콘 아베'
시대

1
관료정치는 끝났다

'총리 독재'의 시대

아베 신조는 2010년대 이후 일본 정치의 의사결정 구조를 근본적으로 바꿨다. 전임 민주당 정부가 부르짖던 '정치 주도'가 성과를 이루지 못하게 된 것을 지켜본 아베는 '관저 주도'의 의사결정 구조를 확립했다. 관저는 총리실을 가리키는 것으로, '관저 주도'란 한국으로 치면 대통령실이 정치를 주도하겠다는 뜻이다. 그러나 관저주도 정치는 사실상 '아베 독재'로 치달았으며, 일본 관료들이 총리 비위를 맞추느라 불법을 자행하는 등 퇴행이 심각했다. '집단적 자위권 행사'가 가능하다는 헌법 해석 변경(해석개헌)을 비롯한 우경화도 관저 주도의 산물이다.

구보수가 지배하던 일본 정치는 여당의 족의원[24], 부처 관료, 업계 등 '철의 3각 동맹'이 밀실에서 경제·사회의 이해 조정을 맡는 구조였다. 총리

---

24 특정 분야·업계의 이익을 대변해 관계 부처에 강한 영향력을 행사하는 국회의원.

는 여당 내의 파벌 역학을 고려해 선출됐다. 각 부처를 통솔해야 할 내각은 구심력이 없었다. 일본의 전통 인형극 분라쿠文樂에 비유하자면 총리는 인형이고 검은 옷으로 전신을 가린 채 인형을 조종하는 '구로고黑衣'가 관료와 실세 정치인이라고 할 수 있다.

이런 구조 속에서 관료는 일본을 이끄는 중추였고, 총리도 함부로 못할 파워를 지녔다. 역대 총리들은 관료들이 관례에 따라 작성한 인사 명단을 군말 않고 추인했다. 관료들로 구성된 사무차관 회의는 각의(국무회의) 전날에 개최돼 각의 내용을 사전에 정했다. 국회와 내각을 주축으로 하는 의원내각제이지만 선출되지 않은 관료, 이들과 연계된 족의원이 영향력을 발휘하는 정치 구조였던 것이다. 이런 관료-여당 주도 정치를 타파하고 내각 리더십을 강화하는 것이 1990년대 정치개혁 논의의 핵심이었다.

정치개혁의 제도적 토대는 1996~1998년에 하시모토 총리에 의해 추진된 행정개혁이 기초가 됐다. '성청 할거주의'를 시정하기 위해 22개 성청省廳을 12개로 정리하는 한편 내각이 정책 조율과 통합의 주체가 되도록 했다.[25] 이를 위해 성청을 총괄 조정하는 내각부를 신설하고, 내각법 개정을 통해 총리의 발언권을 명기했다. 역대 정권은 내각 리더십을 강화하는 방향으로 개혁을 추진했다. 고이즈미 내각은 경제재정자문회의를 신설했고, 민주당 정권은 성청에 대신, 부대신, 대신정무관 등 정무3역이 정책을 주도하도록 했다.

2012년 말 집권한 아베 내각은 관저가 리더십의 중핵이 되도록 하는 체제를 강화했다. 총리와 관방장관, 비서관 등 총리실 핵심이 정책 결정의

---

25 이주경, 「수상관저의 관료통제와 관저주도 정치의 확립」, 『일본비평』 제25호(2021), 72쪽.

중추적 행위자가 되도록 한 것이다.

가장 큰 변화는 관저가 성청의 인사권을 틀어쥘 수 있도록 내각인사국이 2014년 설치된 것이다. 당시 관방장관인 스가 요시히데가 내각인사국을 통해 중앙부처의 주요 인사권을 장악했다. 각 성청에서 간부 후보를 추천하면 관방장관 산하의 내각인사국이 적정성을 심사하고 후보자 명부를 작성한 뒤 각 성청 대신(장관)들이 총리 및 관방장관과 협의해 결정하게 됐다. 후보 적격성 심사를 통한 명부 작성권이 관방장관에게 넘어간 것이다.[26] 과거엔 사무차관까지 관료 집단이 자체적으로 결정하던 인사권이 관저로 넘어간 것은 엄청난 변화였다. 아베 총리가 인사권을 장악하면서 자신이 선호하는 정책 결정에 관료들을 활용하는 사례가 늘어났다. 국민 동의 없이 총리의 의중이 관철되는 관료 시스템이 만들어진 것이다. 자민당 총재를 겸한 아베는 당에 대한 권한도 강화했다. 총재가 중점 추진하는 현안에 대해 당내에 추진기구나 위원회가 설치돼 당론 조성을 유도하는 사례가 늘어난 것이다. 관료와 당 조직에 대한 장악력을 높인 아베는 2014년 특정비밀보호법, 2015년 안보법제 제·개정, 2016년 환태평양경제동반자협정TTP, 2017년 테러 등에 대한 공모죄 처벌 법안 등 과거 정부에서 추진하기 어려웠던 논란 많은 정책을 신속하게 결정했다.

그 대표적인 사례가 2013년 8월, 내각법제국 장관에 외무성 법제국장, 프랑스대사를 역임한 고마쓰 이치로小松一郞를 임명한 일이다. 그간의 관행으로 보면 내부 인사인 법제국 차관이 승진 임명됐어야 하는 자리이지만, 아베 총리가 의욕을 보이던 안보법제 정비를 염두에 두고 외부의 친

---

26 이주경, 앞의 글, 88-89쪽.

아베 인사를 지명했다. 내각법제국은 일본의 집단적 자위권 문제에 대해 보유는 하되 전쟁 포기와 전력 보유·교전권 불인정 등을 명기한 헌법 9조에 따라 행사는 할 수 없다고 해석해 왔다. 반면 고마쓰는 제1차 아베 내각(2006~2007) 당시 외무성 국제법 국장으로 집단자위권 헌법해석 변경을 추진하기 위한 '안전보장의 법적 기반 재구축 간담회' 지원 업무를 맡은 바 있다. 그는 2011년 10월 출간한 저서 『실천국제법』에서 동맹국을 위한 집단적 자위권 행사의 필요성을 적극 주장해 왔다.

'자위권 행사론자'를 법제국 장관에 임용한 목적은 1년도 안 돼 달성됐다. 아베 내각은 2014년 7월 1일 '집단 자위권 행사가 가능하다'는 내용으로 헌법 해석을 변경하는 각의 결정을 내렸다. 각의 하루 전인 6월 30일 내각 법제국은 각의 문안 심사를 의뢰받고 '의견 없음'이라고 회신했다. '헌법의 파수꾼'으로 불리는 법제국이 무력화됨으로써 '해석개헌'[27]이라는 아베의 무리수가 먹힌 것이다. 이에 야당은 물론 자민당 내에서도 '파시즘적 행태'라는 비판이 제기됐다. 일본 중의원과 참의원 재적의원 3분의 2 이상의 찬성으로 발의해 국민투표에 부쳐야 하는 개헌 과정을 밟지 않고, 내각 각의 결정을 통해 자의적으로 헌법 해석을 바꾸게 되면 삼권분립과 입헌주의가 무력화될 수 있기 때문이다.

2017년 일본 최고재판소(대법원) 인사에서도 일본변호사협회가 추천하는 7명 중에서 선발하는 관행을 깨고 내각부가 선정한 야마구치 아쓰시山

---

27 일본 정부는 헌법 규정을 현실에 맞도록 교묘하게 해석함으로써 헌법과 현실 간의 괴리를 해결해 왔다. 이를 '해석개헌'이라고 하는데 해석으로 개헌 효과를 거둔다고 하여 붙여진 이름이다. 이상휘, 「일본헌법 제9조 전쟁포기조항의 해석개헌과 명문개헌」, 법제국 홈페이지(검색일 2024년 10월 30일).

口厚 변호사를 임명해 파장이 일었다. 사법부에 대한 정치권력의 개입을 막기 위해 정착된 관행을 내각부가 파기한 것이다.[28]

관저 정치의 강화로 총리의 독단을 견제할 장치가 사실상 사라졌다. 자민당 독주체제가 장기화되면서 관저가 정책 결정에 대한 설명 책임을 다하지 않는 폐해도 나타났다. 아베 집권 기간 중 아베노믹스, 지방 창생, 일억 총활약, 일하는 방식 개혁, 전 세대형 사회보장 등 관저의 중점 정책이 빈번히 바뀌는 현상이 나타났다. 재정 및 사회보장 등 중장기적 관점에서 꾸준히 추진해야 할 중요 과제를 뒷전으로 미룬 채 선거를 겨냥한 '보여 주기'식 정책만 내놨던 것이다.[29]

공문서까지 조작하는 일본 관료들

2017년 일본의 '올해의 유행어'였던 '손타쿠忖度'는 아베 정권하 관료 사회 분위기를 꼬집은 단어였다. 손타쿠는 '남의 마음을 미루어 헤아린다'는 뜻이지만, 구체적인 요구나 지시가 없어도 윗사람이 원하는 방향으로 행동한다는 의미로 확대됐다. 관료들이 소신보다 총리관저의 의중을 살펴 행동하는 풍조는 아베 정권의 최대 스캔들인 모리토모·가케학원 사건에서 여실히 드러났다.

2017년 2월에 발생한 모리토모 스캔들은 아베 총리와 부인 아키에昭惠

---

28 〈(1強)第1部·平成の楼閣: 4 最高裁人事, 慣例崩す〉, 《아사히신문》 2017년 3월 2일.
29 이주경, 「수상관저의 관료통제와 관저주도 정치의 확립」, 『일본비평』 제25호(2021), 91-93쪽.

여사가 모리토모森友학원의 국유지 헐값 매입에 관여했다는 의혹 사건이다. 모리토모학원이 오사카부 도요나카시에 초등학교를 짓는 데 필요한 국유지를 평가액의 10퍼센트 대의 헐값에 사들이자 특혜 의혹이 제기됐다. 의혹이 불거지자 재무성은 공문서를 조작했다. 모리토모학원의 국유지 매입 경위와 학원의 요청에 대한 재무국의 대응을 기술한 내용, 기록에 있던 각료 출신 인사, 국회의원 비서의 이름과 발언 등을 삭제하는 공문서 위조를 자행한 것이다. 조작에 가담한 재무성의 간사이 지방분국인 긴키 재무국 직원 아카기 도시오赤木俊夫(당시 54세)가 2018년 3월 7일 문서 조작에 상부의 강요가 있었다는 메모를 남기고 자살하는 사건까지 벌어졌다. 최고의 엘리트 집단이라는 자부심이 강한 재무성 관료들이 관저 눈치를 살피며 불법을 저지른 사실이 드러나자 관료에 대한 국민 신뢰가 땅에 떨어졌다.

모리토모 스캔들의 파장이 이어지던 2017년 5월 불거진 가케학원 스캔들은 아베의 친구가 이사장으로 있는 가케학원이 수의학부 신설 허가를 받도록 총리관저가 힘을 써 줬다는 의혹 사건이다. 야당이 가케학원이 수의학부를 신설하는 안에 대해 "총리의 의향", "관저 최고 레벨의 이야기"라고 적힌 문서를 폭로했다. 문서는 문부과학성이 작성한 것으로 추정됐으나, 아베 정부는 문서의 존재를 부인했다. 이런 가운데 마에카와 기헤이前川喜平 전 문부과학성 사무차관이 "문서가 확실히 존재한다"고 폭로하며 사태를 반전시켰다. 언론들의 연속 보도로 아베의 추악한 모습이 드러나자 분노한 시민들이 도쿄 등 주요 도시에서 아베 퇴진 시위를 벌이며 정권을 궁지에 몰아넣었다.

모리토모·가케학원 스캔들은 1990년대부터 본격화된 정치 구조 개혁의 흐름이 '관저 주도'로 귀결되었고, 장기 집권을 실현한 아베 정권하에서 관저와 성청 간 역관계가 바뀌면서 '관료들의 과잉적응 현상'이 빚은 것이다.

이 사태에서 특히 심각한 것은 과잉 충성하는 관료들이 기록과 데이터까지 조작하면서 공공 기록의 신뢰성을 실추시킨 점이다. '정치 주도'는 의사결정 주체를 관료들의 할거주의 메커니즘에서 구출해 강력한 리더십하에 두려는 움직임이지만 "의사결정 프로세스가 확실히 공개되고 기록됨으로써 공정성이 검증되지 않는다면 새로운 독재의 싹이 된다"고 사회학자 요시미 슌야는 지적했다.[30] 총리 독재가 공공 기록의 신뢰성까지 실추시키는 폐단을 낳은 것을 비판한 것이다.

가케학원 사태에서 정권에 맞섰던 전 문부성 차관 마에카와는 과장이던 2005년 고이즈미 내각이 추진하던 의무교육비 국고부담금 폐지가 부당하다며 실명 블로그까지 만들어 공개 반대했다. 결국 국고부담금은 유지되었고, 마에카와는 권력에 반기를 들었음에도 문부성 주요 보직을 거쳐 차관까지 올랐다. 일본 관료 시스템의 여러 부작용에도 불구하고 소신 관료들이 국정을 이끌던 이와 같은 풍토가 아베 정권 이후 현저히 위축됐고, 그 폐해는 외교안보 정책의 우경화에 집중됐다.

---

30 요시미 슌야 지음, 서의동 옮김, 『헤이세이 일본의 잃어버린 30년』(AK커뮤니케이션즈, 2020), 152쪽.

2
평화헌법 내팽개친 일본

개정 헌법과 집단적 자위권

일본 헌법을 둘러싼 논란의 핵심은 일본 국민의 자발적인 결정에 의해 만들어지지 않았다는 점에 있다. 2차 세계대전 이후 일본을 점령한 더글러스 맥아더 연합군최고사령관은 육해군 통수권을 포함한 천황의 절대권력을 명문화한 '대일본제국헌법'을 침략전쟁의 주요 원인으로 간주해 일본 정부에 헌법 개정을 지시했다.

당시 시데하라 기주로幣原喜重郎(1872~1951) 총리는 상법 전문가인 마쓰모토 조지 박사를 위원장으로 구성된 헌법문제조사연구회에 개헌 작업을 지시했다.[31] 그러나 위원회는 '천황이 통치권을 총람한다'는 기존 헌법의 골간을 유지하려 했고, 군 통수권도 미세 조정에 그쳤다. 이에 실망한 맥아더는 코트니 휘트니 민정국장에게 개헌안을 만들도록 했다. 민정국 직

---

31 손형섭, 「일본 평화헌법 개정 논의의 현황과 쟁점」, 『의정연구』 41권(2014), 39쪽.

원 25명이 9일 만에 완성한 초안을 보고 일본 정부는 불만을 가졌으나 초안을 토대로 헌법안을 만들어 1946년 4월 17일 공개했다. 헌법안은 일본 국회 의결과 천황 재가를 거쳐 11월 3일에 공포됐다.

새 헌법은 천황의 지위를 "일본 통치권을 총람하는 국가원수"에서 "일본국의 상징이며 일본 국민 통합의 상징"(1조)으로 바꾸었다. 이와 함께 "천황은 국정에 관한 권능을 갖지 못한다"(4조)고 명시했다. 일본 헌법이 '평화헌법'으로 불리는 까닭은 전문에 포함된 평화에 관한 언급[32]과 '전쟁 포기, 전력 및 교전권의 부인'을 규정한 9조 때문이다. 9조는 다음과 같다.

① 일본 국민은 정의와 질서를 기초로 하는 국제 평화를 성실히 바라고 추구하며, 국제 분쟁을 해결하는 수단으로써 국권이 발동되는 전쟁과 무력에 의한 위협 또는 무력행사를 영구히 포기한다.
② 전항의 목적을 달성하기 위하여 육·해·공군, 그 밖의 전력을 보유하지 않는다. 국가 교전권은 인정하지 않는다.

개정 헌법에는 "모든 국민은 개인으로서 존중받는다. 생명, 자유 및 행복 추구에 대한 국민의 권리는 공공의 복지에 반하지 않는 한 입법, 그밖의 국정에서 최대한 존중할 필요가 있다"(13조)는 '기본권 조항'도 포함됐다. 헌법 개정으로 천황은 절대권력자에서 상징적 존재가 되었고, 일본은 전쟁을 포기했으며, 일본 국민은 천황의 신민臣民에서 기본권을 갖는 개인

---

32 전문에는 "또다시 전쟁의 참화가 일어나지 않도록 함을 결의하며", "일본 국민은 항구적 평화를 염원하며" 등이 담겨 있다.

으로 거듭나게 된 것이다.

평화헌법은 제정된 지 얼마 되지 않은 시점부터 논란에 휩싸였다. 우선 평화헌법의 '부전否戰결의' 취지가 미·일 안보조약[33]과 충돌했다. 안보조약은 전문에 "국제연합 헌장은 모든 국가가 개별적 및 집단적 자위의 고유의 권리를 갖는 것을 승인하고 있다. 이러한 제 권리의 행사로 일본국에 대한 무력침략을 저지하기 위해 일본 국내 및 부근에 미국이 군대를 유지함을 희망한다"라고 돼 있다. 국제연합이 모든 국가에 집단적 자위권을 부여하고 있고 일본도 그에 해당된다는 전문의 내용이 평화헌법과 충돌하는 것이다.

1960년 개정된 안보조약 전문의 "양국이 국제연합 헌장에서 정하는 개별적 또는 집단적 자위의 고유한 권리를 가지고 있는 것을 확인하고"라는 문구, 5조의 "각 당사국은 (중략) 자국의 헌법상의 규정 및 절차에 따라 공통의 위험에 대처하도록 행동할 것임을 선언한다"는 규정도 헌법에 위배됐다. '공통의 위험에 대처하는 것'이라는 문구도 엄밀히 따지면 헌법과 상충한다. 이런 문제들이 지적되자 일본 정부는 1972년 10월 4일 다음과 같은 공식 해석을 내놨다.

> 우리나라가, 국제법상 집단적 자위권을 가지고 있는 것은, 주권국가인 이상 당연하다고 하지 않을 수 없다. (중략) 그런데, 국권의 발동으로서 이것을 행사하는 것은 헌법이 용인하는 자위 조치의 한계를 넘는 것으로 용인되지 않

---

33 미·일 안보조약은 일본의 안전보장을 위해 미국이 참여하고 미군을 일본에 주둔시키는 것 등을 정한 양국 간 조약으로 1951년 9월 8일 체결되었다.

는다는 입장인데 (중략) 우리 헌법하에서, 무력행사를 실시하는 것이 허락되는 것은, 우리나라에 대한 급박, 부정의 침해에 대처하는 경우에 한정되는 것이기 때문에, 따라서 타국에게 가해진 무력 공격을 저지하는 것을 그 내용으로 하는 이른바 집단적 자위권의 행사는, 헌법상 용인되지 않는다고 하지 않을 수 없다.[34]

일본 정부는 1981년 8월 29일 좀 더 명료한 해석을 내놨다.

우리나라가 국제법상 이러한 집단적 자위권을 가지고 있는 것은 주권국가인 이상 당연하지만, 헌법 9조에서 허용되는 자위권의 행사는 우리나라를 방위하기 위해 필요 최소한도의 범위에 머물러야 한다고 해석하고 있어 집단적 자위권을 행사하는 것은 그 범위를 넘는 것이며, 헌법상 용인되지 않는다고 해석하고 있다.[35]

'국제법상으로는 집단적 자위권 보유, 헌법상으로는 행사 불가'로 정리되는 이 해석은 냉전 시기까지는 큰 문제없이 유지됐으나 2000년대 이후 미국이 자위대 역할을 확대하라는 요구를 본격화하면서 흔들리기 시작했다.

---

[34] 佐瀬昌盛, 『集団的自衛権』(東京: PHP新書, 2001), pp.130-132. 이명찬, 「헌법9조의 개정과 '보통국가'·'권력국가': '집단적 자위권'의 행사와 관련하여」, 『평화연구』 16권 2호(2008), 82-83쪽에서 재인용.

[35] 이명찬, 위의 글, 85쪽.

걸프전과 개헌 논의

일본에서 개헌론이 본격화된 계기는 탈냉전 이후 걸프전이었다. 2장에서 살펴본 것처럼 일본은 총 전비의 20퍼센트에 가까운 130억 달러를 제공했으나 전투부대 파병이나 의료지원단 파견 등 인적 지원은 하지 않았고, 이로 인해 국제사회의 비판에 휩싸이면서 일본의 외교안보 정책 재검토 분위기가 조성됐다. 오자와 이치로가 1993년 『일본개조계획』을 통해 제창한 '보통국가론'은 일본이 군대를 보유해야 한다고 주장하면서도 대외 군사활동의 범위를 유엔 평화유지활동PKO 등에 한정시켰다.

학계에서는 일본의 국가 노선을 평화국가, 통상국가, 보통국가, 권력국가의 4가지로 분류한다. 평화국가 노선은 모든 전쟁을 부정하며, 통상通商국가 노선은 '자위전쟁'을, 보통국가 노선은 자위전쟁과 유엔의 안보리 결의에 의한 '제재전쟁'을 허용한다. 반면, 권력국가 노선은 침략전쟁을 포함한 모든 전쟁을 외교 수단으로 상정하며 군사적 패권을 추구한다.[36]

이 분류에 따르면 냉전 시기까지 일본의 국가 노선은 헌법상으로는 평화국가이되 자위전쟁은 허용하는 통상국가 노선으로 분류할 수 있다. 이는 요시다 총리의 '경무장·경제 우선' 노선이 관철된 결과라고 할 수 있다. 이에 비해 오자와의 주장은 권력국가 노선과 선을 긋는 보통국가 노선을 추구하는 것으로 분류할 수 있다. 오자와는 "일본은 상인국가, 통상국가의 틀을 벗어나 세계의 안전보장, 평화, 자유를 지키기 위해 적극적으로 활동해야 한다. 냉전기에는 미국의 핵우산과 안보전략에 무임승차한 채

---

36 이명찬, 위의 글, 70-73쪽.

일본의 경제적 이익의 획득에만 전념하면 되었으나 그러한 시대는 종결됐다"고 강조했다.[37] 일본의 국력 신장에 걸맞은 국제적 공헌을 하자는 오자와의 보통국가론은 유엔평화유지활동PKO협력법 제정의 추동력이 되었다.

그러나 보통국가론은 자위대의 군사적 역할 확대라는 점에서 본다면 권력국가와 본질적으로 다르지 않다. 유엔의 안보리 결의를 근거로 제재전쟁에 참가한다는 점도 안보리 결의의 정치적 공정성이 논란이 될 수 있다는 점에서 침략전쟁과 다르다고 보기 어렵다. 제재전쟁이라는 명분하에 참전한다고 해도 관점에 따라 침략전쟁이라는 시비에 휘말릴 가능성이 있다. 국제 정세의 변화로 인해 제재전쟁과 침략전쟁 사이에 명확한 구분선을 긋기는 갈수록 어려워질 것이다.

보통국가론이 일본의 군사대국화를 뒷받침해 왔다는 점도 부인할 수 없다. 일본은 PKO협력법 제정으로 자위대의 해외 파병의 길을 텄다. 이를 계기로 자위대의 활동 범위가 점차 늘어났다. 일본은 2001년 아프가니스탄에서 미국이 벌인 대테러전쟁, 2003년 미국의 이라크 전쟁에 자위대를 파병했다.

다만, 아베 이전의 자위대 해외 파병은 여러 논란에도 불구하고 큰 틀에서는 '집단적 자위권 행사 금지'라는 선을 넘지 않는 범위 내에서 이뤄졌다고 할 수 있다. PKO협력법 제정 당시부터 "자신과 타 대원의 생명 및 신체를 방어하기 위해 소형의 무기를 사용할 수 있도록"(제24조) 돼 있는 것이

---

[37] 이기태, 「선도형 리더십으로서의 '변환적 지도자' 오자와 이치로의 정치리더십 연구」, 『EAI 일본연구패널 보고서』 6호(2012), 8쪽.

평화헌법이 부인한 교전권을 용인한 것 아니냐는 지적이 나오는 등 국내외의 비판이 적지 않았기 때문이다.

자위대의 허용 범위와 관련해 '해외 파병 자위대의 기지 밖에 있는 국제기구 직원이나 NGO 등이 습격 받는 경우 자위대가 무력진압을 할 수 있는가' 같은 논란은 집단적 자위권 용인 여부와도 이어지는 민감한 문제였다.[38] 이런 과정을 통해 헌법 9조 해석의 범위도 조금씩 넓어졌고, 자위대의 활동 범위도 슬금슬금 확대됐다. 일본은 PKO협력법 제정 당시 평화유지군PKF[39]에는 참가하지 않기로 했으나 이 조항은 삭제됐다. 그러나 집단적 자위권 행사 금지 원칙이라는 울타리는 건재했다. 하지만, 아베는 첫 집권 때부터 이 울타리를 허물기 위한 정지작업을 벌였다. 2007년 4월 개최된 〈안전보장의 법적 기반의 재구축에 관한 간담회〉가 그 예이다. 간담회는 ① 공해상에서 미국 군함 방호 ② 미국을 향한 탄도미사일 요격 ③ PKO 참가 타국 군대의 진지 구축 경호 ④ 타국 군대의 후방지원 등의 경우 집단적 자위권 행사 요건이 될 수 있다는 보고서를 정부에 제출했다.[40] 그러나 아베가 1년 만에 총리직에서 물러난 이후 논의는 멈췄다.

---

38 손형섭, 「일본 평화헌법 개정 논의의 현황과 쟁점」, 『의정연구』 41권(2014), 51쪽.
39 유엔의 평화유지활동(PKO)은 감시단과 평화유지군 활동으로 나뉘는데, 감시단은 정전협정 위반이나 적대 세력의 무장 해제, 선거 과정 등을 감시하는 역할에 그치는 데 비해 PKF는 정찰, 수색, 통제 임무까지 수행한다.
40 손형섭, 앞의 글, 53-54쪽.

해석개헌 강행한 아베

앞에서 살펴본 대로 재집권한 아베는 2014년 7월 1일 평화헌법 취지를 뒤집는 '집단적 자위권 행사 용인'을 각의에서 결정했다. 각의 결정은 '헌법 제9조하에서 허용되는 자위의 조치'에서 다음과 같이 밝히고 있다.

(전략) 모두에 언급한 바와 같이 세력 균형의 변화나 기술 혁신의 급속한 진전, 대량 파괴 무기 등의 위협 등에 의해 일본을 둘러싼 안전보장 환경이 근본적으로 변용하고 계속하여 변화하고 있는 상황에 따르면 금후 타국에 대하여 발생하는 무력공격이라고 해도 그 목적, 규모, 양태 등에 따라서는 일본의 존립을 위협하는 것도 현실에서 일어날 수 있다. (중략)
이와 같은 문제의식 하에 현재의 안전보장 환경에 비추어 신중하게 검토한 결과 일본에 대한 무력공격이 발생한 경우뿐만이 아니라 일본과 밀접한 관계에 있는 타국에 대한 무력공격이 발생해 이에 의해 일본의 존립이 위협받고 국민의 생명, 자유 및 행복추구권이 근저에서 뒤집히는 명백한 위험이 있는 경우에 있어서 이를 배제하여 일본의 존립을 지키고 국민을 지키기 위해 다른 적당한 수단이 없을 때에는 필요 최소한도의 실력을 행사하는 것은 종래의 정부 견해의 기본적 논리에 기한 자위를 위한 조치로서 헌법상 허용된다고 생각해야 한다는 판단에 이르렀다.[41]

---

41 내각관방 홈페이지. 원문 제목은 "国の存立を全うし、国民を守るための切れ目のない安全保障法制の整備について"로 되어 있다(https://www.cas.go.jp/jp/gaiyou/jimu/pdf/anpohosei.pdf. 검색일: 2024년 11월 16일).

일본 정부는 ① 일본에 대한 무력공격이 발생한 경우뿐 아니라 일본과 밀접한 관계에 있는 타국에 대한 무력공격이 발생해 일본의 존립을 위협하여 국민의 생명, 자유 및 행복추구권이 근저로부터 뒤집히는 것이 명백한 위험이 있을 것 ② 이것을 배제해 일본의 존립을 보전하고 국민을 지키기 위하여 다른 적당한 수단이 없을 것 ③ 필요 최소한도의 실력 행사에 그칠 것 등을 '집단적 자위권 행사 3요건'으로 정했다. 즉, 아베는 최근 국제정세가 급변한다는 불투명한 명분을 들어 "필요 최소한의 집단적 자위권은 헌법상 허용된다"고 바꾼 것이다.

집단적 자위권 허용으로 자위대의 해외 파병의 제한이 완전히 사라졌다. 자국이 무력공격을 받지 않았으나 타국의 방위를 위하여 무력을 행사하는 것은 필수적으로 자국의 영역 밖으로 군대를 전개하는 것, 즉 해외 파병을 수반하게 되기 때문이다.[42]

아울러 집단적 자위권 행사 허용으로 일본은 오자와 등이 주장해 온 보통국가 범위에 머물지 않고 침략전쟁도 불사하는 권력국가가 될 가능성도 열렸다. 10장에서 살펴보겠지만 아베 내각의 일본과 미국은 미·일 동맹을 글로벌 동맹으로 확장하는 데 합의했고, 이에 따라 자위대의 활동 범위도 전 세계로 넓어졌기 때문이다. 즉 미군이 군사활동을 벌이는 곳이면 어디든 자위대가 함께하며 경우에 따라 집단적 자위권을 행사할 수 있게 됐다. 문제는 미국의 군사활동은 유엔 결의 차원에서 이뤄지는 군사제재와 달리 경우에 따라 패권적 성격을 지닐 수도 있다는 점이다. 그렇다면, 결과적으로 일본이 미국이 벌이는 침략전쟁에 가담하게 될 가능성도 배제할 수 없

---

42 노영돈, 「집단적 자위권과 일본의 헌법해석변경」, 『외법논집』 42권 4호(2018), 222쪽.

다. 만약 북한이 공해상에 있는 미국을 공격하면서 북·미 전쟁이 발발할 경우 자위대가 참전할 수 있다는 뜻이 된다.

역사수정주의자인 아베는 점령군에 의해 부여된 헌법의 개정을 필생의 과제로 여겼다. 그는 "일본 전후의 틀은, 헌법은 물론, 교육정책의 근간인 교육기본법까지 점령시대에 만들어진 것"이라며 "국가의 골격은 일본인 자신의 손으로, 백지상태부터 만들어 내야 한다. 헌법 개정이야말로 독립 회복의 상징"이라고 한 바 있다.[43] 개헌의 꿈은 이루지 못했으나 평화헌법의 핵심인 9조를 형해화하는 '해석개헌'의 달성으로 아베는 '절반의 성공'을 거뒀다.

---

43 安倍晋三, 『美しい国へ』(東京: 文藝春秋, 2006), 28-29쪽.

3
"더 이상 사과는 없다"*

강제동원 흔적 '위생 처리'한 사도광산

    2024년 벌어진 일본 사도광산의 유네스코 세계유산 등재 추진과 관련된 한·일 갈등에서 확인되는 것은 과거사에 대한 일본의 태도가 갈수록 경직돼 간다는 점이었다. 사도佐渡섬은 일본 니가타 앞바다에 있는 제주도 절반 남짓한 크기의 섬으로, 일본 최대의 금광을 비롯해 풍부한 지하자원을 보유하고 있었다. 개항 이후 일본 메이지 정부는 금본위제에 기반한 근대 화폐제도로의 전환을 위해 사도광산에 신기술을 도입해 추가 증산에 나섰다. 1931년 만주사변으로 중국 대륙에서 전쟁이 확산되면서 대량의 군수품 수입 결제 수단으로 금의 수요가 증가하자 1940년에는 연간 1,500킬로그램을 생산하기도 했다. 2차 세계대전이 본격화되면서 대금 결제 수단으로서의 금의 가치가 줄어들자 구리, 철, 아연 등의 채굴이 늘어났다.

---

* 이 절은 평화네트워크 기획, 『대혼란의 세상, 희망을 찾아서』(롤러코스터, 2024)에서 필자가 쓴 「한반도와 일본, 그 엇갈림에 관하여」의 일부 내용을 보완, 발전시킨 것이다.

전쟁 내내 사도광산은 중요한 역할을 했던 것이며 조선인 노동자들이 강제동원된 것도 이 시점이었다.

사도시에 있던 옛 자치단체 아이카와마치가 1995년 펴낸 『사도 아이카와의 역사』에는 "1945년 3월이 (조선인) 모집 마지막으로, 총 1,200명이 사도광산에 왔다"고 기록돼 있다. 일본 지역 연구자들과 주민들이 2024년 출간한 『사도광산·조선인 강제노동 자료집』은 일본 자료와 증언을 토대로 사도광산에 동원된 조선인이 1,500명이 넘는다고 추계했다. 일본 정부 공문에서도 당시 조선인 노동자가 최소 1,100명 이상이 있었다는 사실이 확인된다. 시민단체 '강제동원 진상규명 네트워크'가 2021년 발굴한 법무성 니가타지방법무국 공문서에는 '사도광산에서 일한 조선인 1,141명에게 미지급된 임금 23만 1,059엔 59전이 공탁되었다'는 기록이 있다.[44]

일본은 2007년부터 사도섬의 유네스코 세계유산 등재를 추진한 결과, 2010년 '금을 중심으로 한 사도광산 유산군'으로 유네스코 세계유산 센터에 잠정 목록으로 등재되었다. 2023년에는 제46회 세계유산위원회에서 심사 후보로 선정된 뒤 2024년 7월 27일 세계문화유산 등재가 결정되었다.

그러나 사도광산에 조선인이 강제동원된 역사를 감추기 위해 세계유산 대상의 기간을 에도시대가 중심인 16~19세기 중반으로 한정했다. 일본 정부는 "19세기 중반 막부 종언까지 이뤄진 전통적 수공업 금 생산 유적"이라는 점을 강조했다. 일본은 이를 반영해 일본어 유산 명칭도 '사도광산'이 아닌 '사도섬의 금산金山'으로 붙였다. 2차 세계대전이 본격화한 이후

---

44 〈'세계유산' 추진 日사도광산서 조선인 1141명 징용 기록 발견〉, 《동아일보》 2021년 12월 21일.

구리, 철, 아연 등 전쟁 물자를 확보하는 광산으로 이용된 사실을 배제하려는 의도였다.

이에 따라 최종 등재 과정에서 20세기에 지어진 곳으로 발전소, 광산 시설 등 거대한 콘크리트 건물 유적이 많은 기타자와 지구가 제외되었다. 대신 한국 여론의 반발이 거세지자 세계유산 등재 구역 바깥에 위치한 아이카와 향토박물관에 사도광산의 전체 역사를 종합적으로 반영하는 해석과 전시 전략 및 시설을 설치하고, 여기에 조선인 강제동원 실태 관련 기록물을 전시하기로 했다. 당시 한국인 노동자들이 어떤 과정으로 오게 되었고, 노동자 규모가 어느 정도이며, 이들의 생활과 노동 환경이 얼마나 가혹하였는지를 보여 주는 자료들이라고 외교부는 설명했다.[45]

이렇게 해서 사도광산의 대표적 볼거리인 '부유선광장浮遊選鑛場'[46]이 있는 기타자와 지구가 제외됨으로써 일본은 강제노역의 부끄러운 역사를 가린 채 세계유산에 등재시켰다. 조선인 노동자 자료가 있는 아이카와 향토박물관은 사도광산 유산에서 2킬로미터나 떨어진 외딴곳에 위치해 있어 관광객들이 발걸음을 옮기기 쉽지 않다. 전시물에는 조선인 노동자들이 국가총동원법에 의해 징용되어 위험한 업무를 맡았다는 설명이 있었지만, 강제동원이란 말은 없고 임금과 담배를 지급했다는 등 노동의 정당성을 강조한 내용들도 적지 않다. 일본 입장에서 보면 사도광산의 강제동원 역사를 '위생 처리'한 뒤 세계유산이라는 브랜드를 붙이게 된 것이다. 이곳

---

45 외교부 보도자료, 〈사도광산 세계문화유산 등재 결정〉, 2024년 7월 27일.

46 부유선광은 특정 광물을 물 위에 띄우고 나머지 광물들은 물속에 남겨 둠으로써 분리하는 선별법이다. 기타자와 지구에서는 본래 동의 제조 과정에서 쓰던 부유선광법을 금과 은에 응용해 일본 최초로 상용화가 이뤄졌다고 한다.

을 찾은 관광객들이 사도광산의 피어린 흔적을 접할 가능성은 크게 낮아졌다.

일본의 세계유산 등재가 문제가 된 것은 이번만이 아니다. 2015년 '군함도'란 별칭이 붙은 규슈 하시마端島탄광을 비롯한 메이지 시대 제철, 제강, 조선, 석탄, 산업 시설 등 산업유산 23곳을 등재하는 과정에서 일본은 조선인 강제동원 문제를 피해 가기 위해 문화유산 지정 시기를 1850~1910년으로 제한했다. 탄광이 가장 왕성하게 이용된 일제 강점기와 태평양전쟁 시기를 제외한 것이다. 한국과 국제사회의 비판이 거세지자 일본은 '정보센터를 설치해 강제징용 피해자를 기억하는 조치를 취하겠다'고 국제사회에 약속했다. 그러나 현지에서 1000킬로미터나 떨어진 도쿄 신주쿠에 2020년 6월 개관한 산업유산정보센터에는 군함도 관련 전시물에서 "학대나 차별은 없었다", "근로 환경이 양호했다"는 증언 일색이다.

그나마 군함도 세계문화유산 등재 당시에는 "1940년대 수많은 한국인과 여타 국민이 본인의 의사에 반해 동원돼 강제로 노역을 했다"며 일부 강제성을 인정했다는 점을 고려하면 이번 사도광산 등재 과정은 한발 더 후퇴한 셈이다.[47] 일본 정부의 과거사에 대한 태도가 아베 시대보다도 더 퇴행한 이유는 뭘까.

---

47 군함도 세계유산 등재 과정에서는 박근혜 정부가 범정부 차원에서 대응해 일본 정부가 '조선인 강제노역'을 인정하도록 했다. 그렇게 본다면 윤석열 정부의 미온적인 태도가 이런 결과의 가장 큰 원인이 되겠지만, 글의 초점이 다르기 때문에 이에 대한 설명은 생략한다.

'다시는 사과하지 않겠다'는 아베의 유훈

일본에는 전후 태어난 세대가 이제 인구의 80퍼센트가 넘습니다. 그 전쟁과 아무 관계가 없는 우리의 아이나 손자, 그리고 그 후 세대의 아이들에게 사과라는 숙명을 계속 짊어지도록 할 수는 없습니다.

패전 70주년이 되는 2015년 8월 14일, 아베 총리가 발표한 '전후 70주년' 담화문 중 일부다. 아베는 과거 침략의 역사에 대해 언급하면서 "명예와 존엄에 상처를 입은 여성", "아무런 죄도 없는 사람들에게 헤아릴 수 없는 손해와 고통" 등을 언급하면서 "통절한 반성과 마음으로부터 사죄"한다고 했다. 그러나 이는 이전 정부의 사과를 그대로 인용한 것에 불과했고, 담화문의 방점은 '추가 사죄 불가' 원칙에 찍혀 있었다.

더구나 "러일전쟁은 식민지 지배하에 있던 많은 아시아와 아프리카의 사람들에게 용기를 주었다"는 담화문의 모두 내용도 한국으로선 용납할 수 없다. 러일전쟁이 한반도와 만주의 패권을 둘러싸고 벌인 전쟁이고, 일본이 승리함으로써 조선 병합으로 이어졌다는 점을 감안하면 아베의 담화는 조선의 식민화를 정당화하는 내용이기 때문이다. 담화에서 아베가 '반성'한 것은 1차 세계대전 뒤 일본이 '세계의 대세'를 놓치고 만주사변을 일으키면서 전쟁의 길로 나아갔다는 점이다. 1931년 만주사변 이후 1945년 패전까지의 '15년 전쟁'에 대해서만 반성한 셈이다.[48]

---

48 서경식은 일본 내 진보적 지식인들조차 반성의 시기를 '15년 전쟁'에 국한하는 경향이 적지 않다고 비판했다. 서경식 지음, 한승동 옮김, 『다시, 일본을 생각한다: 퇴락한 반동기의 사상적 풍경』 (나무연필, 2017), 148-150쪽.

그해 한·일 간 최대 현안인 일본군 위안부 문제 협의가 급물살을 타면서 12월 28일 합의가 이뤄졌을 때 일본은 "아베 내각 총리대신은 일본국 내각 총리대신으로서 다시 한 번 위안부로서 많은 고통을 갖고 상처 입은 분들에게 마음으로부터 깊은 사죄를 표명한다"고 밝혔다. 이것이 아베의 최후의 사과이자 한국에 대한 일본 정부의 마지막 사과로 남게 되었다.

다시는 사과하지 않겠다는 아베의 다짐은 유훈遺訓으로 계승됐다. 2019년 7월 아베 내각의 반도체 부품 대한 수출 규제로 최악으로 치달은 한·일 관계를 풀기 위한 핵심 쟁점은 강제동원 배상 문제를 어떻게 절충할 것인가에 있었다. 문재인 정부의 뒤를 이어 집권한 윤석열 정부는 2023년 3월 6일 일본에 '순도 100퍼센트'의 면죄부를 주는 '제3자 변제' 방침을 발표했다. '제3자 변제'는 2018년 대법원 판결에 따라 배상 책임을 진 일본 기업 채무를 일제강제동원피해자지원재단이 인수한 뒤 포스코 등 1965년 한·일 청구권협정 수혜 기업들을 상대로 기부금을 걷어 피해자들에게 나눠 주는 방식이다. 일본 기업들이 피해자에 대한 배상 책임에서 벗어날 뿐 아니라 사과조차 하지 않도록 한 것이다. 윤석열 정부는 이런 방안을 발표하면서 "컵에 물을 반 채우면 나머지 반은 일본이 채울 것"이라고 했다. 한국 정부가 먼저 양보했으니 일본도 과거사에 대한 전향적인 태도를 보일 것이라는 기대였다. 그러나 강제동원 해법 발표 열흘 뒤 도쿄에서 이뤄진 한·일 정상회담에서 기시다 후미오岸田文雄 총리는 사과와 반성은 입에 올리지도 않은 채 "역사 인식에 관해서는 역대 내각의 입장을 전체적으로 계승해 왔고, 앞으로도 이어 갈 것"이라고 하는 데 그쳤다. 외무성이 다음 달

공개한 '2023년 외교청서'에는 강제동원 문제에 대한 기시다의 이 발언조차 빠졌다. 사과로 해석될 여지가 있는 언급조차 공식 기록에서 지워 버린 것이다.

본래 일본 정부는 개인 청구권에 대해서는 열려 있는 입장이었다. 1991년 8월 국회에서 야나이 슌지柳井俊二 외무성 조약국장은 한·일 청구권 협정에 대해 "한·일 양국이 청구권에 대한 외교보호권을 상호 포기한 것이고, 개인 청구권을 국내법적 의미로 소멸시킨 것은 아니다"라고 했다.[49] 일본 정부는 일본인 원폭 피해자들이 1963년 일본 정부를 상대로 제기한 손해배상 소송에서 1951년 샌프란시스코 강화조약에도 불구하고 청구권은 남았다고 했다. 소련의 스탈린 시절 시베리아에 억류된 일본인들이 1981년 제기한 강제징용 배상 청구소송에서도 1956년 일·소 공동선언이 있었지만 개인은 청구권이 남아 있다고 했다. 개인 청구권이 소멸되지 않았다고 한 이유는 일본 국민의 보상 요구가 자신들로 향하는 것을 막기 위한 의도가 있었다. 일본 정부에 청구하지 말고 미국이나 소련에 직접 따지라는 의미다. 이유야 어찌됐건 일본 정부는 개인 청구권을 인정하고 있었던 것이다.

한편으로, 일본은 2000년부터 2015년 사이 중국이 제기한 같은 취지의 소송에서 강제동원 기업들이 사과하고 배상하는 것으로 마무리 지은 바 있다. 한국인 피해자들로부터 피소당한 일본 기업 중에는 이런 방식의 해법을 모색하는 움직임도 있었다. 따라서 이 사안은 양국 정부가 개입하지

---

49 第121回国会 参議院 予算委員会 第3号 平成 3年 8月 27日(https://kokkai.ndl.go.jp/#/detail?minId=112115261X00319910827&current=1 : 검색일 2024년 11월 22일).

않고 민사 문제로 남겨 두면 될 일이었다. 그런데도 유독 한국인 피해자들의 소송과 일본 기업의 배상 시도를 일본 정부가 나서서 막았고,[50] 아베 정부는 한국 정부에 대해 '국제법 위반이니 시정하라'는 주장을 반복했다. 일본인들의 개인 청구권을 인정해 왔던 일본 정부의 태도에 비춰 보면 자가당착이다.

'사과하지 않겠다'는 아베의 유훈은 과거사 문제 전반에서 관철되고 있다. '아베 유훈 체제'가 한·일 관계를 규정하고 있는 셈이다. 2023년은 간토대지진 당시 조선인 수천 명이 학살된 지 100년이 되는 해로 9월 4일에는 당시 가나가와현 지사가 현 내에서 일어난 조선인 살인 사건 등을 내무성 경보국장에게 보고한 자료가 일본 시민단체에 의해 공개됐고, 12월 14일에는 《마이니치신문》이 조선인 학살 육군성 보고 문서를 발굴해 보도했다. 이처럼 일본 정부 기록이 발굴되고 있지만 일본 정부는 "정부 조사에 한정한다면 사실 관계를 파악할 수 있는 기록이 발견되지 않았다"고 발뺌했다. 명백한 제노사이드인 간토대학살을 아예 없던 일로 만들려는 태도다.

과거사 문제뿐 아니라 일반적인 한·일 관계에서도 일본의 고압적인 태도가 감지된다. 일본에서 국민 메신저로 통하는 '라인LINE'의 정보 유출 사건과 관련해 일본 총무성이 한국 기업 네이버의 지분 매각을 압박한 '라인 사태'는 2019년 반도체 수출 규제와 같은 '정경분리' 관행 위반을 넘어

---

50 한국 대법원에서 신일철주금(옛 일본제철) 등 일본 기업들에 대한 강제징용 피해 배상 판결이 나올 경우 일본 정부가 국제사법재판소(ICJ)에 제소하는 방안을 검토하고 있다고 당시 《산케이신문》이 보도했다. 신일철주금이 대법원 패소가 확정되면 배상하겠다는 의향을 보이자 이를 저지하고 한국 정부에 책임을 묻는 '역공'에 나서겠다는 의도였다. 〈일 정부 "강제징용 배상 판결 땐 국제사법재판소 제소"〉, 《경향신문》 2013년 8월 30일.

한·일 투자협정에도 위배[51]되는 사례이지만, 일본은 사과는커녕 유감 표명조차 하지 않았다. 이 사태가 공개적으로 불거진 지 한 달 뒤인 2024년 5월 26일 한중일 정상회의 참석차 방문한 기시다 총리는 윤석열 대통령과의 정상회담에서 "이번 행정지도는 이미 발생한 중대한 보안 유출 사건에 대해 보안 거버넌스를 재검토해 보라는 요구"였다며 "한국 기업을 포함해 외국 기업들의 일본 투자를 계속 촉진하겠다는 기존 입장에 변화가 없다"고 말했다. 윤석열이 사과와 재발 방지 요구를 언급하지 않았기 때문이기도 하지만, 민주주의 가치를 공유하는 우방국 정부가 상대국 기업의 경영권을 침해하는 중대한 잘못을 범했다면 최소한 유감 표명이라도 해야 할 사안이었다. 일본은 2019년 7월 한·일 갈등의 기폭제가 된 반도체 품목 수출 규제 조치에 대해서도 사과하지 않고 있다. 양보를 거듭한 한국 정부와 이를 당연시 여기는 일본을 바라보는 한국 내의 시선이 긍정적이지 않음은 말할 것도 없다.[52]

---

51 한·일 투자협정 제10조는 한일 양국 정부가 자국 내 투자자를 상대로 '수용·국유화에 해당하는 조치'를 취할 수 없도록 하고 있다.

52 2024년 6월 11일 발표된 《한국일보》와 일본 《요미우리신문》 공동 여론조사(한국인 1000명, 일본인 1045명)를 보면 최근 1년간 한·일 관계를 평가하지 않는다는 답은 한국인이 58퍼센트, 일본인이 46퍼센트였다.

9장

**전략국가를
 꿈꾸는
일본**

1
'인도-태평양' 묶는 미국, 그 뒤엔 일본

일본의 전후 첫 '지정학 설계도'

미국 트럼프 1기 행정부는 취임 첫해인 2017년 11월 새로운 아시아 전략으로 인도-태평양 전략을 채택했다. 이듬해인 2018년 5월에는 미군의 태평양사령부를 인도-태평양 사령부로 개칭했다.

트럼프는 2016년 대선 기간 때만 해도 아시아에 미국이 반드시 관여할 필요가 없다는 인식을 갖고 있었다. 그는 대통령에 취임하자마자 전임 오바마 행정부의 '아시아 재균형 전략'을 폐기했고, 오바마가 추진해 온 환태평양경제동반자협정TPP의 탈퇴를 강행했다. 그러나 얼마 안 가 트럼프는 인도-태평양 전략을 채택하며 아시아로 회귀한다. 트럼프의 '아시아 귀환'을 일본의 아베 총리가 추동했다는 것은 익히 알려진 사실이다. 아시아 재균형을 폐기한 뒤 마땅한 전략이 없었던 트럼프가 아베의 제안을 받아들인 것이다.

일본이 제창한 인도-태평양 구상은 미국을 거쳐 5년 뒤인 2022년에는 한국 윤석열 정부의 대외 전략으로 채택됐다. 윤석열 정부가 그해 12월 발표한 '자유, 평화, 번영의 인도-태평양 전략'은 일본의 '인도-태평양 구상'의 복제물이다. 동아시아에서 한국과 일본, 미국이 같은 이름의 전략을 공유하게 된 것은 한·미·일 협력체제가 앞으로도 장기간 지속될 것임을 예고한다. 적어도 이 구상의 저작권을 가진 일본은 이를 강력히 희망할 것이다.

일본발 인도-태평양 구상이 심상치 않은 것은 2차 세계대전 당시의 대동아 공영권 이후 일본이 처음으로 제창한 대외 전략이기 때문이다. 세계대전의 참화를 겪은 반성으로 국제사회에서 지정학은 한때 금기시되었고, 대동아 공영권이라는 구호를 내걸고 침략에 나섰던 추축국이자 패전국인 일본에서도 지정학 논의는 봉인되었다.

전후 일본 정부의 대외 전략 구상은 후쿠다 다케오福田赳夫(1905~1995) 총리가 동남아와의 협력을 강조하는 '후쿠다 독트린'이나 하시모토 류타로橋本龍太郎(1937~2006) 총리가 중앙아시아, 러시아, 중국과의 신뢰 관계 구축을 추진한 '유라시아 외교' 정도가 고작이었다. 냉전 시기 샌프란시스코 강화조약과 미·일 안보조약으로 미국에 엄격하게 구속돼 있던 일본으로서는 독자적인 대외 구상을 펼칠 의지가 없었다. 미국의 안보 질서를 추종하면 그것으로 충분했던 것이다.

탈냉전 이후 고이즈미 준이치로 총리, 하토야마 유키오 총리 등이 표방한 동아시아 공동체 구상 역시 일본의 능동적 창안이라기보다는 동아시아 각국에서 논의되던 구상에 기반한 것이다. 동아시아 공동체 구상은 마하티르 모하맛 말레이시아 총리가 1990년대 초 제창한 것을 김대중 대통령이 발전시키면서 아시아 전체에 유통된 담론[53]이었으며 구체적으로는 한·중·일과 아세안, 즉 동북아시아와 동남아시아 국가들을 포괄하는 구상이었다.

2009년 자민당 정권을 붕괴시킨 하토야마 민주당 정부는 동아시아 공동체 구상을 적극적으로 구현하려 했다. 하토야마 총리는 미·일 동맹의 비중을 줄이고 중국·한국과의 관계를 강화하는 데 의욕을 보였으나 오키나와 미군기지의 이전 문제를 둘러싸고 미국 오바마 정부와 마찰을 빚으면서 8개월 만에 총리를 사임해야 했다. 그해 센카쿠 열도 충돌 사태가 겹치며 동아시아 중시 노선은 파탄했다. 후임인 간 나오토 총리가 한일병합 100년을 맞아 식민 지배에 대한 일본 정부의 사죄로는 가장 수위가 높은 담화를 발표했으나 지금은 언급조차 되지 않을 정도로 잊혀졌다(이에 대해서는 3장에서 자세히 살펴보았다).

이런 혼란을 겪은 뒤 등장한 인도-태평양 구상은 동아시아 공동체 구상을 대체하는 것이자 21세기판 탈아입구의 성격이 강하다. 중국 견제와 미·일 동맹 강화에 방점이 찍혀 있기 때문이다. 2010년 센카쿠 충돌에 이어 2012년 센카쿠 열도 국유화로 촉발된 중국 내 반일 시위를 겪으며 일본은 중국을 현실의 위협으로 인식하게 되었고, 경제 협력의 리스크에 대해서도 뼈저리게 느끼게 됐다. 중국이 패권국으로 성장하면서 현실화되는

---

53 〈연합인터뷰: 마하티르 전 말레이시아 총리〉, 《연합뉴스》 2003년 12월 16일.

미·중 갈등도 일본에 중대 변수였다.

인도-태평양 구상은 '가치외교'

인도-태평양 구상은 아베 총리가 1차 집권 시기인 2007년 8월 인도를 방문한 자리에서 한 연설 〈두 대양의 합류Confluence Of The Two Seas〉가 기원으로 알려졌다. '태평양과 인도양은 자유의 바다, 번영의 바다로서 역동적인 결합을 가져오고 있다. 일본, 인도 양국은 이를 넓혀 갈 책임이 있다'는 것이 요지다. 인도-태평양이라는 용어는 2010년 힐러리 클린턴 미 국무장관이 사용하기도 했으나 이를 가다듬어 지역 전략으로 발전시킨 것은 아베의 일본이었다.

2기 내각 초기인 2013년 2월 아베는 미 전략국제문제연구소Center for Strategic and International Studies에서 〈일본이 돌아왔다Japan is back〉는 연설을 통해 일본이 인도-태평양에서 규칙의 증진자이자 글로벌 공공재의 수호자라면서 미국, 한국, 호주 등 동질 국가들의 긴밀한 협력자 역할을 하겠다고 강조했다.[54] 국제회의에서 '인도-태평양'을 공식적으로 언급한 것이다. 아베의 초기 구상은 가치외교의 성격을 강하게 띠고 있었다. 2012년 12월 아베가 2기 내각 출범 직후 프로젝트 신디케이트 웹사이트에 기고한 〈아시아 민주주의 안보 다이아몬드Asia's Democratic Security Diamond〉에서는 태평양에

---

54 조은일, 「아베 시기 일본의 '자유롭고 열린 인도-태평양' 지역전략」, 『한국과 국제정치』 제36권 제2호(2020), 75쪽.

서 인도양까지의 해양 공간에 위치한 미국, 일본, 호주, 인도 4개국이 자유롭고 열린 해양 질서를 수호하는 데 중요한 역할을 해야 한다고 강조했다.[55] 미국의 하와이, 일본, 호주, 인도를 선으로 연결해 다이아몬드 형태의 지정학적 공간을 설정하자고 한 것이다.[56] 민주주의라는 동질 가치를 갖는 국가들 간의 연대라는 구상은 그러나 중국을 노골적으로 견제하려는 것이라는 우려가 있었다. 이후 내놓은 '자유롭고 열린 인도-태평양 전략'은 중국을 직접 겨냥하지는 않았으나 항행의 자유와 법의 지배, 시장경제 등의 가치를 기본원칙으로 한다는 점에서는 본질적으로 달라지지 않았다.

아베는 2016년 케냐에서 열린 제6차 아프리카 개발회의에서 '자유롭고 열린 인도-태평양 전략FOIP·Free and Open Indo-Asia Pacific Strategy'을 일본 대외정책 기조로 제시했다.[57] 2017년 외교청서에서 인도-태평양 전략을 공식적인 지역 전략으로 제시했고, 2017년 11월 방일한 트럼프와 아베는 인도-태평양 구상을 미·일 공동비전으로 채택했다. 트럼프 행정부는 2017년 12월 국가안보전략서National Security Strategy에서 아시아·태평양을 인도-태평양 지역으로 대체해 기술하는가 하면, 태평양사령부를 인도-태평양사령부로 개명했다.

---

55 Abe Shinzo, "Asia's Democratic Security Diamond," *Project Syndicate*, 2012.12.27.

56 조은일, 앞의 글, 80-81쪽.

57 外務省, "第6回アフリカ開発会議開会に当たって安倍晋三日本国総理大臣基調演説," 2016年 8月 27日(https://www.mofa.go.jp/mofaj/afr/af2/page4_002268.html 검색일 2024.12.3.)

일본 '외교의 레벤스라움'

인도-태평양 구상은 일본의 '남진南進 정책'의 의미가 있다. 아시아 전략에서 중국의 비중을 줄이면서 일본 외교의 '생존 공간Lebensraum'을 인도양-태평양의 인도, 호주, 동남아시아에서 확보하겠다는 의미다. 미·중 대립 속에서 '자유롭고 열린 인도-태평양'이 일본의 생존과 발전을 위한 절대적인 공간이 되어야 한다는 것이다. 중국의 부상으로 기존의 아시아 태평양, 동아시아 개념을 활용하는 데 한계가 있자 인도양으로 전략적 공간을 확장하고, 인도를 미·일 동맹 중심의 지역질서로 끌어들이려는 구상이다. 태평양과 인도양의 중간적인 위치에 있는 아세안 국가들과의 협력을 넓혀 중국을 넓게 포위하는 모양을 만들고자 했다. 물론, 일본의 구상을 범게르만주의의 기치하에 침략에 의한 영토 확장을 꾀한 나치 독일의 '레벤스라움'과 동일시할 수는 없다. 하지만 태평양에서 인도양으로 이어지는 시야의 확대는 일본 외교안보 정책 공간의 확장이라는 성격을 띠고 있는 점도 분명하다.

인도-태평양은 아시아의 범주를 밖으로 확장하고 있으나 역내 국가인 중국 견제의 의도를 깔고 있다는 점에서 '아시아의 확장'을 가장한 '아시아의 분리'로 볼 수 있다.[58] 동아시아 공동체 핵심 구성국인 한국과 중국의 비중은 인도-태평양 구상에선 자연히 축소된다. 중국이 배제되는 것은 일본

---

58 최경준, 「일본 아시아전략의 진화와 인도-태평양: '아시아의 지역화'와 '지역화 속 아시아'」, 『국제정치연구』 제25집 제3호(2022), 225-226쪽.

의 전략적 상황에 비춰 보면 이해할 수 있으나 한국을 배제하려는 의도는 좀 더 살펴볼 필요가 있다. 아베 2기 정부 내내 계속된 한국과의 갈등적 상호작용으로 인해 한국을 전략적 동반자에서 제외하려 한다는 해석이 가능하다. 박근혜 정부는 대통령 선거 과정에서 형성된 박근혜의 '일본 트라우마'로 인해 대일 태도가 시종 경직되었고, 임기 중 일본군 위안부 문제가 갈등의 핵으로 작용했다. 아베가 회고록에서 인도를 중시하는 이유에 대해 "일본과 역사 인식의 문제가 없다"고 언급[59]한 것은 인도-태평양 구상에 한국과의 갈등이 영향을 미쳤음을 시사한다.

다시 말해 동아시아 공동체 구상이 인도-태평양 구상으로 대체된 배경에는 중국의 부상과 미·중 경쟁 구도의 형성은 물론 주변국과의 갈등적 상호작용이 깔려 있는 것으로 추론할 수 있다. 그림을 아예 바꿔 그림으로써 과거사를 탈각脫却시키려는 의도가 읽힌다. 아베는 이 새로운 지정학 설계도를 미국에 납품했고, 미국이 이를 수용함으로써 미국의 패권 약화로 조성된 '지정학의 귀환' 시대에 동아시아에서 독자적인 정책 공간을 만들어 냈다. 패전국가 일본이 전후 처음으로 동아시아의 '질서 주도자'를 꿈꾸게 된 것이다.

인도-태평양 구상은 2018년 후반부터 일본이 중·일 관계 개선과 아세안과의 관계 강화를 중시하면서 배타성보다 포용성을 강조하는 방향으로 조정되었으며 역내 국가와의 연계를 확대하는 쪽으로 변화했다. 그러나 중국 견제를 위한 미국과의 안보 협력이 지속적으로 강화되고 있

---

59 아베 신조·하시모토 고로·오야마 히로시 지음, 기타무라 시게루 감수, 유성운 옮김, 『아베 신조 회고록』(마르코폴로, 2024), 338쪽.

다는 점, 인도-태평양 구상이 민주주의, 자유, 법의 지배를 강조하는 '가치 외교'의 기반에서 출발했다는 점에서 중국은 이 구상을 자국에 대한 잠재적인 포위망으로 보는 시선을 떨치기 어려울 것이다. 특히 미국이 '미·일 동맹 현대화'를 중국과의 전략 경쟁에서 미국의 이익을 증진시키는 필수 요소로 간주[60]하고 있는 상황에서 일본의 인도-태평양 구상이 중국에 대한 포용성을 발휘하는 데는 한계가 있을 것이라는 관측이 지배적이다.

일본이 인도-태평양 구상을 가다듬고 있는 동안 한국은 이 구상에서 줄곧 소외되어 왔다. 한·일 갈등이 격화되면서 일본이 한국을 '가치'를 공유하는 국가로 간주하지 않으려 했기 때문이다. 더구나 일본의 인도-태평양 구상과 한국의 전통적 외교 목표인 동북아 긴장 완화는 상충할 가능성이 크다. 반대로 일본이 배제된 채 한반도 평화가 이뤄질 경우 일본은 동북아 질서 주도권을 행사할 기회를 놓치게 된다. 남북 협력이 제도화되어 북한의 위협이 감소하고 한반도 긴장이 해소되는 것은 방위력 증강을 꾀하는 일본의 전략 목표와 충돌한다. 2018~2019년 문재인 정부가 추진한 '한반도 평화 프로세스'를 일본이 극력 반대해 온 것은 일본의 '큰 그림'에 맞지 않기 때문이었다.

그런 점에서 남북 대결과 대일 화해를 추진해 온 윤석열 정부가 2022년 인도-태평양 구상을 대외전략으로 받아들인 것은 일본 외교안보 정책의 성공 사례로 기록될 것이다. 일본이 만든 지정학 설계도를 이웃 국가가 수

---

[60] 박명희, 「미일동맹은 어떻게 진화하고 있는가?」, 『국회입법조사처 이슈와 논점』 제2237호(2024), 4쪽.

용함으로써 일본이 동아시아 질서 주도자가 됐음을 명실공히 확인한 셈이기 때문이다.

2
'국체'가 된 미·일 동맹

일본의 정책 좌표를 찍어 주는 미국 싱크탱크

아베 정권이 출범하기 4개월 전인 2012년 8월 미국의 전 국무부 부장관인 리처드 아미티지Richard Armitage와 전 국방부 차관 조지프 나이Joseph. S. Nye가 함께 쓴 《아미티지-나이 보고서》는 동아시아 공동체를 외교 구상으로 내건 민주당 정권하의 일본 엘리트층에 큰 충격을 주었다.

보고서는 "일본은 일류 국가이기를 원하는가 이류 국가로 남아도 그만인가. 일류 국가가 되길 바란다면 국제사회에서 상응하는 역할을 해야 한다"고 강조했다.[61] 보고서가 제시한 대일 청구 목록 중 하나는 후쿠시마 원전사고에도 불구하고 미·일이 민간 원자력을 국내적, 국제적으로 추진하는 것에 공통의 이익을 갖고 있다면서 원전 재가동을 강력하게 요구한 것

---

61 우치다 다쓰루·시라이 사토 시 지음, 정선태 옮김, 『속국민주주의론』(모요사, 2018), 15-16쪽(원서 內田樹·白井聡, 『属国民主主義論』, 東京: 東洋経済新報社, 2016).

이었다. 원전을 2030년까지 제로에 가깝게 하기 위해 모든 자원을 투입하겠다는 탈원전 방침을 다듬어 온 민주당 노다 요시히코 정부는 화들짝 놀라 각료회의의 탈원전 방침 결정을 연기하는 것으로 화답했다. 미국에서 날아온 보고서 한 장이 당시 일본인들의 대다수가 희망하고 요구해 온 탈원전 정책을 강제 종료시킬 정도로 위력적이었던 까닭을 살펴봐야 한다.

《아미티지-나이 보고서》는 미국의 싱크탱크인 전략국제문제연구소CSIS가 2000년부터 주기적으로 내놓는 대일 '정책 권고'다. 이 보고서가 나올 때마다 일본 언론들은 호들갑을 떨며 대대적으로 보도하고 일본 정부도 거의 대부분 정책에 반영해 왔다.

예를 들어 2000년 10월에 나온 1차 보고서는 "미국의 민주적 동맹국인 일본은 미국이 아시아에 관여할 때 열쇠가 된다"며 일본이 헌법 제약을 해제하고 집단적 자위권[62]을 행사해야 한다고 요구했다. 이는 2015년 4월 '미·일 가이드라인(방위협력지침)' 개정과 그해 9월 일본 안보법제 제·개정으로 실현됐다. 2007년 2월에 나온 2차 보고서에선 일본의 '무기 수출 3원칙'을 완화하고 미사일방어MD를 강화할 것을 제안했는데 이 역시 아베 정권에서 실현했다.

2012년 12월 재집권한 아베 신조 총리가 2013년 2월 방미해 전략국제문제연구소에서 연설하면서 보고서를 언급하는 장면은 선생님이 내준 숙제를 틀림없이 잘 해내겠다고 다짐하는 학생을 연상케 한다.

---

62 집단적 자위권이란 다른 나라가 무력공격을 받았을 때 자국이 공격받지 않았어도 이를 자국에 대한 공격으로 간주해 공격할 수 있는 권리다. 즉, 동맹국 등 밀접한 나라가 공격받을 경우 그 나라를 도와 공동으로 방어할 수 있는 권리로 유엔헌장 51조에 유엔 회원국의 권리로 보장돼 있다.

지난해 아미티지, 나이, 마이클 그린 등 여러분이 일본에 대한 보고서를 발표했습니다. 그들이 물은 것은 일본이 혹시 2류 국가가 되지 않을 것이냐는 우려였습니다. 일본은 지금도, 앞으로도 2류 국가가 되지 않습니다. 저는 돌아왔습니다. 일본도 그럴 것입니다.[63]

미국 정부도 아니고 민간 싱크탱크가 내놓은 정책 권고로 국민 대다수의 지지를 받던 정책이 폐기되는가 하면, 일본 총리가 직접 보고서를 언급하며 답변까지 할 정도라면 이것이 건전한 국가 간 관계인지, 종속 관계인지 의문을 품을 수밖에 없다.

천황 지키려 미국의 속국이 되다

일본 패전 이후 미국은 일본인들의 저항을 우려해 천황제를 유지하는 대신 그 권위를 '국민 통합의 상징'으로 한정했다. 일본의 '국체國體'[64]인 천황제는 유지됐지만, 그 대가로 대미 종속 구조가 확립됐다. 일본은 1951년 9월 8일 샌프란시스코 강화조약 체결로 회복한 주권을, 같은 날 맺은 미·일 안보조약으로 미국에 맡겼다.

이후 70여 년간 미국은 신성불가침의 권위였고, '미국이 정해 준 범위'

---

63 〈'아미티지-나이 보고서'가 뭔가요?〉, 《한겨레》 2020년 12월 14일.
64 전전 일본은 국체를 '만세일계(萬世一系)'의 천황이 군림해 통치권을 총람하는 나라로 규정해 국가와 천황제를 일체화했다. 패전으로 천황의 지위가 국민 통합의 상징으로 격하되면서 국체란 말은 잘 쓰이지 않는다.

를 넘는 정치인은 여지없이 거세됐다. 미국을 앞질러 중국과 수교한 다나카 가쿠에이 총리, 오키나와 미군기지 이전 방침을 미국과 협의 없이 발표한 하토야마 유키오 총리가 대표적이다. 주권국가라면 당연히 '국민의 의사'에 의해 결정돼야 할 자국 내 미군 기지의 이전 문제가 '미국의 뜻'에 의해 좌절되었고, 정권 붕괴로까지 이어진 상황은 주권국가라고 부르기 어려울 정도다. 이런 현실을 두고 일본의 정치학자 시라이 사토시는 '일본의 국체는 상징천황제가 아니라 미·일 동맹'이라고까지 주장한다.

시라이는 일본이 패전을 부인함으로써 영원한 패전을 겪고 있다고 설명한다. 1945년 패전 이후 일본은 미국의 동아시아 냉전 기지로서 종속되는 대신 식민 지배와 침략을 당한 한국과 중국 등 이웃 국가들에 대한 사죄와 책임은 회피했다. 천황과 지도부가 전쟁의 책임을 회피함으로써 만들어진 '무책임의 체계'와 대미 종속을 벗어나지 못하는 영속패전永續敗戰의 상태가 이어지고 있다는 것이다.[65]

이 주장은 음미할 가치가 크기 때문에 좀 더 살펴볼 필요가 있다. 시라이는 2차 세계대전에서 패배한 일본이 패전을 여전히 인정하지 않고, 오히려 전승국 미국에 복종하고 있는 상황을 '영속패전 체제'로 규정한다. 영속패전 체제의 핵심 구조는 패배의 부인과 대미 종속이다.

'패배의 부인'은 전쟁을 주도했던 군국주의 세력들이 전후에도 권력을 유지하려면 패전의 책임에서 자유로워야 하는 사정 때문에 발생했다. 일본을 점령한 미국은 초기에 탈군국주의화를 위해 근본적인 개혁을 추진했으나 냉전 본격화로 전전 보수 세력에게 전후 일본의 통치를 맡기게 됐다.

---

[65] 이하의 내용은 시라이 사토시 지음, 정선태 옮김, 『영속패전론』(이숲, 2017)을 참고했다.

일본 보수 세력은 미국의 지원을 받아 전전의 권력을 되찾을 수 있었고, 그 대가로 미국이 어떤 요구를 하든지 무조건 들어줘야 하는 대미 종속 구조가 자리 잡게 되었다. 일본은 전후 점령 상태에서 벗어나는 과정에서 피침략국에 사죄와 반성을 하지 않음으로써 '동아시아의 고아'가 되었다. 그런 만큼 미국에 맹목적으로 충성할 수밖에 없게 됐다. 대미 종속이 아시아에서 일본의 고립을 부채질하고, 그 고립이 다시 대미 종속을 강화하는 '무한루프' 구조가 만들어진 것이다.

시라이는 이런 과정에서 미국이 천황을 대체해 천황 자리에 앉은 '국체의 뒤바꿈'이 일어났다고 본다. 영속패전 체제와 국체의 '미·일 동맹화'는 서로 연결돼 있다. 이 체제 속에서 일본 권력층은 미국에 대해서만 책임을 지면 되는 편리한 사고 구조를 갖게 되었다. 패전의 원인을 찾으려는 노력도 책임 추궁도 덮고 넘어갔다. 시라이는 300만이 넘는 국민의 생명을 희생시킨 국가의 존망이 걸린 패전이었음에도 사실상 아무도 책임지지 않았을 뿐 아니라 책임져야 한다는 의식조차 없었던 전쟁 책임자들의 '체제, 그 자체의 퇴폐'가 후쿠시마 원전사고에서도 그대로 재현됐다고 비판한다. 패전을 제대로 청산하지 못했기 때문에 같은 과오가 반복되는 것이다.

미국이 그어 놓은 '레드라인'의 무게

국체의 뒤바꿈하에서 일본의 대외정책은 미국이 그어 둔 선을 넘을 수 없게 됐다. 일본은 샌프란시스코 강화조약 조인을 거부한 소련과 별도 협상을 통해 국교 회복을 추진했고, 1956년 일·소 공동선언을 채택했다. 공동선언에서 소련은 일본이 '북방 영토'라고 주장하는 쿠릴 열도의 4개 섬 중 하보마이와 시코탄 섬을 평화조약이 체결되는 대로 일본에 양도하기로 합의했다. 일본은 이로써 나머지 쿠릴 열도의 섬들을 포기해야 했지만, 당시 하토야마 이치로[66] 정권은 시베리아 억류자 귀국 사업, 유엔 가입 등 소련과 풀어야 할 문제들을 감안해 이를 수용하려 했다.

그런데 당시 미 국무장관이던 존 포스터 덜레스John Foster Dulles가 "이 조건으로 일·소 평화조약을 체결한다면 미국은 오키나와를 영구히 반환하지 않을 것"이라고 일본을 겁박하면서 사태가 꼬이게 됐다. 미국의 의도는 북방 영토 문제가 해결되지 못하게 함으로써 일본인의 비난이 미국의 오키나와 점령에 집중되는 것을 막기 위한 것이었다. 일소 양국 간 영토 문제의 불씨를 남겨 둠으로써 일본이 소련의 우호국이 되거나 중립 정책을 펼치지 않도록 하려는 의도도 있었다. 그 결과 북방 영토 문제는 여전히 해결되지 않은 외교 과제로 남아 있다. 1956년 12월 하토야마의 뒤를 이어 총리가 된 이시바시 단잔石橋湛山(1884~1973)은 불평등한 미·일 관계 시정을 위해 주일미군 방위분담금 삭감, 중·일 교역 회복 등을 추진하다가 불과 65일 만에 총리를 그만뒀다.[67] 돌연 폐렴이 걸려 요양이 필요하다는 이유였으나 미국의 눈 밖에 난 것이 조기 사임의 배경이 된 것으로 추정된다.

---

66 하토야마 유키오 총리의 할아버지다.

67 孫崎享, 『戰後史の正體 1945-2012』(大阪: 創元社, 2012), 180-185쪽.

중국과 북한 등 이웃 국가와의 관계 개선에 대해서도 미국은 일본의 움직임에 번번이 제동을 걸었다. 1970년대 초 미·중 데탕트가 무르익자 다나카 총리가 미국보다 7년 앞선 1972년 중국과 국교정상화에 전격 합의했다. 미국은 일본의 '추월'을 괘씸히 여겼으나 다나카는 내친걸음에 시베리아 유전 개발을 위해 소련에 접근했다. 다나카의 '자원외교'는 동서 대립이라는 냉전질서를 넘어선 것이어서 미국의 노여움을 샀고, 결국 다나카는 미국 록히드 항공사의 뇌물을 받은 혐의로 구속됐다.

1980년대 말 사회주의의 몰락으로 냉전체제가 해체되자 일본은 북한에 대한 접근을 강화했다. 1988년 7월 7일 일본 정부는 "일·조 간에 존재하는 현안의 모든 측면에 대해 북조선과 협상할 용의가 있다"는 성명을 발표했고, 1990년 9월 24일 자민당과 일본사회당 대표단이 조선노동당 초청으로 평양을 방문해 김일성 주석과 회담을 갖고 북·일 국교 교섭 개시를 포함한 '3당 공동선언'에 합의했다. 미국은 일본의 '선 넘기'를 불쾌해하며 견제를 노골화했다. 결국 북·일 접근은 '북한 핵문제(1차 북핵 위기)'로 인해 용두사미로 끝나고 말았다. 10년 뒤인 2002년 9월 17일 고이즈미 준이치로 일본 총리가 사상 처음으로 북한을 방문해 김정일 국방위원장과 정상회담을 갖고 '북·일 평양선언'을 채택했으나 불과 3주 뒤 '2차 북핵 위기'가 불거지며 동아시아 긴장이 고조됐다. 북·일 사이에 접근이 이뤄질 때마다 기다렸다는 듯 북핵 위기가 뒤따르는 패턴이 10년을 주기로 반복된 것이다.

미국이 레드라인을 넘는 일본을 어김없이 제재해 온 것은 일본이 자초한 면도 있다. 패전으로 천황제가 폐지될 위기에 처하자 '국체호지國體護持',

즉 천황제의 유지를 위해 미군에 대해 '원하는 만큼 원하는 장소에, 원하는 기간만큼 주둔시킬 권리'를 주었을 뿐 아니라, 심지어는 오키나와의 점령 상태를 장기간 지속시킬 것을 천황이 미국에 의뢰(1947년 '오키나와 메시지') 한 일본의 자업자득이었다.[68] 전범인 천황을 징벌하지 않고 '상징 천황'으로나마 유지하는 대가로 일본은 국가의 자주성을 빼앗긴 것이다.

대미 종속을 통한 대미 자립

아베 시대에 접어들어 미·일 동맹은 더욱 강화되는 방향으로 나아가고 있다. 그런 한편으로 아베는 인도-태평양 구상이라는 지역전략을 창안해 동아시아 질서를 주도하고 있다. 두 현상은 일견 무관한 듯 보이지만, '철저한 대미 종속을 통한 대미 자립'이라는 우치다 다쓰루內田樹의 가설을 염두에 두고 보면 연관성을 찾을 수 있다. 오랫동안 주인을 충실히 섬긴 고용인에 대해 후일 같은 상호의 독립 점포를 허용해 주는 '노렌와케暖簾分け' 전략이라는 것이다.[69] 즉, 아베가 추진하는 미·일 동맹 강화는 미국의 군사패권 질서에 더욱 철저히 복무함으로써 아시아의 맹주 자리를 물려받겠다는 전략이다. 동맹 강화로 미국의 신뢰를 얻어 냄으로써 아시아에서는 나름의 자율성을 확보하겠다는 것이다. 인도-태평양 구상은 동아시아를 주도하려는 일본의 지역 전략이다. 인도-태평양 전략을 윤석열 정부가

68　시라이 사토시 지음, 한승동 옮김, 『국체론』(메디치, 2018), 63-64쪽.
69　하토야마 유키오 지음, 김화영 옮김, 『탈대일본주의: '성숙의 시대'를 위한 국가의 모습』(중앙일보플러스, 2019), 70쪽.

수용하고 한·미·일 안보협력이 강화되는 것은 북·중·러의 최전선인 한국이 기지 국가인 일본의 하위 파트너로 편입되는 것을 의미한다. 미·일 동맹 강화를 통한 역내 자율성 확보라는 일본의 전략은 한반도 관련 사안에서 표출되고 있다. 아베 정부 이후 미국은 한·일 간 갈등에 갈수록 개입하지 않으려 하고 있으며 일본의 대북 접근에서도 일정 부분의 자율성을 허용하고 있는 듯 보인다. 외교안보에서 일본의 최근 모습은 '일국 평화주의'를 표방하며 경제 발전에만 몰두하던 냉전기 일본에 비하면 상전벽해의 변화다.

10장

동북아시아는 어디로 향하는가

1
안보국가로 질주하는 일본

전략국가 일본의 탄생

일본은 아베의 재집권 이후 급속히 안보국가로 질주하기 시작했다. 보통국가들처럼 국가안보 전략을 세우고 방위력을 증진하는 로드맵을 체계화하는 등 정책의 근본적인 변화가 꾀해졌다. 헌법 9조에 의해 '전수방위'만 가능했던 일본은 냉전 시기까지는 일본의 유사사태가 아닌 일본 주변에서 발생하는 무력분쟁에 대해서는 특별한 대책을 갖지 않았고, 가질 이유도 없었다.

그러나 1993년 1차 북핵 위기가 고조되면서 미국은 북한 영변 핵 시설에 대한 폭격 계획을 세웠고, 이를 위해 일본에 1,500개에 달하는 지원 항목을 제시하며 협력을 요구했다.[70] 이를 계기로 한반도 유사시 일본이 미국을 지원하기 위해 어떤 역할을 해야 하는가에 대한 문제가 미·일 양국의

---

70 길윤형, 『아베는 누구인가: 아베 정권의 심층과 동아시아』(돌베개, 2017), 297쪽.

화두로 떠올랐다.

1997년 개정된 미·일 가이드라인(방위협력지침)에서 양국은 '주변사태' 발생 시 일본의 역할에 대해 미군에 대한 보급·수송 등 후방지원, 전투로 조난된 이들에 대한 구조, 정보 지원 등으로 규정했다. 본래 '가이드라인'은 냉전 시기인 1978년 처음 만들어진 것으로 당시엔 소련의 위협에 대비하기 위해 작성되었으나 한동안 사문화되었던 것이다. 일본은 가이드라인 개정 후속 조치로 1999년 주변사태법을 제정했다. 한편으로 미국의 중동전쟁 및 유엔의 평화유지 활동과 관련해 1992년 유엔평화유지활동협력법, 2001년 테러대책특별법, 이라크부흥지원특별법 등이 차례로 제정됐다. 그러나 일본의 군사력 강화와 활동 반경 확대를 주요 내용으로 하는 안보정책의 총체적 전환은 2기 아베 내각의 몫이었다.

2기 아베 정권이 출범한 2013년[71]은 전후 일본이 전략국가로서의 첫 걸음을 떼는 해였다. 일본 외교·안보의 사령탑 격인 국가안전보장회의NSC가 12월 4일 출범했다. 총리가 의장을 맡고 관방장관, 외무상, 방위상으로 구성된 '4인 각료회의'가 외교안보 정책의 기본 방침을 결정하며 사무국 역할을 하는 국가안전보장국도 설치됐다. NSC는 '전후체제로부터의 탈각'을 내세운 아베가 꿈꿔 온 국가 전략의 설계도를 구현하기 위한 실행 기관이었다. 같은 시기 일본의 대외전략을 '적극적 평화주의'로 설정한 '국가안보전략' 보고서가 전후 처음으로 발표되었다.

NSC 출범 직후인 12월 6일에는 정부가 비밀로 지정한 외교 안보, 첩보 행위 관련 정보를 누설하면 최고 징역 10년형에 처하는 특정비밀보호법이

---

71 아베 2기 내각은 정확히는 2012년 12월 26일에 출범했다.

국회를 통과했다. 언론의 취재 활동을 위축시키고 국민의 알 권리를 침해하는 것은 물론 공직 사회의 내부 고발마저 봉쇄할 수 있어 전전 공포정치의 기반이던 치안유지법의 부활이라는 비판을 받았으나 아베의 의지를 꺾지는 못했다.

특정비밀보호법의 제정은 집단적 자위권 행사 용인, 국가안전보장회의 설치 등과 연계해서 봐야 한다. 9장에서 살펴본 대로 해석개헌[72]을 통해 집단적 자위권 행사의 족쇄를 푼 일본 정부가 자의적 판단에 기초해 군사력 행사에 나섰을 때 그 판단이 타당했는지를 검증할 증거 자료를 야당이나 시민사회가 제시하기가 어려워졌다. 외교안보 관련 정보의 누설에 해당될 가능성이 있기 때문이다. 즉 특정비밀보호법 제정은 군사력 사용에 걸리적거리는 장애를 제거하는 용도인 셈이다.

외교안보 사령탑 설치와 기밀체계의 확립, 집단적 자위권 행사를 용인하는 해석개헌을 통해 전략국가가 되기 위한 내부 정비를 마친 아베 정권은 미국 오바마 정부와 2015년 4월 27일 자위대의 활동 범위를 전 세계로 확대하는 것을 골자로 한 미·일 가이드라인 개정에 합의했다.

미·일 동맹의 글로벌화와 자위대의 한반도 진출 가능성

미·일 가이드라인은 양국이 공동으로 대처해야 할 안보 전략 목표를 설

---

72 2차 아베 내각은 2014년 7월 1일 현행 헌법하에서도 집단적 자위권이 용인되는 것으로 해석하는 각의 결정을 내렸다.

정하고, 이를 토대로 미·일 양국 군 간의 역할 및 임무, 상황별 상호 협력 사항을 규정한 문서이다. 2015년판 가이드라인은 미·일 동맹의 성격을 다음과 같이 바꿔 놓았다.

첫째, 그동안의 가이드라인은 미·일이 군사적으로 공동 대응할 수 있는 지리적 범위를 한반도, 대만해협 등 일본 주변으로 제한해 왔으나 개정 가이드라인은 "일본의 평화와 안전을 확보하고 아시아·태평양 지역과 이를 넘어서는 지역이 안정을 유지하고 평화롭게 번영"하도록 하는 것을 목표로 했다. 미국이 가는 곳이면 자위대가 세계 어디든 따라가 미군의 활동을 지원할 수 있도록 한다는 뜻이다. 아베가 집단적 자위권 행사를 용인하면서 자위대의 활동 범위가 '미군이 활동하는 세계 전역'으로 넓어진 것이다. 과거 가이드라인에 있던 '주변사태'를 일본의 안전에 중요한 영향을 미치는 '중요영향사태'로 바꾼 것도 자위대 활동의 지리적 제약을 없애기 위한 포석이다. 이에 따라 자위대의 활동 범위가 일본, 한반도, 대만 등 '동아시아' 범위를 넘어 동중국해, 남중국해, 인도양, 중동을 비롯한 세계 각지로 넓어졌다.

둘째, 미·일 동맹이 '평시부터 유사시까지 각종 사태에 대해 빈틈없는 대응이 가능한 태세'를 갖추도록 했다. 이를 위해서는 미·일 동맹에도 한미연합사와 유사한 미·일의 상설 의사결정체가 필요한데, 양국은 '동맹 조정 메커니즘'이라는 조직을 만들기로 했다. 양국은 한·미 동맹의 '작계(작전계획)'와 같은 '공동계획'을 작성하는 공동 조직도 만들었다.

셋째, '일본 이외의 국가에 대한 무력공격이 발생했을 경우'라는 항목을 추가해 자위대의 집단적 자위권 행사 범위를 구체화했다. 장비 방어, 수색 구난, 해상 작전, 미사일 방어 협력, 후방지원 등 5가지 경우이다. 이에 따라 예컨대 중동전쟁으로 페르시아만이 봉쇄될 경우 자위대가 파견돼 미 군함을 방어할 수 있게 됐다. 또 북한이 미국령 괌을 겨냥해 탄도미사일을 쏠 경우 자위대가 요격에 나서는 것도 가능해졌다. 다시 말해, 미국이 전 세계에서 벌이는 군사활동에 자위대가 참가할 수 있게 된 것이다. 미국의 군사활동이 침략적 성격이라고 할지라도 자위대는 동맹국 지원의 명분을 내걸 수 있다.

넷째, 개정 가이드라인으로 인해 한반도 유사시 자위대가 한반도 영역에 진출할 가능성을 열어 뒀다. 이를 뒷받침하기 위해 일본이 제·개정한 안보 관련 법제에 따르면 미군을 후방지원할 수 있는 지역이 "일본의 영토 및 현재 전투 행위가 이뤄지지 않고 있고, 활동이 이뤄지는 시기를 통틀어 전투 행위가 이뤄지지 않는다고 인정되는 일본 주변의 공해"라는 종전의 정의에서 "현재 전투가 이뤄지지 않는 지역"으로 넓어졌기 때문이다. 즉, 과거에는 한반도에서 전쟁이 벌어지면 자위대가 일본 내 군사기지나 동해 등 공해상 등에서 미국을 지원하던 것이 앞으론 전투 행위가 벌어지지 않는 상태일 경우 자위대의 후방지원 부대가 부산을 통해 상륙할 수 있게 된 것이다.

다섯째, 북한 등 적국의 탄도미사일 공격 가능성이 농후하다고 판단할 경우 자위대가 직접 적 기지를 타격할 수 있게 됐다. 개정 가이드라인이 "탄도미사일 공격의 징후가 있을 경우 자위대 및 미군은 일본을 향한 탄도

미사일 공격에 대해 방위한다"로 규정한 데 따른 것이다. 그러나 '공격의 징후'가 자의적으로 해석될 수 있다는 점을 감안하면 선제타격도 가능하게 된 것이다. 적 기지 타격만으로 상황이 종료된다는 법이 없으니 일본의 선제타격에 의한 북일전쟁 발발 가능성도 배제할 수 없게 됐다.

아베 정권은 가이드라인을 실질적으로 작동하기 위해 2015년 안보 관련 법제를 강행 처리했다. 자위대법, 중요영향사태법, 무력공격 및 존립위기사태법, 국제평화협력법, 선박검사활동법, 미군 등 행동관련 조치법, 특정 공공시설 이용법, 해상수송규제법, 포로취급법, 국가안전보장회의 설치법, 국제평화지원법 등 11개 법이다. 이 과정에서 일본이 한국 정부의 동의 없이 한반도 사태에 간여할 수 있는 독소 조항이 만들어졌다. 한반도 유사시 자위대의 간여 근거는 중요영향사태법과 존립위기사태법에서 찾을 수 있는데, 중요영향사태법은 제2조 4항에 "외국의 영역에서의 대응 조치에 관해서는 (중략) 당사국의 동의가 있는 경우 실시한다"고 명시해 해당국의 사전 동의를 전제하고 있다. 반면 무력공격 및 존립위기사태법은 한반도 유사시 등 상황을 일본의 '존립위기사태'로 정의하고, 이를 기존의 일본에 대한 무력공격 사태와 동등하게 취급해 대처한다는 방침이 명시됐다. 즉, 한반도 유사시 한국 정부의 동의 없이도 일본이 개입할 수 있는 법적 근거를 만들어 놓은 것이다.[73]

예를 들어 이 법에 의해 자위대가 한반도에서 자위권을 행사할 수 있는 사례로는 탄도미사일 발사 경계 때 미군 함정 방어, 탄도미사일 요격, 한반도 내 일본 국민 구출 작전, 자국 국민을 호송 중인 미군 함정 방호 등을

---

73 김두승, 「평화안전법제 정비 이후 미일동맹과 한국」, 『한일군사문화연구』 제23권(2017), 25-26쪽.

꼽을 수 있는데 이 과정에서 한국의 요청이나 동의를 받아야 한다는 조항이 명시되지 않은 것은 문제다.

일본 정부는 구두로는 해당 국가의 동의를 받아야 한다고 밝혀 왔지만 한반도에서 위기 사태가 발생해 데프콘(방어준비태세)이 3단계로 올라가면 한국군의 작전권이 한미연합사로 넘어가는 상황에서 한국 정부가 주도적으로 일본 개입을 차단할 수 있겠느냐는 우려는 결코 기우가 아니다. 한국 동의 없는 일본의 대북 공격 가능성도 더 커졌다. 나카타니 겐(中谷元) 당시 일본 방위상은 2015년 10월 한민구 국방장관과의 회담에서 "한국의 주권 범위는 휴전선 남쪽"이라고 말해 충격을 안겼다. 이는 북한이 탄도미사일로 일본을 공격할 가능성이 농후하다고 판단할 경우 한국의 양해 없이 북한의 기지를 타격하겠다는 뜻이다.

2015년판 미·일 가이드라인과 안보 관련 법제 정비를 통해 일본은 그간의 평화헌법이 채워 온 군사적 족쇄에서 벗어나 군사적 의미에서 '보통국가'로 전환하는 첫발을 뗀 것이다. 그 이후의 움직임은 미·일 가이드라인의 연장선상에 놓인 것들이다. 또 일본은 중장기적으로 미·일 동맹을 넘어 독자 노선을 모색할 수 있는 기반을 마련했다.

아베 총리는 2020년 9월 퇴임 직전 담화에서 적 기지 공격 능력 보유를 포함한 새로운 미사일방어체제에 대한 논의를 당부했는데, 그가 불의의 총격으로 숨진 뒤인 2022년 12월 일본은 안보 관련 3대 문서를 개정해 적 기지 공격 능력(반격 능력) 보유를 공식화했다. 반격 능력을 사용할 수 있는 경우로 일본 정부는 '적이 일본에 대한 공격에 착수했음이 확인됐을 때'라고 규정했으나 '공격에 착수한 시점'을 어떻게 판단할 것인가는 논란이 될 수밖에 없다. 일본의 자의적 판단에 따른 선제공격 가능성을 열어 놓은 셈이다. 이렇게 해서 일본 평화헌법이 규정해 온 '전수방위' 원칙은 완전히 퇴장했고, 일본은 명실상부한 군사적 보통국가로 전환하게 됐다.

2
일본의 '반도체 굴기'와 애치슨 라인

일본의 반도체 부활 총력전

반도체 산업은 인공지능AI, 빅데이터, 로봇, 항공우주, 양자컴퓨터를 포함한 슈퍼컴퓨터 활용 및 대륙 간 탄도 미사일 등 방위산업의 근간이다. 반도체 기반의 첨단 기술은 민·군이 겸용하며, 경제와 국가 안보에 큰 영향을 미친다.

미·중 경쟁과 코로나19 팬데믹을 거치며 대표적인 글로벌 생산 분업 체제인 반도체 산업에 대한 각국의 인식과 전략은 근본적으로 전환됐다. 특히 반도체는 미·중 패권 경쟁의 핵심 대상이 되고 있으며 그로 인해 세계 경제에 미치는 영향도 지대하다. 미국은 글로벌 분업체제에 의존하는 대신 자국 내에서 반도체 생태계를 자체적으로 구축하거나 반도체 산업에서 자국의 지분을 늘리기 위해 박차를 가하고 있다. 반도체 생태계 구축에 나선 미국과, 반도체 산업의 부흥을 꾀하는 일본 간의 협력도 긴밀하게 이뤄지고 있다.

미국과 일본은 2022년 7월 워싱턴에서 열린 외교·상무 장관 회의에서 차세대 반도체 개발에 협력하기로 합의했으며 일본에 미·일 차세대 반도체 공동 연구센터도 신설하기로 했다. 일본 구마모토에 대만 기업인 TSMC가 공장을 짓는 과정도 미국의 전폭적인 지원하에서 이뤄졌다.

반도체가 경제 안보의 주요 전략 물자가 된 가운데 미국이 일본을 긴밀히 지원하고 있는 현상은 의미심장하다. 2019년 7월 아베 정부가 강제징용 배상 문제에 대한 보복 조치로 반도체 핵심 품목의 한국 수출을 규제하면서 전개되었던 양국 간 경제전쟁을 다시 음미해 볼 필요도 있다.

일본 반도체 역사에서 2024년 2월 24일은 매우 뜻깊은 날이었다. 세계 최대 파운드리[74] 업체인 대만 TSMC의 규슈 구마모토현 제1공장이 착공 2년여 만에 완공돼 이날 개소식을 가진 것이다.

기시다 총리는 개소식 영상 메시지를 통해 "첨단 로직(시스템) 반도체가 일본에서 생산되는 것은 우리 반도체 산업의 큰 진전"이라며 반도체 산업에 대한 정부의 집중 지원 방침을 강조했다.[75] 이 공장에선 카메라·자동차 등에 필요한 12~28나노(나노미터·1nm는 10억분의 1m)의 시스템 반도체가 생산된다. 최첨단 반도체는 아니지만, 현재 일본에서 양산되는 반도체 중 40나노가 가장 성능이 좋다는 점을 생각하면 엄청난 변화다. 2027년 가동을

---

[74] 파운드리(foundry)는 외부 업체가 만든 반도체 설계도를 토대로 반도체 제품을 생산·공급하는 반도체 위탁 제조기업을 말한다. 반대로 제조 공장을 두지 않고 반도체 설계만을 전문으로 하는 기업은 팹리스(fabless)라고 한다.

[75] 〈양배추밭 앞 공장…일, 반도체 부활 "마지막 기회"〉, 《한겨레》 2024년 3월 18일.

목표로 하는 TSMC 구마모토 제2공장에선 첨단 반도체인 6나노가 생산될 예정이다.

일본 정부가 TSMC의 구마모토 공장 유치에 1조 2,000억 엔에 달하는 거금을 보조했다. TSMC뿐 아니라 미국 반도체 기업인 마이크론테크놀로지의 히가시히로시마 공장에도 최대 1,385억 엔의 보조금을 지급하기로 했다.

해외 기업 유치뿐 아니라 도요타, NTT, 덴소, 키오시아, 미쓰비시UFJ은행, 닛폰 전기, 일본전신전화, 소프트뱅크 그룹, 소니 등 일본의 주요 대기업 8곳이 뭉쳐 2022년 11월 반도체 제조 회사인 라피더스Rapidus를 설립했다. 라피더스는 라틴어로 '빠르다'는 의미다. 라피더스는 2023년 9월 홋카이도 치토세에서 공장 건설을 시작했고, 2027년 2나노 반도체의 양산을 목표로 하고 있다. 일본 정부도 라피더스에 9,200억 엔의 보조금을 투입할 예정이다. 얼마나 성과를 낼지는 지켜봐야겠지만 일본 정부에게 반도체 제조 기반 확충은 일종의 국책 사업이 된 셈이다. 국가가 자원을 몰아주며 특정 산업을 집중 육성하는 개발도상국 산업정책을 보는 듯하다.

1947년 미국에서 트랜지스터가 발명된 이듬해 일본은 통상산업성 산업과학기술연구소 전기연구소가 트랜지스터 연구를 시작하는 등 반도체 제조에 재빨리 뛰어들었다. 미국은 반도체를 대부분 국방용으로 사용하였으나 2차 세계대전 패전으로 무기 개발이 불가능했던 일본은 반도체를 활용한 민수용 전기·전자 제품 생산에 주력했다. 1960년대 후반, 일본 전자제품 제조업체는 반도체를 직접 생산하거나 반도체 제조업체와 협력해 전자제품의 품질을 향상시켰고, 정밀기계 제조업과 소재 기업들이 전자제품 기업에 반도체 제조 장비와 소재를 공급하면서 반도체 산업의 후방산업이 함께 성장했다. 1970년 인텔이 D램 개발에 성공하자 일본 기업들도 D램 개발에 뛰어들었다. 오일쇼크로 인해 미국 기업들이 생산 시설 투자를 줄였으나 일본 기업들은 정부 지원을 업고 더 투자를 늘리며 경쟁력을 강화했다. 일본 정부는 '초LSI기술연구조합'이라는 민관 단체를 만들어 기업들의 중복 투자를 방지하고, 노하우를 공유토록 했다. 일본 정부는 반도체 소재, 부품, 공정 장비 관련 중소기업을 육성하는 등 반도체 산업 생태계 조성에도 적극적이었다.

D램이 대용량 컴퓨터와 통신 장비에 필수 부품으로 들어가면서 수요가 폭증하자 일본 기업은 1980년대 세계시장을 제패했다. 그러나 일본 기업들은 얼마 안 가 역풍에 휩싸이게 된다. 일본 기업의 공격적인 마케팅으로 피해를 입은 미국 기업들이 1985년 NEC, 히타치, 도시바 등을 반덤핑 혐의로 제소했고, 미국 정부가 일본에 보복관세를 부과한 것이다. 미국 언론들은 일본 반도체 기업들의 저가 공세를 '제2의 진주만 공습'으로 비유하며 '일본 때리기'에 나섰다.

1985년 플라자 합의, 1986년 미·일 반도체 협정[76]의 영향으로 일본 반도체의 기세는 꺾이기 시작했다. 이 틈을 비집고 1992년 세계 최초로 64메가 D램을 개발한 삼성전자가 메모리 반도체 시장 점유율을 급격히 늘리는 등 한국 기업들이 치고 올라갔다. 1997년 마침내 메모리 반도체 시장

---

76 일본 반도체 기업이 미국에 생산원가를 공개하고, 일본 내 미국 반도체 기업의 시장점유율을 20퍼센트까지 높이도록 한다는 내용이다. 김양팽, 〈일본 반도체산업 부침과 부흥 노력 및 시사점〉, 《월간 KIET 산업경제》(2024), 11쪽.

점유율에서 한국이 일본을 추월했다. 2000년대 이후는 일본의 반도체 기업들이 총체적으로 쇠락하는 시기였다. 엘피다가 파산했고, 파나소닉은 2019년 반도체 사업에서 철수했다.

반도체의 '애치슨 라인'

미·중 무역분쟁, 코로나19, 러시아-우크라이나 전쟁 등으로 경제와 안보의 상호 연관성이 심화되자 각국은 경제안보 정책을 적극 추진하기 시작했다. '공급망 안정성 확보'와 '첨단 기술 패권 확보' 차원에서 자국우선주의와 블록경제화가 뚜렷해지고 있는 것이다. 이런 가운데 군수와 민수 모두에 쓰이는 반도체는 전략 품목으로서의 위상이 더욱 높아졌다.

이런 가운데 미국, 일본이 합심한 듯 반도체 제조 생태계 구축에 나선 것은 반도체 제조 기반이 중국과 지리적으로 가까운 대만, 한국에 편중됐기 때문으로 보인다. 미국 바이든 행정부는 인플레이션감축법IRA과 '칩스법'으로 불리는 '반도체 칩과 과학법'을 제정해 TSMC, 삼성전자 등 해외 기업에 대규모 보조금을 지급하며 제조 시설의 미국 유치에 나섰다.

미국이 제조 시설 유치에 나선 것은 우선 미국의 반도체 제조 능력이 크게 낮아졌기 때문이다. 미국 빅테크 기업들은 자체 설계한 반도체의 제조를 TSMC 등 해외 파운드리 업체에 대부분 의존한다. 군사용, 우주항공용 반도체 등 안보용 첨단 반도체 제조조차 미국 내에서 수행하지 못하는 실정이다.

둘째, 미국은 반도체 생산 거점과 시장 지배력이 동아시아에 편중돼 있는 것을 지정학적 리스크로 여기고 있다. 시스템 반도체의 약 90퍼센트, 메모리 반도체의 약 75퍼센트가 동아시아에서 생산된다. 이런 상황에서 코로나19 팬데믹, 미국 텍사스 한파, 대만의 56년 만의 가뭄은 물론 중국과 대만 간 군사적 긴장 고조로 공급망 리스크가 커지고 있다고 판단한 것이다.[77]

반도체 생산 거점의 동아시아 편중 실태를 두고 '반도체의 애치슨 라인'이라는 말도 회자된다. 지정학 리스크가 있는 대만-한국을 제외하고 일본을 포함한 미국 중심의 반도체 공급망을 형성해야 한다는 구상이 미국에서 나오고 있다는 것이다. 이런 움직임을 일본이 부추기고 있다는 관측도 있다. 미국이 1980년대 플라자 합의와 미·일 반도체 협정으로 일본의 반도체 산업을 약화시켰는데, 대만과 한국의 지정학적 리스크가 커지고 있으니 다시 일본에 기회를 달라는 논리다.[78]

다시 말해 '반도체 애치슨 라인'은 1950년 미국 딘 애치슨 국무장관이 미국의 극동방위선에서 대만과 한국을 제외한 것처럼 미국의 반도체 동맹에서 한국과 대만을 제외하고 미국, 일본 중심으로 재구축하자는 구상이다. 미국과 일본 간에 이뤄지고 있는 긴밀한 반도체 협력, 일본의 TSMC 공장 유치 등의 움직임 뒤에는 이런 구상이 자리 잡고 있다는 추론도 가능하다.

---

77 안현호, 〈미중 패권 경쟁과 한국 반도체 산업의 미래〉, 《MIDAS》 2024년 2월.
78 박영선, 〈미 반도체 포럼, 한국만 안 왔다〉, 《노컷뉴스》 2024년 5월 3일.

아베의 반도체 수출 규제 다시 보기

　미국과 일본에서 전개되고 있는 심상치 않은 반도체 공급망 재편 움직임을 염두에 두고 보면 2019년 7월 이뤄진 아베의 한국에 대한 반도체 소재 수출 규제도 예사롭지 않게 보인다.[79]

　아베가 회고록[80]에서 밝혔듯이 당시 수출 규제는 2018년 10월 한국 대법원의 강제동원 배상 판결에 대한 보복 조치였지만, 한국 반도체 산업의 기세를 꺾으려는 의도도 있었던 것으로 보인다. 아베로서는 4차 산업혁명과 경제안보 시대에 반도체 생산을 '심리적 적성국'인 한국이 주도하고 있는 것을 좌시하기 어려웠을 것이다. 실제로 당시 일본 관료들은 수출 규제 명분을 만들기 위해 한국을 '안보 문제국'으로 몰아가는 가짜 뉴스를 퍼뜨렸다. 아베의 측근이던 하기우다 고이치萩生田光一 당시 자민당 간사장 대행은 "군사 전용이 가능한 물품이 북한으로 흘러갈 우려가 있다"고 주장했고, 자민당 간부는 "불화수소를 한국에 수출했는데 행방이 묘연해졌다. 행선지는 북한"이라고 했다.

　수출 물자가 한국을 거쳐 북한 또는 제3국으로 흘러 들어가 화학무기로 전용될 가능성이 있다면 한국은 국제적인 대량살상무기 확산 방지 및 대북제재 체제의 구멍이 되는 셈이다. 북한과의 화해·협력 정책을 추진한다는 이유로 문재인 정부를 '친북'으로 몰더니 한국에 제재 위반 혐의까지 씌우려 했다. 터무니없는 주장이지만, 미국 트럼프 정부가 중국 통신장비 기

79　당시 규제 대상 품목은 반도체와 디스플레이 관련 3개 핵심 소재인 포토레지스트, 불화수소, 플루오린 폴리이미드였다.

80　아베 신조·하시모토 고로·오야마 히로시, 앞의 책, 394-396쪽.

업인 화웨이에 대해 제재를 강화하고 있는 흐름 속에서 한국의 반도체 산업 이미지에 생채기를 내려는 시도였다고 할 수 있다. 아베의 수출 규제와 '반도체 애치슨 라인' 발상이 무관하다고 할 수 있을지 다시금 의문을 갖게 한다.

에필로그

19세기 유럽의 광부들은 갱도 작업을 할 때 카나리아를 새장에 넣어 데려갔다고 한다. 카나리아는 호흡기가 약해 유독가스에 민감하게 반응한다. 새의 움직임이 둔해지거나 울지 않으면 광부들은 즉각 갱도를 빠져나온다.

2023년 타계한 재일 지식인 서경식 선생은 '탄광의 카나리아'였다. 일본 내 소수자인 선생은 일본이란 갱도의 공기 변화에 민감했다. 2017년에 만났을 때 선생은 "아베 정권 5년 만에 일본은 전체주의, 파시즘화가 급격히 진행됐다"고 했다. 당시의 일본 사회를 '파시즘화'로까지 봐야 하는지 동의하기 쉽지 않았지만, 카나리아의 경고에 민감해야 할 일본 내 좌파·리버럴이 몰락한 현실에 대한 그의 우려는 수긍할 수 있었다.

돌이켜 보면 탈냉전 30여 년을 경과하며 일본은 전쟁을 포기한 '평화주의 국가'라고 할 수 없을 정도로 변질된 것이 사실이다. 국기(히노마루)와 국가(기미가요)가 법제화했고, 자위대가 전 세계에서 미군과 동반해 무력을 행사할 수 있게 됐다. 국민 '알 권리'를 침해할 우려가 있는 특정비밀보호법, '사람의 생각도 처벌' 가능한 공모죄가 입법화됐다. 일본 교과서 검정 기준에서 주변국을 배려하는 '근린제국 조항'이 유명무실화돼 일본 학생들은 조상들이 벌인 대외침략과 식민 지배 흑역사를 배우지 않게 됐다. 유네스코가 인증한 일본 근대 산업 유산들은 조선인 강제동원 흔적을 지운 채 관광객들을 맞이한다. 북한이 1970~1980년대 수십 명의 일본인을 납치했다고 인정하자 가해국 일본은 '순결한innocent 피해국'의 지위를 획득했다. 한발 더 나아가 일본은 더 이상 주변국에 사과하지 않겠다고 다짐했다. 이런 변화들이 마지막 10여 년간 집중되었고, 3·11은 그 출발점이었다.

어쩌면 3·11은 탈냉전 이후 일본의 진로를 바꾸는 분기점이 될 수도 있었다. 패전에 맞먹는 대재앙이 '파천황破天荒'의 에너지로 작용하며 일본의 구체제를 종식시킬 것으로 기대됐다. 패전을 겪고도 전전의 관성이 되풀이된 '앙시앙 레짐'이 원전사고라는 파탄을 몰고 왔기 때문이다. 하지만 그 에너지는 거꾸로 일본을 오른쪽으로 이끌어 가는 힘이 되고 말았다.

물론 일본의 변화를 평가하려면 미국 패권의 약화와 중국의 부상 같은 국제질서 변화, 일본 정치에 대한 샌프란시스코 체제와 미·일 동맹의 압도적인 규정력을 계산에 넣을 필요가 있다. 그렇다고 해도 이 '구조'에 대응하는 행위자agency들이 어떠했던가를 평가하는 것은 생략할 수 없는 작업이다. 만약, 일본이 탈냉전기 동아시아 공동체 구축에 능동적으로 나서 성과를 냈더라면 '중국의 부상'에도 불구하고 국제질서는 지금과는 조금이라도 달라지지 않았을까.

***

지난 30년간 일본의 보수들은 치밀하고 조직적이었던 반면 좌파와 리버럴은 대단히 미약했다. 패전 이후 좌파(리버럴)는 과거와의 단절을 꾀하려는 의지도 능력도 부족했다. 천황제와의 대결을 줄곧 회피해 온 공산당은 천황과 연계된 전쟁 책임을 추궁하지 않았고, 식민주의 청산에도 눈을 감았다. 만년 야당이던 사회당은 자민당과의 연립으로 총리를 배출하자 수십 년간 주장해 온 평화주의 어젠다를 간단히 폐기했다. 하토야마 정부가 추진했던 '미·일 동맹의 상대화'는 전투 한번 제대로 치르지 못하고 패배했다. 일본 내부로 눈을 돌리면 인류사적 재앙인 후쿠시마 원전사고가 벌어졌는데도 책임지는 이는 없었다. 진상 규명이나 책임 추궁은 과거와의 단절을 위한 에너지를 모으는 과정이지만, '만세일계萬世一系'의 일본에선 번번이 생략된다. 서경식 선생은 다음과 같이 언급했다.

'진상 규명'이나 '책임 추궁' 요구는 가해자와 피해자를 하나로 뭉뚱그리는 '애매함'과 '힘내라 일본!'의 함성에 의해 감쪽같이 사라집니다. 그것은 언제나 가해 책임자에게 유리합니다. 전쟁도 마찬가지입니다. 왜 그런 일이 반복될까요? 그 이유 중 하나는 일본에서 국가와 민중이 공범 관계를 맺어 왔기 때문입니다. 학살·고문이라는 가해 행위로 손을 더럽힌 민중이 국가 범죄를 단호하게 추궁할 수 있을까요? 원전마피아와 한통속이 된 사람들이 원전사고 책임을 철저하게 추궁할 수 있을까요? 전쟁 책임을 추궁하려면 자신이 피를 흘리겠다는 심정으로 그동안 많은 죄를 지은 사실을 직시하면서 고백하지 않으면

안 됩니다. 그렇게 할 수 없기 때문에(그렇게 하고 싶지 않기 때문에) 무의식 속에서 전쟁을 '자연재해'에 비기면서 '1억 총참회'적인 '애매함'에 계속 머물러 있으려는 게 아닐까요.[81]

위의 글에서 말하는 '국가의 공범'자라면 간토대지진 때 칼과 죽창을 들고 조선인들을 학살했던 자경단들, 청일전쟁·러일전쟁·시베리아간섭전쟁·중일전쟁에 참가한 일본군들, 감옥에서 동료들을 팔고 전향한 뒤에는 천황제 파시즘에 동조한 공산주의자들일 것이다. 그 외에도 '국가와 민중의 공범 관계'는 광범위한 분야에 걸쳐져 있었을 것이다. 그러나 이들은 패전 후 미국에 순종하는 대신 반세기 동안 잘못을 추궁당하지 않았다. 전쟁이 끝나고 일상으로 돌아온 이들은 '더러워진 손'을 감춘 채 생업을 이어갔다. 잘못에 대한 성찰 경험이 없다 보니 사고가 일어나도 자연재해 등 핑계를 대며 적당히 넘어가는 일이 다반사였다. 그랬던 일본이 이제 와서 '순결한 피해국' 행세를 하며 전쟁이 가능한 국가로 나아가고 있다. 이웃 일본의 이런 변화를 지켜보는 심경은 착잡할 수밖에 없다. 2020년대 들어 국제질서의 지각 변동이 어지러울 정도인 상황에서 한·일 간 협력의 필요성이 높아지고 있기 때문이다.

어느 정부에서건 대일정책의 균형 잡기는 고차원의 해법이 필요한 난제였다. 모범 답안은 일찌감치 나와 있었다. 1998년 김대중 대통령과 오부치 게이조 총리가 발표한 '21세기 한·일 파트너십 선언'에서 밝힌 대로 '양국이 과거의 불행한 역사를 극복하고 화해와 선린우호협력에 입각한 미

---

81 서경식 지음, 한승동 옮김, 『다시, 일본을 생각한다』(나무연필, 2017), 164–165쪽.

래지향적인 관계'를 만들기 위해 노력하면 될 일이었다. 하지만 '과거를 딛고 미래로' 나아가자는 것은 말처럼 간단하지 않았다. '과거를 어떤 범위와 깊이로 디뎌야 할지'를 둘러싼 양국의 입장차가 지난 30년간 한·일 관계를 짓눌러 왔다. 그런 끝에 과거사 문제를 아예 생략하자는 극단주의마저 등장했다.

국제정치는 감정이 작동하는 범위가 넓다. 필자는 국가 간 관계에서 '존엄·감정의 균형'이 이익 균형 못지않게 중요하다고 본다. 안보와 경제협력의 필요성이 아무리 크다고 해도, 마음이 내키지 않는다면 언제든 관계를 그르칠 수 있다. 가해국이 과거에 범한 잘못을 제대로 기억하고 전승하는 것은 존엄과 감정의 균형을 잡는 기초 작업으로, 한·일 관계의 '최소 강령'이기도 하다. 어느 시점부턴가 일본 총리들은 한국에 대해 "역사 인식에 관해서는 역대 내각의 입장을 전체적으로 계승해 왔고 앞으로도 이어 갈 것"이라고 해 왔는데, 말에 그치지 말고 실천에 옮겨야 한다. '역대 내각의 입장'이라면 1993년 일본 정부가 고노 담화에서 '일본군 위안부' 문제의 강제성을 인정했고, 그 후속 조치로 교과서에 위안부를 기술토록 한 모범 사례가 있다.

***

이 책은 국내외 여러 학자와 전문가, 기자 동료들의 작업에 크게 빚지고 있다. 특히 권혁태, 서경식 선생의 연구와 통찰에 힘입은바 컸다. 원고의 취지를 잘 살려 책이 세상에 빛을 볼 수 있도록 해 주신 너머북스 이재민 대표님, 너머학교 김상미 대표님, 정진라 편집장님께 감사드린다. 이 책을 2024년 상반기 저술지원 대상으로 선정해 후원해 주신 관훈클럽정신영기금 관계자들께도 사의를 표한다. 끝으로 게으른 필자에게 늘 지적인 자극을 주고, 이 책의 기획과 퇴고 과정에서 조언을 아끼지 않았던 국제전문 저널리스트이자 동반자인 구정은, 늘 아빠를 응원하는 딸 이현에게 이 지면을 빌려 감사의 마음을 전한다.

찾아보기

[ㄱ]

가미카제 141
가스미가세키 42, 215
가케학원 스캔들 234~236
간 나오토菅直人 68, 74, 75, 119, 123,
　　202, 260
간섭전쟁 81
간토대학살 254
강제동원 40, 62, 69, 248~250, 252, 253,
　　292, 295
강좌파 83, 84
개인 청구권 253, 254
거품경제 32, 34, 138
걸프전 12, 18, 20, 21, 23, 25~28, 31,
　　190, 241
경무장·경제 우선 26, 241
계획정전 7, 222
고노 담화 46~48, 144~151, 188, 191,
　　298
고바야시 요시노리小林よしのり 13, 35,
　　136, 139, 149
고엔지高円寺 212~214
관저 주도 230, 236

교육기본법 150, 190, 246
구로고黒衣 231
구로후네黒船 29
구출회 107, 112
국가안전보장회의NSC 279, 283
국체國體 67, 82, 267, 269~271
굴욕 외교 120
기미가요 101, 169, 294
기본소득 172
기시 노부스케岸信介 94, 113, 187
기지 국가 127, 275
기타자와 지구 249
김정일 106~114, 156, 273

[ㄴ]

나카소네 야스히로中曽根康弘 27
난징대학살 37, 51, 145
내각법제국 232, 233
내각인사국 232
내셔널리즘 11, 13, 35~37, 57, 134, 136,
　　138, 143, 147, 185, 191, 220

냉온정지 206, 207
네오콘 13, 14, 211
네토우요ネトウヨ 153
노농파 82~84, 94
노다 요시히코野田佳彦 71, 74, 186, 206, 268
노렌와케暖簾分け 274
노사카 산조野坂參三 79, 89
니시오카 쓰토무西岡力 112

[ㄷ]

다나카 가쿠에이田中角榮 182
다케시마 116, 120, 158
대동아 공영권 52, 53, 259
대동아전쟁 30, 35, 140, 145
대본영 11
대정익찬회 86
대중경사론 57
덩샤오핑 117
도이 다카코土井たか子 98
도쿄재판사관 148
도쿄전력 10, 204, 205, 208, 209, 213
도쿠다 규이치德田球一 86
동아시아 공동체 52~57, 68, 114, 163, 260, 263, 264, 267
동아시아반일무장전선 91
동일본 대지진 7~9, 13, 69, 75, 134, 143, 167, 180, 202, 203, 204, 209, 210, 213

[ㄹ]

라인LINE 254
러일전쟁 38, 116, 151, 251
레트로붐 224
루거우차오 사건
류큐 왕국 183
리쿠르트 스캔들 23, 98

[ㅁ]

마루야마 마사오丸山眞男 34, 86, 99
만주사변 52, 85, 247, 251
메이지유신 80, 85, 166
멜트다운 9, 203, 205, 208
모리토모 스캔들 234, 235
무기 수출 3원칙 198
무라야마 담화 48, 72, 92, 147
무라야마 도미이치村山富市 18, 92
미·일 안보조약 33, 93, 98, 100, 101, 237, 239, 259, 269
미·일 가이드라인(방위협력지침) 14, 268, 279~284
미나마타병 98
미사일방어MD 268
미시마 유키오三島由紀夫 179

[ㅂ]

반도체 수출 규제 254
방사성 물질 7, 9, 202, 204, 208, 214, 218, 223
보통국가 12, 13, 26~28, 57, 113, 189,

190, 241, 242, 285
볼셰비즘 80
부부별성제 228
북·일 정상회담 106, 108
분트Bunt 87
불화수소 292
비국민 210

[ㅅ]
사도광산 247~250
사상검사 84
사카모토 료마坂本龍馬 166
사토 에이사쿠佐藤榮作 62, 187
《산케이신문》 64, 120, 166, 192
삼국인 180, 181
3·11 7~15
새로운 공공성 227
새역모(새로운 역사교과서를 만드는 모임) 138, 142, 144~151
샌프란시스코 강화조약 31, 39, 95, 100, 125, 126, 128, 129, 130, 160, 253, 269, 272
샌프란시스코 체제 31, 125, 130, 295
생존 공간Lebensraum 263
서경식 101, 210, 251, 294, 296
선제타격 283
성청 할거주의 231
세습 208
센카쿠 열도 51, 113, 116~124, 127~129, 133, 176, 182, 184, 202, 219,
260
소선거구제 211
손타쿠忖度 234
쇼난湘南 해변 177
스톡홀름 합의 114
신보수주의 13, 14, 27, 186, 189, 190
신좌익 79, 87~91
15년 전쟁 251

[ㅇ]
아나르코 생디칼리슴 80, 81
아리모토 게이코有本惠子 113, 188
아마미야 가린 35, 137, 172
《아미티지-나이 보고서》 267, 268
아베 신타로安倍晋太郎 112, 187
아베 유훈 체제 254
아베노믹스 191, 234
《아사히신문》 44, 65, 66, 148, 151, 192, 213
아시아여성기금 47, 101
야스쿠니 70, 114, 140, 172, 189
NHK 75, 148, 192
역사수정주의 11, 13, 150, 151, 157, 187, 192, 211, 246
역코스 90
연간 방사선 피폭 한도 206
연합적군 88
영속패전永續敗戰 270, 271
영해 기선 184
55년 체제 54, 93

오염수 225
오자와 이치로小澤一郎 26, 57, 203, 241
와다 하루키和田春樹 154, 209
《요미우리신문》 119
요시다 노선 26, 113, 189
요시다 세이지吉田清治 192
요시다 시게루吉田茂 26
요코타 메구미橫田めぐみ 108
우노 쓰네히로宇野常寬 209
우치게바內ゲバ 88
우치다 다쓰루內田樹 274
원자력기본법 226, 227
원자바오 119, 183
원전마피아 216, 218, 296
윌리엄 시볼드William J. Sebald 127
유네스코 세계유산 247, 248
이나다 도모미稻田朋美 130
이시바시 단잔石橋湛山 272
이시하라 유지로石原裕次郎 177
이쿠호샤 150
인도-태평양 13, 163, 258~265, 274
『일본개조계획』 12, 26, 241
일본공산당 78~91
일본교직원조합 97, 101
일본군 위안부 38~48, 62, 74, 101, 131~133, 144~146, 151, 152, 169, 170, 188, 190, 192, 228, 252, 264, 298
일본사회당 33, 34, 84, 87, 92~100, 109, 145, 174, 273, 296

일본유신회 173, 175
일본회의 193~195
1965년 한일기본조약 39, 72

[ㅈ]

자유주의사관 147
자학사관 148, 149
재일조선인 90, 153, 156, 182, 210
재일코리안 156~161, 181
재특회(재일 특권을 용납하지 않는 시민 모임) 155~162
재해 내셔널리즘 220
적 기지 공격 능력 284
전수방위 26, 27, 278, 285
전자왕국 33, 73
『전쟁론』 35, 139, 140, 142
전학련(전국학생자치회총연합) 87
전향 84~88, 99
전후 평화주의 93, 111
정경분리 254
제3자 변제 252
제복향상위원회 216
제염 207, 208
조선학교 160
존립위기사태법 283
중요영향사태법 283
GHQ(연합군총사령부) 55, 62, 110, 125, 148
지역정당 170, 173, 174
질실국가質實國家 28

집단적 자위권 111, 230, 233, 239~245, 268, 280~282

[ㅊ]

천황제 78, 81~90, 99, 101, 110, 194, 269, 270, 273, 274, 296, 297
철도 민영화 97
청일전쟁 116, 117, 238, 163
총리 직선제 172
총평 94~98

[ㅋ]

코민테른 80~84, 147
쿠릴 열도 127, 129, 130, 272

[ㅌ]

탈아입구 56, 260
탈원전 13, 143, 206, 212~220, 225, 226, 268
「태양의 계절」 177, 178
특정비밀보호법 232, 279, 280

[ㅍ]

포퓰리즘 172
PKO협력법 24, 241~243
피해자 정체성 110, 111

[ㅎ]

하산론 217, 218
하시마端島 탄광 250
하토야마 유키오鳩山由紀夫 50, 55, 259, 270
한·일 군사정보보호협정GSOMIA 132
한반도 평화 프로세스 265
한일병합 100년 총리 담화 71
해상보안청 12, 73, 115~124, 183, 184, 202
해석개헌 130, 233, 246, 280
햐쿠타 나오키百田尚樹 192
헤노코 64~67
혁신지자체 96
혐한론 13, 152
『혐한류』 156
혐한嫌韓 152~163
호소카와 모리히로細川護熙 98, 144
호헌 평화주의 93, 96, 98, 99
후진타오 123, 124, 184
후쿠시마 원전사고
후텐마 62~67
희토류 119, 203
히노마루 101, 169, 294